1 MONTH OF
FREE
READING

at
www.ForgottenBooks.com

By purchasing this book you are eligible for one month membership to ForgottenBooks.com, giving you unlimited access to our entire collection of over 700,000 titles via our web site and mobile apps.

To claim your free month visit:
www.forgottenbooks.com/free626519

ISBN 978-0-483-87188-5
PIBN 10626519

This book is a reproduction of an important historical work. Forgotten Books uses
state-of-the-art technology to digitally reconstruct the work, preserving the original format
whilst repairing imperfections present in the aged copy. In rare cases, an imperfection in
the original, such as a blemish or missing page, may be replicated in our edition. We do,
however, repair the vast majority of imperfections successfully; any imperfections that
remain are intentionally left to preserve the state of such historical works.

OEUVRES

CHOISIES

DE

J. B. ROUSSEAU

ODES, CANTATES, ÉPITRES

ET POÉSIES DIVERSES

ORNÉES DE SON PORTRAIT.

PARIS,

JANET ET COTELLE, LIBRAIRES,

RUE SAINT-ANDRÉ-DES-ARCS, N° 55.

M. DCCC. XXIII.

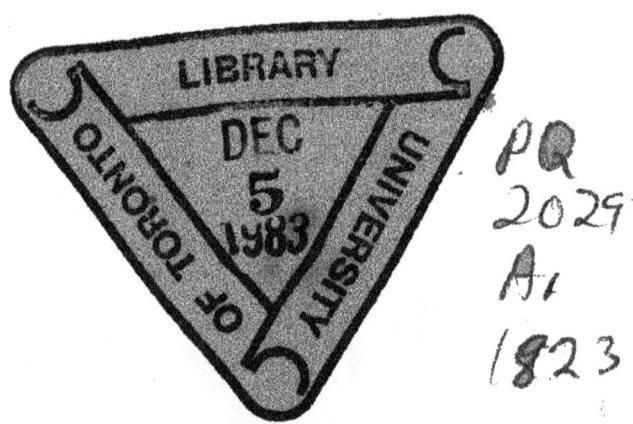

NOTICE

SUR J. B. ROUSSEAU.

———•◦•———

Jean-Baptiste Rousseau naquit à Paris le 6 avril
1671, et dut le jour à un cordonnier, qui jouissoit
d'assez d'aisance pour n'être pas réduit, comme il
arrive trop souvent, à contrarier les dispositions heu-
reuses de son enfant. Il fit d'excellentes études dans
un des meilleurs colléges de la capitale; et quelques
piéces de vers qu'il composa dès-lors le firent distin-
guer entre ses condisciples. Le sévère Despréaux y
reconnut un poëte naissant: il devoit être particuliè-
rement frappé du soin qu'un si jeune écrivain met-
toit à polir ses productions; aussi disoit-il de lui: *Ce
jeune homme nous effacera tous.* Jean-Baptiste fut suc-
cessivement attaché à plusieurs hommes en place qui
consacroient une partie de leur fortune à l'encourage-
ment des lettres, et qui aimoient à s'entourer de
ceux qui les cultivoient avec le plus de succès. Après
avoir été quelque temps page de M. de Bonrepaux,
ambassadeur de France en Danemarck, il suivit, avec
le titre de secrétaire, le maréchal de Tallard à Lon-
dres, et ce fut là qu'il eut occasion de se lier avec
le spirituel et voluptueux Saint-Évremond. De re-

tour en France, la maison de M. Rouillé du Coudray,
directeur-général des finances, lui offrit toutes les
facilités et tout le loisir qui pouvoient convenir à ses
goûts : le commerce des muses sembloit seul alors
disputer ses moments à la paresse et au plaisir. Il vi-
voit au milieu des plus aimables épicuriens de ce
temps, avec le marquis de La Fare, l'abbé de Chau-
lieu, l'abbé Courtin. Sourd à la voix de l'ambition,
il refusa sans hésiter une direction des fermes gé-
nérales que lui offroit en province M. de Chamillard.
Dans une petite piéce qu'il adressa en cette occasion
à Chaulieu, il s'exprimoit ainsi :

> Quelle honte, bon Dieu ! quel scandale au Parnasse,
>   De voir l'un de ses candidats
>   Employer la plume d'Horace
> A liquider un compte, ou dresser des états !

Une si douce situation dura trop peu. La philoso-
phie, qui faisoit dédaigner à Rousseau les biens de
la fortune, ne le rendoit pas également insensible
aux jugements du public sur les productions de l'es-
prit. Le penchant naturel qu'il avoit pour la satire
se manifesta sur-tout après la chute de ses piéces de
théâtre, et le ressentiment qu'il en éprouvoit s'ac-
crut encore par le succès de plusieurs ouvrages de
ses rivaux. Il méconnoissoit alors le caractère de
son talent et la route où il ne devoit pas redouter d'é-
mules. Les traits malins qui échappoient à sa plume
lui avoient déja suscité de nombreux ennemis, lors-

que les odes de La Motte-Houdart, récemment pu-
bliées, furent vantées également par le mauvais goût
des amis de l'auteur, et par l'animosité des ennemis
de Rousseau. Celui-ci dut être indigné de cet engoue-
ment; il s'en vengea en composant aussi des odes
qui n'avoient pas besoin d'être comparées à celles de
La Motte pour obtenir l'approbation des connois-
seurs. Son amour-propre eut lieu d'être satisfait;
mais cette douceur fut cruellement empoisonnée par
un évènement qui eut la plus grande influence sur
le reste de sa vie.

Les gens de lettres et ceux qui se piquoient d'ai-
mer la littérature se réunissoient alors à Paris, rue
Dauphine, dans un café tenu par la dame Laurens,
et qui fut l'un des premiers établissements de ce
genre. Rousseau et La Motte y paroissoient chacun à
la tête de leur parti, et entourés de leurs amis et de
leurs enthousiastes. Ceux de La Motte étoient les
plus nombreux, ce qu'il devoit à l'aménité de ses
manières plus qu'à l'éclat de ses talents. On venoit
de représenter l'opéra d'*Hésione* (1708), lorsque
cinq couplets anonymes, composés sur un air du
prologue, et dirigés contre les auteurs des paroles,
de la musique, et du ballet, furent répandus dans
ce café Laurens, et devinrent un nouveau brandon
de discorde entre les habitués. Ils furent attribués à
Rousseau, qui ne s'en défendit que foiblement, et
qui cessa de ce moment de fréquenter ce lieu pu-
blic. Bientôt ces premiers couplets furent suivis

d'une foule d'autres, où le sentiment de la haine, dans ce qu'elle a de plus amer, se trouvoit réuni au langage de la débauche dans tout son cynisme. La malignité humaine facilita, comme à l'ordinaire, la circulation de ces horreurs. Paris et Versailles en furent inondés. Un cri d'indignation générale s'éleva, qui, joint aux réclamations des personnes insultées, força les tribunaux de rechercher les auteurs de ces turpitudes. Rousseau fut soupçonné. On croyoit reconnoître, dans les couplets incriminés, le caractère de son talent; on remarquoit que les personnes immolées étoient justement celles auxquelles il avoit voué le plus d'animosité. Il se borna d'abord à désavouer les infamies qu'on lui attribuoit; mais il crut ensuite pouvoir devenir à son tour accusateur, et consomma ainsi sa perte. Le géomètre Saurin, désigné par lui comme le coupable, n'eut pas de peine à repousser cette horrible accusation, et se rendit le public favorable en opposant ses mœurs à celles de son ennemi. Il parut prouvé que le poëte avoit suborné un témoin, dans l'intention de faire tomber sur un front innocent l'opprobre qui le menaçoit lui-même. Rousseau n'attendit pas, pour s'éloigner, l'arrêt que prononça le 7 avril 1712 le parlement, et qui le condamnoit au bannissement perpétuel. Cette flétrissure, imprimée par une cour suprême, ne put toutefois enlever à celui qu'elle atteignoit l'estime de plusieurs personnes recommandables. Réfugié en Suisse, il y reçut de l'ambassadeur de France un accueil dont sa position devoit lui faire sentir tout le prix; et la reconnoissance lui dicta l'ode au comte du Luc, l'un de ses chefs-d'œuvre.

La première édition de ses ouvrages parut à Soleure. La lecture de ses poëmes lyriques dut concilier à leur auteur tous ceux qui s'imaginent que des sentiments élevés, exprimés en beaux vers, ne peuvent s'échapper que d'un cœur honnête Il suivit à Bade le comte du Luc, nommé plénipotentiaire pour la paix qui fut conclue en 1714 avec l'empereur. Le prince Eugène étoit alors dans cette ville; il rechercha Rousseau, dont il étoit un des admirateurs, et il ne tarda pas de l'attacher à sa personne et de l'emmener à Vienne. Trois ans s'étoient écoulés dans un état tolérable pour le poëte, lorsque, se dévouant à servir un ressentiment étranger, il hasarda de chansonner une des maîtresses de son protecteur. Son ingratitude devint alors notoire, et il se vit obligé de quitter Vienne. Bruxelles fut son asile; mais de nouvelles contrariétés l'y attendoient. Il avoit connu, au collége de Louis-le-Grand, Voltaire, qui se plaisoit à l'appeler son maître; leurs succès littéraires n'avoient pas nui à une amitié formée avant l'éclat de leur réputation, et cette amitié paroissoit aussi vive, aussi sincère qu'elle l'eût jamais été. Ils se revirent à Bruxelles, et leur bonne intelligence cessa. Le lyrique françois ne put, dit-on, goûter l'*épître à Uranie*, que lui lut son ancien éléve, et il exprima sa désapprobation en des termes peu mesurés. Cette liberté ne devoit pas disposer Voltaire à être juste envers le poëte exilé : aussi quand il eut entendu la lecture de l'*ode à la Postérité*, « Voilà, dit-il, une lettre qui ne parviendra « pas à son adresse. » C'en fut assez pour rendre ces deux grands poëtes ennemis irréconciliables ; et leur animosité ne laissa échapper aucune occasion de s'exhaler avec aussi peu de raison que de décence.

Le regret de la terre natale poursuivoit par-tout J. B. Rousseau. Il obtint à la vérité, en 1716, du duc d'Orléans, régent, des lettres de rappel ; mais il ne vouloit revoir sa patrie que complétement justifié par un jugement solennel, et il dédaigna de profiter de ce qui n'étoit qu'une grace. C'est alors qu'il tint, dans une lettre au baron de Breteuil, ce langage qu'il eût dû toujours soutenir : « J'aime bien la France, « mais j'aime encore mieux mon honneur et la vérité. « Quelque destinée que l'avenir me prépare, je dirai, « comme Philippe de Comines : Dieu m'afflige, il a « ses raisons ; mais je préférerai toujours la condi- « tion d'être malheureux avec courage à celle d'être « heureux avec ignominie... » Le besoin de distrac-tion lui inspira le desir de changer de séjour. Étant en Angleterre, il y fit imprimer le recueil de ses œu-vres, 1723, deux volumes in-4°. Dix mille écus que lui produisit cette édition lui furent enlevés par suite de sa confiance dans la compagnie d'Ostende, et il n'eut plus, dans sa vieillesse, d'autre ressource que la générosité de quelques amis dont la fidélité ne se

démentit jamais. Un notaire de Paris, nommé Boutet,
se distingua parmi ses bienfaiteurs. Le duc d'Arem-
berg lui donna sa table, et un appartement dans son
château d'Enghien près de Bruxelles ; ce seigneur y
substitua depuis une pension de 1500 livres, que
Rousseau refusa noblement de toucher après qu'il
eut eu des marques du refroidissement de son pro-
tecteur à son égard. « Je l'acceptois avec plaisir,
« dit-il à l'intendant de ce seigneur, quand je me
« flattois d'être l'ami de M. le duc ; à présent que je
« sais à quoi m'en tenir, je ne dois pas la recevoir. »

Regrettant toujours plus la France à mesure que les
années s'accumuloient sur sa tête, à l'âge de 68 ans
il vint secrètement à Paris, où ses amis se flattoient
de pouvoir avancer le terme de son bannissement.
Il composa plusieurs pièces de vers dans la vue de
se concilier la bienveillance de ceux qui auroient pu
s'opposer à sa rentrée, notamment du cardinal-mi-
nistre Fleury, auquel il dédia son *ode à la Paix* ; mais
ce penchant à la satire qui avoit été la première cause
de ses malheurs sembla se ranimer en ce moment
pour les prolonger. Dans une de ses allégories, in-
titulée *le Jugement de Pluton*, il s'avisa de représen-
ter un de ses principaux juges que Pluton faisoit
écorcher et dont il étendoit la peau sur un siège :
cette imprudence suffit pour paralyser les bonnes
intentions de ses protecteurs. Il revint à Bruxelles,
et y mourut le 17 mars 1741, dans les bras de la
religion, protestant de son innocence relativement

aux couplets qui avoient motivé l'arrêt de son exil. Cette solennelle déclaration se fortifie encore de l'amitié que lui gardèrent constamment le comte du Luc, l'abbé d'Olivet, Louis Racine, le P. Brumoy, le P. Tournemine, La Fosse, Duché, Rollin, Le Franc de Pompignan, dont aucun n'eût sans doute continué d'entretenir des relations avec un homme flétri par une condamnation méritée. Il n'est pas inutile de rappeler que Boindin, qui, étant outragé dans ces couplets, avoit intérêt d'en connoître les auteurs, a pris soin lui-même de justifier Rousseau.

On a renouvelé récemment contre lui l'accusation d'avoir renié son père en public, lorsqu'après le succès d'une de ses comédies cet estimable artisan venoit lui témoigner sa joie. *Je ne vous connois point*, lui fait-on dire à un père qui lui tendoit les bras : trait monstrueux, que nous ne devons pas admettre sans preuves. «Quel besoin, dit un biographe, au- « roit eu Rousseau, de cacher l'obscurité de sa nais- « sance? Elle relevoit son mérite. » Loin d'en rougir, il rappelle son origine, lorsqu'il dit, en parlant de lui-même, dans son *épître aux Muses* :

Né, comme Horace, aux hommes inconnu.

C'est assez, pour imprimer à sa mémoire une tache ineffaçable, qu'il ait pu mériter le reproche d'avoir attaqué jusqu'à ses bienfaiteurs; mais son ingratitude a pesé sur lui seul. Un tort plus grave par ses conséquences est d'avoir abusé de son rare talent en l'appliquant tour-à-tour (et malheureusement avec un égal succès) aux sujets les plus élevés comme aux objets les plus bas et les plus obscènes. Ou prétend qu'il faisoit des lectures de ses odes sacrées et de ses poëmes licencieux, les mêmes jours, mais à des heures différentes, dans des réunions composées peut-être en partie des mêmes auditeurs. J. B. Rousseau appeloit, dit-on, ses épigrammes les *Gloria Patri* de ses psaumes.

L'opinion ne sauroit être partagée sur le poëte; mais l'homme a été et continue d'être l'objet de sentiments contradictoires. S'il fut innocent du crime pour lequel il fut banni, il faut déplorer son sort; il faut le plaindre bien davantage s'il fut coupable.

Il ne fut pas sans doute exempt d'envie; mais on a cru peut-être trop généralement que tout mérite lui fît ombrage dans autrui : l'indignation que lui causoient des honneurs usurpés l'entraîna plus d'une fois hors des bornes de la modération; il savoit néanmoins reconnoître et proclamer ce qui étoit vraiment beau. Un des premiers il signala le talent original du jeune auteur de *Ver-Vert* et de la *Chartreuse*, talent assez distingué pour éveiller sa jalousie, s'il eût été dévoré de cette odieuse passion au point que ses ennemis l'ont assuré.

Voltaire s'efforça, par la suite, de réparer son injustice. Se trouvant à Bruxelles quelque temps après la mort de l'Horace françois, il souscrivit pour deux

exemplaires à l'édition qu'on préparoit de ses œu-
vres. On lit, dans sa lettre à l'éditeur, qu'il *regarde
comme un malheur d'avoir été au rang des ennemis de
Rousseau, que cette inimitié avoit beaucoup pesé à son
cœur;* mais que ce qu'il a appris de lui a *banni de ce
cœur tout ressentiment, et n'a laissé ses yeux ouverts
qu'à son mérite.*

Il ne reste plus rien à dire aujourd'hui sur J. B.
Rousseau, considéré comme écrivain. Il occupe in-
contestablement la première place parmi les lyriques
modernes. On voit qu'il s'étoit nourri des éternels
modèles du goût, et c'est ainsi qu'il est devenu mo-
dèle à son tour. La richesse, la magnificence, l'har-
monie de son langage indiquent la noble source où
il a puisé ses inspirations. Son rhythme, infiniment
varié, est adapté, avec une justesse exquise, à l'idée
qu'il exprime. On retrouve dans ses cantates, genre
introduit par lui en France, les mêmes qualités, avec
plus de flexibilité et d'abandon. « La cantate de *Circé*,
« dit La Harpe, est un morceau à part : elle a toute
« la richesse et l'élévation des plus belles odes, avec
« plus de variété ; c'est un des chefs-d'œuvre de la
« poésie françoise. » Ses épîtres et ses allégories of-
frent quelques beautés de style ; mais ces beautés
sont comme perdues dans un long enchaînement de
lieux communs. L'auteur y montre trop peu de phi-
losophie ; un ton d'aigreur y décèle par-tout le
malheureux état de son ame. Dans l'épigramme, il
éclipse Martial et Marot ; jamais on n'a su mieux que

lui amener avec effet le trait acéré qui termine ordinairement ce petit poëme. On a imprimé plusieurs volumes de ses lettres, dont le style est dépourvu de toute espèce d'agrément; il ne soignoit que ses vers. On cite plusieurs poëtes du premier ordre que leur talent sembloit abandonner lorsqu'ils vouloient écrire en prose.

Le Franc de Pompignan a consacré à la mémoire de ce grand lyrique une ode dont plusieurs strophes sont dignes du poëte qui les inspira. L'auteur de *la Métromanie* a fait pour Rousseau cette épitaphe :

Ci-gît l'illustre et malheureux Rousseau ;
Le Brabant fut sa tombe, et Paris son berceau.
Voici l'abrégé de sa vie,
Qui fut trop longue de moitié :
Il fut trente ans digne d'envie,
Et trente ans digne de pitié.

On doit au peintre Aved un portrait de Rousseau, dont il étoit l'ami; ce portrait a été gravé en 1778, et offre pour devise ces mots de Martial : *Certior in nostro carmine vultus erit.*

I..

PRÉFACE [1].

Loin de me piquer de ne rien devoir qu'à moi-même, j'ai toujours cru, avec Longin, que l'un des plus sûrs chemins pour arriver au sublime étoit l'imitation des écrivains illustres qui ont vécu avant nous, puisqu'en effet rien n'est si propre à nous élever l'ame et à la remplir de cette chaleur qui produit les grandes choses, que l'admiration dont nous nous sentons saisis à la vue des ouvrages de ces grands hommes. C'est pourquoi, si je n'ai pas réussi dans les odes que j'ai tirées de David, je ne dois en accuser que la foiblesse de mon génie; car je suis obligé d'avouer que si j'ai jamais senti ce que c'est qu'enthousiasme, c'a été principalement en travaillant à ces mêmes cantiques que je donne ici à la tête de mes ouvrages.

Je leur ai donné le titre d'*Odes sacrées*, à l'exemple de Racan, celui de traduction ne me parois-

[1] Cette préface est un extrait de celle qui se trouve à la tête des œuvres complètes de J. B. Rousseau.

sant pas convenir à une imitation aussi libre que la mienne, qui, d'un autre côté, ne s'écarte pas assez de son original pour mériter le nom de paraphrase. Et d'ailleurs, si on a de l'ode l'idée qu'on en doit avoir, et si on la considère, non pas comme un assemblage de jolies pensées rédigées par chapitres, mais comme le véritable champ du sublime et du pathétique, qui sont les deux grands ressorts de la poésie, il faut convenir que nul ouvrage ne mérite si bien le nom d'odes que les psaumes de David; car où peut-on trouver ailleurs rien de plus divin, ni où l'inspiration se fasse mieux sentir, rien, dis-je, de plus propre à enlever l'esprit et en même temps à remuer le cœur? Quelle abondance d'images! quelle variété de figures! quelle hauteur d'expressions! quelle foule de grandes choses dites, s'il se peut, d'une manière encore plus grande! Ce n'est donc pas sans raison que tous les hommes ont admiré ces précieux restes de l'antiquité profane où on entrevoit quelques traits de cette lumière et de cette majesté qui éclatent dans les cantiques sacrés; et

quelques beaux raisonnements qu'on puisse éta-
ler, on ne détruira pas cette admiration tant qu'on
n'aura à leur opposer que des amplifications de col-
lége, jetées toutes, pour ainsi dire, dans le même
moule, et où tout se ressemble, parceque tout y est
dit du même ton et exprimé de la même manière;
semblables à ces figures qui ont un nom particu-
lier parmi les peintres, et qui, n'étant touchées
qu'avec une seule couleur, ne peuvent jamais
avoir une véritable beauté, parceque l'ame de
la peinture leur manque, je veux dire le coloris.

Je me suis attaché sur toutes choses à éviter
cette monotonie dans mes odes du second livre,
que j'ai variées à l'exemple d'Horace, sur lequel
j'ai tâché de me former, comme lui-même s'étoit
formé sur les anciens lyriques. Ce second livre
est suivi d'une autre espéce d'odes toute nouvelle
parmi nous, mais dont il seroit aisé de trouver
des exemples dans l'antiquité. Les Italiens les nom-
ment *cantate*, parcequ'elles sont particulière-
ment affectées au chant : ils ont coutume de les
partager en trois récits coupés par autant d'airs

de mouvement ; ce qui les oblige à diversifier les mesures de leurs strophes, dont les vers sont tantôt plus longs et tantôt plus courts, comme dans les chœurs des anciennes tragédies et dans la plupart des odes de Pindare. J'avois entendu quelques unes de ces *cantate ;* et cela me donna envie d'essayer si on ne pourroit point, à l'imitation des Grecs, réconcilier l'ode avec le chant : mais comme je n'avois point d'autre modéle que les Italiens, à qui il arrive souvent, aussi bien qu'à nous autres François, de sacrifier la raison à la commodité des musiciens, je m'aperçus après en avoir fait quelques unes, que je perdois du côté des vers ce que je gagnois du côté de la musique, et que je ne ferois rien qui vaille tant que je me contenterois d'entasser de vaines phrases poétiques les unes sur les autres sans dessein ni liaison ; c'est ce qui me fit venir la pensée de donner une forme à ces petits poëmes en les renfermant dans une allégorie exacte dont les récits fissent le corps, et les airs chantants l'ame ou l'application. Je choisis parmi les fables anciennes

celles que je crus les plus propres à mon dessein ;
car toute l'histoire fabuleuse n'est pas propre à
être allégoriée : et cette manière me réussit assez
pour donner envie à plusieurs auteurs de tra-
vailler sur le même plan. De savoir si ce plan est
le meilleur que j'eusse pu choisir, c'est ce qu'il
ne me convient pas de décider, parcequ'en ma-
tière de nouveautés rien n'est si trompeur qu'une
première vogue, et qu'il n'y a jamais que le temps
qui puisse apprécier leur mérite et les réduire à
leur juste valeur.

Quant à mes épîtres, je les ai travaillées avec
la même application que mes autres ouvrages, et
j'y ai même donné d'autant plus de soin, qu'ayant
à y parler de moi en plusieurs endroits, il falloit
relever en quelque sorte la petitesse de la ma-
tière par les agréments de la diction. Du reste,
je me suis assujetti, dans ces épîtres, aussi bien
que dans les allégories et les épigrammes qui
suivent, à une mesure de vers qui avoit été as-
sez négligée pendant tout le siècle passé, et qui
est pourtant la plus convenable de toutes au style

naïf et à la narration; ce qu'il me seroit aisé de prouver, si je ne craignois d'ennuyer le lecteur par un détail d'observations dont il n'a que faire. Ce n'est pas que je prétende par là que toutes les graces de ce style, dont Marot nous a laissé un si excellent modéle, soient uniquement renfermées dans la mesure de ses vers et dans le langage de son temps; ce seroit rendre très aisée une chose très difficile : mais il est certain qu'avec le génie, qui ne s'acquiert point, cette espéce de mécanique, dont l'usage est facile à acquérir, contribue fort à l'élégance d'un ouvrage, et que c'est souvent la contrainte apparente de la mesure et de l'arrangement des rimes qui donne au style cet air de liberté que n'ont point les vers les plus libres et les plus faciles à faire.

ODES.

LIVRE PREMIER.

ODE I,

TIRÉE DU PSAUME XIV.

Caractère de l'homme juste.

Seigneur, dans ta gloire adorable [1]
Quel mortel est digne d'entrer?
Qui pourra, grand Dieu, pénétrer
Ce sanctuaire impénétrable
Où tes saints inclinés, d'un œil respectueux,
Contemplent de ton front l'éclat majestueux?

    Ce sera celui qui du vice
    Évite le sentier impur;
    Qui marche d'un pas ferme et sûr
    Dans le chemin de la justice;

[1] VARIANTE. Seigneur, dans ton temple adorable.

Attentif et fidéle à distinguer sa voix,
Intrépide et sévère à maintenir ses lois [1].

    Ce sera celui dont la bouche
    Rend hommage à la vérité;
    Qui, sous un air d'humanité,
    Ne cache point un cœur farouche;
Et qui, par des discours faux et calomnieux,
Jamais à la vertu n'a fait baisser les yeux:

    Celui devant qui le superbe,
    Enflé d'une vaine splendeur,
    Paroît plus bas, dans sa grandeur,
    Que l'insecte caché sous l'herbe;
Qui, bravant du méchant le faste couronné,
Honore la vertu du juste infortuné:

    Celui, dis-je, dont les promesses
    Sont un gage toujours certain:
    Celui qui d'un infame gain
    Ne sait point grossir ses richesses:
Celui qui, sur les dons du coupable puissant,
N'a jamais décidé du sort de l'innocent.

    Qui marchera dans cette voie,
    Comblé d'un éternel bonheur,

[1] VAR. . . . . à pratiquer ses lois.

Un jour des élus du Seigneur
Partagera la sainte joie;
Et les frémissements de l'enfer irrité
Ne pourront faire obstacle à sa félicité.

ODE II,

TIRÉE DU PSAUME XVIII.

Mouvements d'une ame qui s'élève à la connoissance de Dieu par la contemplation de ses ouvrages.

Les cieux instruisent la terre
A révérer leur auteur :
Tout ce que leur globe enserre
Célébre un Dieu créateur.
Quel plus sublime cantique
Que ce concert magnifique
De tous les célestes corps?
Quelle grandeur infinie !
Quelle divine harmonie
Résulte de leurs accords !

De sa puissance immortelle
Tout parle, tout nous instruit;
Le jour au jour la révéle,

La nuit l'annonce à la nuit.
Ce grand et superbe ouvrage
N'est point pour l'homme un langage
Obscur et mystérieux :
Son admirable structure
Est la voix de la nature,
Qui se fait entendre aux yeux.

Dans une éclatante voûte
Il a placé de ses mains
Ce soleil qui dans sa route
Éclaire tous les humains.
Environné de lumière,
Cet astre ouvre sa carrière
Comme un époux glorieux
Qui dès l'aube matinale
De sa couche nuptiale
Sort brillant et radieux

L'univers, à sa présence,
Semble sortir du néant.
Il prend sa course, il s'avance
Comme un superbe géant.
Bientôt sa marche féconde
Embrasse le tour du monde
Dans le cercle qu'il décrit ;
Et, par sa chaleur puissante,
La nature languissante

Se ranime et se nourrit.

O que tes œuvres sont belles,
Grand Dieu! quels sont tes bienfaits!
Que ceux qui te sont fidèles
Sous ton joug trouvent d'attraits!
Ta crainte inspire la joie;
Elle assure notre voie;
Elle nous rend triomphants:
Elle éclaire la jeunesse,
Et fait briller la sagesse
Dans les plus foibles enfants.

Soutiens ma foi chancelante,
Dieu puissant; inspire-moi
Cette crainte vigilante
Qui fait pratiquer ta loi.
Loi sainte, loi desirable,
Ta richesse est préférable
A la richesse de l'or;
Et ta douceur est pareille
Au miel dont la jeune abeille
Compose son cher trésor.

Mais, sans tes clartés sacrées,
Qui peut connoître, Seigneur,
Les foiblesses égarées
Dans les replis de son cœur?

Prête-moi tes feux propices :
Viens m'aider à fuir les vices
Qui s'attachent à mes pas :
Viens consumer par ta flamme
Ceux que je vois dans mon ame,
Et ceux que je n'y vois pas.

Si de leur triste esclavage
Tu viens dégager mes sens,
Si tu détruis leur ouvrage [1],
Mes jours seront innocents.
J'irai puiser sur ta trace
Dans les sources de ta grace ;
Et, de ses eaux abreuvé,
Ma gloire fera connoître
Que le Dieu qui m'a fait naître
Est le Dieu qui m'a sauvé.

[1] VAR.   Si de leur cruel empire
           Tu veux dégager mes sens ;
           Si tu daignes me sourire.

ODE III,

TIRÉE DU PSAUME XLVIII.

Sur l'aveuglement des hommes du siècle.

Qu'aux accents de ma voix la terre se réveille :
Rois, soyez attentifs ; peuples, ouvrez l'oreille :
Que l'univers se taise et m'écoute parler.
Mes chants vont seconder les accords de ma lyre :
L'esprit saint me pénètre ; il m'échauffe ; il m'inspire
Les grandes vérités que je vais révéler.

L'homme en sa propre force a mis sa confiance ;
Ivre de ses grandeurs et de son opulence,
L'éclat de sa fortune enfle sa vanité.
Mais, ô moment terrible, ô jour épouvantable,
Où la mort saisira ce fortuné coupable,
Tout chargé des liens de son iniquité !

Que deviendront alors, répondez, grands du monde
Que deviendront ces biens où votre espoir se fonde,
Et dont vous étalez l'orgueilleuse moisson ?
Sujets, amis, parents, tout deviendra stérile ;

Et, dans ce jour fatal, l'homme à l'homme inutile
Ne paiera point à Dieu le prix de sa rançon.

Vous avez vu tomber les plus illustres têtes;
Et vous pourriez encore, insensés que vous êtes,
Ignorer le tribut que l'on doit à la mort?
Non, non, tout doit franchir ce terrible passage:
Le riche et l'indigent, l'imprudent et le sage,
Sujets à même loi, subissent même sort.

D'avides étrangers, transportés d'alégresse,
Engloutissent déja toute cette richesse,
Ces terres, ces palais de vos noms ennoblis.
Et que vous reste-t-il en ces moments suprêmes?
Un sépulcre funèbre, où vos noms, où vous-mêmes
Dans l'éternelle nuit serez ensevelis.

Les hommes, éblouis de leurs honneurs frivoles,
Et de leurs vains flatteurs écoutant les paroles,
Ont de ces vérités perdu le souvenir:
Pareils aux animaux farouches et stupides,
Les lois de leur instinct sont leurs uniques guides,
Et pour eux le présent paroît sans avenir.

Un précipice affreux devant eux se présente;
Mais tonjours leur raison, soumise et complaisante,
Au-devant de leurs yeux met un voile imposteur.
Sous leurs pas cependant s'ouvrent les noirs abymes,

Où la cruelle mort, les prenant pour victimes,
Frappe ces vils troupeaux dont elle est le pasteur.

Là s'anéantiront ces titres magnifiques,
Ce pouvoir usurpé, ces ressorts politiques,
Dont le juste autrefois sentit le poids fatal :
Ce qui fit leur bonheur deviendra leur torture ;
Et Dieu, de sa justice apaisant le murmure,
Livrera ces méchants au pouvoir infernal.

Justes, ne craignez point le vain pouvoir des hommes
Quelque élevés qu'ils soient, ils sont ce que nous somme
Si vous êtes mortels, ils le sont comme vous.
Nous avons beau vanter nos grandeurs passagères,
Il faut mêler sa cendre aux cendres de ses pères ;
Et c'est le même Dieu qui nous jugera tous.

ODE IV,

TIRÉE DU PSAUME XLIX.

Sur les dispositions que l'homme doit apporter à la prière.

Le roi des cieux et de la terre
Descend au milieu des éclairs :

Sa voix, comme un bruyant tonnerre,
S'est fait entendre dans les airs.
Dieux mortels, c'est vous qu'il appelle.
Il tient la balance éternelle
Qui doit peser tous les humains :
Dans ses yeux la flamme étincelle,
Et le glaive brille en ses mains.

Ministres de ses lois augustes,
Esprits divins qui le servez,
Assemblez la troupe des justes
Que les œuvres ont éprouvés ;
Et de ces serviteurs utiles
Séparez les ames serviles
Dont le zéle oisif en sa foi,
Par des holocaustes stériles
A cru satisfaire à la loi.

Allez, saintes intelligences,
Exécuter ses volontés :
Tandis qu'à servir ses vengeances
Les cieux et la terre invités,
Par des prodiges innombrables,
Apprendront à ces misérables
Que le jour fatal est venu
Qui fera connoître aux coupables
Le juge qu'ils ont méconnu.

Écoutez ce juge sévère,
Hommes charnels, écoutez tous :
Quand je viendrai dans ma colère
Lancer mes jugements sur vous,
Vous m'alléguerez les victimes
Que sur mes autels légitimes
Chaque jour vous sacrifiez ;
Mais ne pensez pas que vos crimes
Par là puissent être expiés.

Que m'importent vos sacrifices,
Vos offrandes et vos troupeaux ?
Dieu boit-il le sang des génisses ?
Mange-t-il la chair des taureaux ?
Ignorez-vous que son empire
Embrasse tout ce qui respire
Et sur la terre et dans les mers,
Et que son souffle seul inspire
L'ame à tout ce vaste univers ?

Offrez, à l'exemple des anges,
A ce Dieu votre unique appui,
Un sacrifice de louanges,
Le seul qui soit digne de lui.
Chantez, d'une voix ferme et sûre,
De cet auteur de la nature
Les bienfaits toujours renaissants :
Mais sachez qu'une main impure

Peut souiller le plus pur encens.

Il a dit à l'homme profane :
Oses-tu, pécheur criminel,
D'un Dieu dont la loi te condamne
Chanter le pouvoir éternel ;
Toi qui, courant à ta ruine,
Fus toujours sourd à ma doctrine,
Et, malgré mes secours puissants,
Rejetant toute discipline,
N'as pris conseil que de tes sens ?

Si tu voyois un adultère,
C'étoit lui que tu consultois :
Tu respirois le caractère
Du voleur que tu fréquentois.
Ta bouche abondoit en malice ;
Et ton cœur, pétri d'artifice,
Contre ton frère encouragé,
S'applaudissoit du précipice
Où ta fraude l'avoit plongé.

Contre une impiété si noire
Mes foudres furent sans emploi ;
Et voilà ce qui t'a fait croire
Que ton Dieu pensoit comme toi.
Mais apprends, homme détestable,
Que ma justice formidable

Ne se laisse point prévenir,
Et n'en est pas moins redoutable
Pour être tardive à punir.

Pensez-y donc, ames grossières;
Commencez par régler vos mœurs.
Moins de faste dans vos prières,
Plus d'innocence dans vos cœurs.
Sans une ame légitimée
Par la pratique confirmée
De mes préceptes immortels,
Votre encens n'est qu'une fumée
Qui déshonore mes autels.

ODE V,

TIRÉE DU PSAUME LXXI.

Idée de la véritable grandeur des rois.

O Dieu, qui, par un choix propice,
Daignâtes élire entre tous
Un homme qui fût parmi nous
L'oracle de votre justice,
Inspirez à ce jeune roi,
Avec l'amour de votre loi

Et l'horreur de la violence,
Cette clairvoyante équité
Qui de la fausse vraisemblance
Sait discerner la vérité.

Que par des jugements sévères
Sa voix assure l'innocent :
Que de son peuple gémissant
Sa main soulage les misères :
Que jamais le mensonge obscur
Des pas de l'homme libre et pur
N'ose à ses yeux souiller la trace;
Et que le vice fastueux
Ne soit point assis à la place
Du mérite humble et vertueux.

Ainsi du plus haut des montagnes
La paix et tous les dons des cieux,
Comme un fleuve délicieux,
Viendront arroser nos campagnes.
Son règne à ses peuples chéris
Sera ce qu'aux champs défleuris
Est l'eau que le ciel leur envoie;
Et, tant que luira le soleil,
L'homme, plein d'une sainte Joie,
Le bénira dès son réveil.

Son trône deviendra l'asile

De l'orphelin persécuté :
Son équitable austérité
Soutiendra le foible pupille.
Le pauvre, sous ce défenseur,
Ne craindra plus que l'oppresseur
Lui ravisse son héritage ;
Et le champ qu'il aura semé
Ne deviendra plus le partage
De l'usurpateur affamé.

Ses dons, versés avec justice,
Du pâle calomniateur
Ni du servile adulateur
Ne nourriront point l'avarice ;
Pour eux son front sera glacé.
Le zéle désintéressé,
Seul digne de sa confidence,
Fera renaître pour jamais
Les délices et l'abondance,
Inséparables de la paix.

Alors sa juste renommée,
Répandue au-delà des mers,
Jusqu'aux deux bouts de l'univers
Avec éclat sera semée :
Ses ennemis humiliés
Mettront leur orgueil à ses pieds ;
Et des plus éloignés rivages

Les rois, frappés de sa grandeur,
Viendront par de riches hommages
Briguer sa puissante faveur.

Ils diront : Voilà le modéle
Que doivent suivre tous les rois ;
C'est de la sainteté des lois
Le protecteur le plus fidéle.
L'ambitieux immodéré,
Et des eaux du siécle enivré,
N'ose paroître en sa présence :
Mais l'humble ressent son appui ;
Et les larmes de l'innocence
Sont précieuses devant lui.

De ses triomphantes années
Le temps respectera le cours ;
Et d'un long ordre d'heureux jours
Ses vertus seront couronnées.
Ses vaisseaux, par les vents poussés,
Vogueront des climats glacés
Aux bords de l'ardente Libye :
La mer enrichira ses ports ;
Et pour lui l'heureuse Arabie
Épuisera tous ses trésors.

Tel qu'on voit la tête chenue
D'un chêne autrefois arbrisseau,

Égaler le plus haut rameau
Du cédre caché dans la nue :
Tel, croissant toujours en grandeur,
Il égalera la splendeur
Du potentat le plus superbe,
Et ses redoutables sujets
Se multiplieront comme l'herbe
Autour des humides marais.

Qu'il vive, et que dans leur mémoire
Les rois lui dressent des autels :
Que les cœurs de tous les mortels
Soient les monuments de sa gloire !
Et vous, ô maître des humains,
Qui de vos bienfaisantes mains
Formez les monarques célébres,
Montrez-vous à tout l'univers ;
Et daignez chasser les ténébres
Dont nos foibles yeux sont couverts.

ODE VI,

TIRÉE DU PSAUME XC.

Que rien ne peut troubler la tranquillité de ceux qui
s'assurent en Dieu.

Celui qui mettra sa vie
Sous la garde du Très-Haut
Repoussera de l'envie
Le plus dangereux assaut.
Il dira : Dieu redoutable,
C'est dans ta force indomptable
Que mon espoir est remis :
Mes jours sont ta propre cause;
Et c'est toi seul que j'oppose
A mes jaloux ennemis.

Pour moi dans ce seul asile,
Par ses secours tout-puissants,
Je brave l'orgueil stérile
De mes rivaux frémissants.
En vain leur fureur m'assiége :
Sa justice rompt le piége
De ces chasseurs obstinés;

Elle confond leur adresse,
Et garantit ma foiblesse
De leurs dards empoisonnés.

O toi que ces cœurs féroces
Comblent de crainte et d'ennui,
Contre leurs complots atroces
Ne cherche point d'autre appui.
Que sa vérité propice
Soit contre leur artifice
Ton plus invincible mur;
Que son aile tutélaire
Contre leur âpre colère
Soit ton rempart le plus sûr.

Ainsi, méprisant l'atteinte
De leurs traits les plus perçants.
Du froid poison de la crainte
Tu verras tes jours exempts;
Soit que le jour sur la terre
Vienne éclairer de la guerre
Les implacables fureurs;
Ou soit que la nuit obscure
Répande dans la nature
Ses ténébreuses horreurs.

Quels effroyables abymes [1]

[1] Var. Mais que vois-je? quels abymes.

S'entr'ouvrent autour de moi !
Quel déluge de victimes
S'offre à mes yeux pleins d'effroi !
Quelle épouvantable image
De morts, de sang, de carnage,
Frappe mes regards tremblants !
Et quels glaives invisibles
Percent de coups si terribles
Ces corps pâles et sanglants ?

Mon cœur, sois en assurance,
Dieu se souvient de ta foi ;
Les fléaux de sa vengeance
N'approcheront point de toi :
Le juste est invulnérable :
De son bonheur immuable
Les anges sont les garants ;
Et tonjours leurs mains propices
A travers les précipices
Conduisent ses pas errants.

Dans les routes ambiguës
Du bois le moins fréquenté,
Parmi les ronces aiguës
Il chemine en liberté ;
Nul obstacle ne l'arrête :
Ses pieds écrasent la tête
Du dragon et de l'aspic ;

Il affronte avec courage
La dent du lion sauvage
Et les yeux du basilic.

Si quelques vaines foiblesses
Troublent ses jours triomphants,
Il se souvient des promesses
Que Dieu fait à ses enfants.
A celui qui m'est fidèle,
Dit la sagesse éternelle,
J'assurerai mes secours;
Je raffermirai sa voie,
Et dans des torrents de joie
Je ferai couler ses jours.

Dans ses fortunes diverses
Je viendrai toujours à lui;
Je serai dans ses traverses
Son inséparable appui:
Je le comblerai d'années
Paisibles et fortunées;
Je bénirai ses desseins:
Il vivra dans ma mémoire,
Et partagera la gloire
Que je réserve à mes saints.

ODE VII,

TIRÉE DU PSAUME CXIX.

Contre les calomniateurs.

Dans ces jours destinés aux larmes,
Où mes ennemis en fureur
Aiguisoient contre moi les armes
De l'imposture et de l'erreur,
Lorsqu'une coupable licence
Empoisonnoit mon innocence,
Le Seigneur fut mon seul recours :
J'implorai sa toute-puissance,
Et sa main vint à mon secours.

O Dieu, qui punis les outrages
Que reçoit l'humble vérité,
Venge-toi : détruis les ouvrages
De ces lèvres d'iniquité ;
Et confonds cet homme parjure
Dont la bouche non moins impure
Publie avec légèreté
Les mensonges que l'imposture
Invente avec malignité.

Quel rempart, quelle autre barrière

Pourra défendre l'innocent
Contre la fraude meurtrière
De l'impie adroit et puissant?
Sa langue aux feintes préparée
Ressemble à la flèche acérée
Qui part et frappe en un moment:
C'est un feu léger dès l'entrée,
Que suit un long embrasement.

Hélas! dans quel climat sauvage
Ai-je si long-temps habité!
Quel exil! quel affreux rivage!
Quels asiles d'impiété!
Cédar, où la fourbe et l'envie
Contre ma vertu poursuivie
Se déchaînèrent si long-temps,
A quels maux ont livré ma vie
Tes sacriléges habitants!

J'ignorois la trame invisible
De leurs pernicieux forfaits;
Je vivois tranquille et paisible
Chez les ennemis de la paix:
Et lorsqu'exempt d'inquiétude
Je faisois mon unique étude
De ce qui pouvoit les flatter,
Leur détestable ingratitude
S'armoit pour me persécuter.

ODE VIII,

TIRÉE DU PSAUME CXLIII.

Image du bonheur temporel des méchants.

Béni soit le Dieu des armées
Qui donne la force à mon bras,
Et par qui mes mains sont formées·
Dans l'art pénible des combats !
De sa clémence inépuisable
Le secours prompt et favorable
A fini mes oppressions :
En lui j'ai trouvé mon asile;
Et par lui d'un peuple indocile
J'ai dissipé les factions.

Qui suis-je, vile créature !
Qui suis-je, Seigneur! et pourquoi
Le souverain de la nature
S'abaisse-t-il jusques à moi?
L'homme en sa course passagère
N'est rien qu'une vapeur légère
Que le soleil fait dissiper :
Sa clarté n'est qu'une nuit sombre;

Et ses jours passent comme une ombre
Que l'œil suit et voit échapper.

Mais quoi! les périls qui m'obsédent
Ne sont point encore passés!
De nouveaux ennemis succèdent
A mes ennemis terrassés!
Grand Dieu, c'est toi que je réclame:
Lève ton bras, lance ta flamme,
Abaisse la hauteur des cieux;
Et viens sur leur voûte enflammée,
D'une main de foudres armée,
Frapper ces monts audacieux.

Objet de mes humbles cantiques,
Seigneur, je t'adresse ma voix:
Toi dont les promesses antiques
Furent toujours l'espoir des rois,
Toi de qui les secours propices,
A travers tant de précipices,
M'ont toujours garanti d'effroi,
Conserve aujourd'hui ton ouvrage,
Et daigne détourner l'orage
Qui s'apprête à fondre sur moi.

Arrête cet affreux déluge
Dont les flots vont me submerger:
Sois mon vengeur, sois mon refuge

Contre les fils de l'étranger :
Venge-toi d'un peuple infidéle
De qui la bouche criminelle
Ne s'ouvre qu'à l'impiété,
Et dont la main vouée au crime
Ne connoît rien de légitime
Que le meurtre et l'iniquité.

Ces hommes, qui n'ont point encore
Éprouvé la main du Seigneur,
Se flattent que Dieu les ignore,
Et s'enivrent de leur bonheur.
Leur postérité florissante,
Ainsi qu'une tige naissante,
Croît et s'éléve sous leurs yeux :
Leurs filles couronnent leurs têtes
De tout ce qu'en nos jours de fêtes
Nous portons de plus précieux.

De leurs grains les granges sont pleines ;
Leurs celliers regorgent de fruits :
Leurs troupeaux, tout chargés de laines,
Sont incessamment reproduits :
Pour eux la fertile rosée
Tombant sur la terre embrasée
Rafraîchit son sein altéré ;
Et pour eux le flambeau du monde
Nourrit d'une chaleur féconde

Le germe en ses flancs resserré.

Le calme régne dans leurs villes;
Nul bruit n'interrompt leur sommeil :
On ne voit point leurs toits fragiles
Ouverts aux rayons du soleil.
C'est ainsi qu'ils passent leur âge.
Heureux, disent-ils, le rivage
Où l'on jouit d'un tel bonheur !
Qu'ils restent dans leur rêverie :
Heureuse la seule patrie
Où l'on adore le Seigneur !

ODE IX,

TIRÉE DU PSAUME CXLV.

Foiblesse des hommes. Grandeur de Dieu.

Mon ame, louez le Seigneur ;
Rendez un légitime honneur
A l'objet éternel de vos justes louanges.
Oui, mon Dieu, je veux désormais
Partager la gloire des anges,
Et consacrer ma vie à chanter vos bienfaits.

Renonçons au stérile appui
Des grands qu'on implore aujourd'hui ;
Ne fondons point sur eux une espérance folle :
Leur pompe, indigne de nos vœux,
N'est qu'un simulacre frivole ;
Et les solides biens ne dépendent pas d'eux.

Comme nous, esclaves du sort,
Comme nous jouets de la mort,
La terre engloutira leurs grandeurs insensées ;
Et périront en même jour
Ces vastes et hautes pensées
Qu'adorent maintenant ceux qui leur font la cour.

Dieu seul doit faire notre espoir,
Dieu, de qui l'immortel pouvoir
Fit sortir du néant le ciel, la terre, et l'onde ;
Et qui, tranquille au haut des airs,
Anima d'une voix féconde
Tous les êtres semés dans ce vaste univers.

Heureux qui du ciel occupé,
Et d'un faux éclat détrompé,
Met de bonne heure en lui toute son espérance !
Il protége la vérité,
Et saura prendre la défense
Du juste que l'impie aura persécuté.

C'est le Seigneur qui nous nourrit;
C'est le Seigneur qui nous guérit :
Il prévient nos besoins; il adoucit nos gènes;
Il assure nos pas craintifs;
Il délie, il brise nos chaînes :
Et nos tyrans par lui deviennent nos captifs.

Il offre au timide étranger
Un bras prompt à le protéger;
Et l'orphelin en lui retrouve un second père :
De la veuve il devient l'époux;
Et par un châtiment sévère
Il confond les pêcheurs conjurés contre nous.

Les jours des rois sont dans sa main;
Leur régne est un régne incertain,
Dont le doigt du Seigneur a marqué les limites;
Mais de son régne illimité
Les bornes ne seront prescrites
Ni par la fin des temps, ni par l'éternité.

ODE X,

TIRÉE DU CANTIQUE D'ÉZÉCHIAS.

Isaïe, chap. XXXVIII.

Pour une personne convalescente.

J'ai vu mes tristès journées
Décliner vers leur penchant;
Au midi de mes années
Je touchois à mon couchant:
La mort, déployant ses ailes,
Couvroit d'ombres éternelles
La clarté dont je Jonis;
Et, dans cette nuit funeste,
Je cherchois en vain le reste
De mes jours évanouis.

Grand Dieu, votre main réclame
Les dons que j'en ai reçus;
Elle vient couper la traine
Des jours qu'elle m'a tissus:
Mon dernier soleil se léve,
Et votre souffle m'enléve

De la terre des vivants,
Comme la feuille séchée,
Qui, de sa tige arrachée,
Devient le jouet des vents.

Comme un tigre impitoyable,
Le mal a brisé mes os ;
Et sa rage insatiable
Ne me laisse aucun repos [1].
Victime foible et tremblante,
A cette image sanglante
Je soupire nuit et jour ;
Et, dans ma crainte mortelle,
Je suis comme l'hirondelle
Sous les griffes du vautour.

Ainsi, de cris et d'alarmes
Mon mal sembloit se nourrir ;
Et mes yeux, noyés de larmes,
Étoient lassés de s'ouvrir.
Je disois à la nuit sombre :
O nuit, tu vas dans ton ombre
M'ensevelir pour toujours !
Je redisois à l'aurore :

[1] VAR. Comme un lion plein de rage,
         Le mal a brisé mes os ;
         Le tombeau m'ouvre un passage
         Dans ses lugubres cachots.

Le jour que tu fais éclore
Est le dernier de mes jours !

Mon ame est dans les ténébres,
Mes sens sont glacés d'effroi :
Écoutez mes cris funébres,
Dieu juste, répondez-moi.
Mais enfin sa main propice
A comblé le précipice
Qui s'entr'ouvroit sous mes pas :
Son secours me fortifie,
Et me fait trouver la vie
Dans les horreurs du trépas.

Seigneur, il faut que la terre
Connoisse en moi vos bienfaïts :
Vous ne m'avez fait la guerre
Que pour me donner la paix.
Heureux l'homme à qui la grace
Départ ce don efficace
Puisé dans ses saints trésors,
Et qui, rallumant sa flamme,
Trouve la santé de l'ame
Dans les souffrances du corps !

C'est pour sauver la mémoire
De vos immortels secours,
C'est pour vous, pour votre gloire,

Que vous prolongez nos jours.
Non, non, vos bontés sacrées
Ne seront point célébrées
Dans l'horreur des monuments :
La mort, aveugle et muette,
Ne sera point l'interpréte
De vos saints commandements.

Mais ceux qui de sa menace,
Comme moi sont rachetés .
Annonceront à leur race
Vos célestes vérités.
J'irai, Seigneur, dans vos temples
Réchauffer par mes exemples
Les mortels les plus glacés,
Et, vous offrant mon hommage,
Leur montrer l'unique usage
Des jours que vous leur laissez.

ODE XI,

TIRÉE DU PSAUME LVII.

Contre les hypocrites.

Si la loi du Seigneur vous touche,

Si le mensonge vous fait peur,
Si la justice en votre cœur
Régne aussi bien qu'en votre bouche;
Parlez, fils des hommes, pourquoi
Faut-il qu'une haine farouche
Préside aux jugements que vous lancez sur moi?

C'est vous de qui les mains impures
Trament le tissu détesté
Qui fait trébucher l'équité
Dans le piège des impostures;
Lâches, aux cabales vendus,
Artisans de fourbes obscures,
Habiles seulement à noircir les vertus.

L'hypocrite, en fraudes fertile,
Dès l'enfance est pétri de fard :
Il sait colorer avec art
Le fiel que sa bouche distille;
Et la morsure du serpent
Est moins aiguë et moins subtile
Que le venin caché que sa langue répand.

En vain le sage les conseille,
Ils sont inflexibles et sourds;
Leur cœur s'assoupit aux discours
De l'équité qui les réveille :
Plus insensibles et plus froids

Que l'aspic, qui ferme l'oreille
Aux sons mélodieux d'une touchante voix.

Mais de ces langues diffamantes
Dieu saura venger l'innocent.
Je le verrai, ce Dieu puissant,
Foudroyer leurs têtes fumantes.
Il vaincra ces lions ardents,
Et dans leurs gueules écumantes
Il plongera sa main, et brisera leurs dents.

Ainsi que la vague rapide
D'un torrent qui roule à grand bruit
Se dissipe et s'évanouit
Dans le sein de la terre humide ;
Ou comme l'airain enflammé
Fait fondre la cire fluide
Qui bouillonne à l'aspect du brasier allumé :

Ainsi leurs grandeurs éclipsées
S'anéantiront à nos yeux ;
Ainsi la justice des cieux
Confondra leurs lâches pensées.
Leurs dards deviendront impuissants,
Et de leurs pointes émoussées
Ne pénétreront plus le sein des innocents.

Avant que leurs tiges célébres

Puissent pousser des rejetons,
Eux-mêmes, tristes avortons,
Seront cachés dans les ténébres;
Et leur sort deviendra pareil
Au sort de ces oiseaux funébres
Qui n'osent soutenir les regards du soleil.

C'est alors que de leur disgrace
Les justes riront à leur tour :
C'est alors que viendra le jour
De punir leur superbe audace;
Et que, sans paroître inhumains,
Nous pourrons extirper leur race,
Et laver dans leur sang nos innocentes mains.

Ceux qui verront cette vengeance
Pourront dire avec vérité
Que l'injustice et l'équité
Tour-à-tour ont leur récompense;
Et qu'il est un Dieu dans les cieux
Dont le bras soutient l'innocence,
Et confond des méchants l'orgueil ambitieux.

ODE XII,

TIRÉE DU PSAUME LXXII.

Inquiétudes de l'ame sur les voies de la Providence.

Que la simplicité d'une vertu paisible
Est sûre d'être heureuse en suivant le Seigneur !
Dessillez-vous, mes yeux; console-toi, mon cœur :
Les voiles sont levés; sa conduite est visible
    Sur le juste et sur le pêcheur.

Pardonne, Dieu puissant, pardonne à ma foiblesse :
A l'aspect des méchants, confus, épouvanté,
Le trouble m'a saisi, mes pas ont hésité :
Mon zéle m'a trahi, Seigneur, je le confesse,
    En voyant leur prospérité.

Cette mer d'abondance où leur ame se noie
Ne craint ni les écueils ni les vents rigoureux :
Ils ne partagent point nos fléaux douloureux;
Ils marchent sur les fleurs, ils nagent dans la joie;
    Le sort n'ose changer pour eux.

Voilà donc d'où leur vient cette audace intrépide

Qui n'a jamais connu craintes ni repentirs !
Enveloppés d'orgueil, engraissés de plaisirs,
Enivrés de bonheur, ils ne prennent pour guide
    Que leurs plus insensés desirs.

Leur bouche ne vomit qu'injures, que blasphémes ;
Et leur cœur ne nourrit que pensers vicieux :
Ils affrontent la terre, ils attaquent les cieux,
Et n'élèvent leur voix que pour vanter eux-mêmes
    Leurs forfaits les plus odieux.

De là, je l'avouerai, naissoit ma défiance.
Si sur tous les mortels Dieu tient les yeux ouverts,
Comment, sans les punir, voit-il ces cœurs pervers ?
Et, s'il ne les voit point, comment peut sa science
    Embrasser tout cet univers ?

Tandis qu'un peuple entier les suit et les adore,
Prêt à sacrifier ses jours mêmes aux leurs,
Accablé de mépris, consumé de douleurs,
Je n'ouvre plus mes yeux aux rayons de l'aurore
    Que pour faire place à mes pleurs.

Ah ! c'est donc vainement qu'à ces ames parjures
J'ai toujours refusé l'encens que je te dois !
C'est donc en vain, Seigneur, que, m'attachant à toi,
Je n'ai jamais lavé mes mains simples et pures
    Qu'avec ceux qui suivent ta loi !

C'étoit en ces discours que s'exhaloit ma plainte :
Mais, ô coupable erreur ! ô transports indiscrets !
Quand je parlois ainsi, j'ignorois tes secrets ;
J'offensois tes élus, et je portois atteinte
    A l'équité de tes décrets.

Je croyois pénétrer tes jugements augustes ;
Mais, grand Dieu, mes efforts ont toujours été vains,
Jusqu'à ce qu'éclairé du flambeau de tes saints,
J'ai reconnu la fin qu'à ces hommes injustes
    Réservent tes puissantes mains.

J'ai vu que leurs honneurs, leur gloire, leur richesse
Ne sont que des filets tendus à leur orgueil :
Que le port n'est pour eux qu'un véritable écueil ;
Et que ces lits pompeux où s'endort leur mollesse
    Ne couvrent qu'un affreux cercueil.

Comment tant de grandeur s'est-elle évanouie ?
Qu'est devenu l'éclat de ce vaste appareil ?
Quoi ! leur clarté s'éteint aux clartés du soleil !
Dans un sommeil profond ils ont passé leur vie ;
    Et la mort a fait leur réveil.

Insensé que j'étois de ne pas voir leur chute
Dans l'abus criminel de tes dons tout-puissants !
De ma foible raison j'écoutois les accents ;
Et ma raison n'étoit que l'instinct d'une brute,

Qui ne juge que par les sens.

Cependant, ô mon Dieu ! soutenu de ta grace,
Conduit par ta lumière, appúyé sur ton bras,
J'ai conservé ma foi dans ces rudes combats :
Mes pieds ont chancelé; mais enfin de ta trace
      Je n'ai point écarté mes pas.

Puis-je assez exalter l'adorable clémence
Du Dieu qui m'a sauvé d'un si mortel danger ?
Sa main contre moi-même a su me protéger ;
Et son divin amour m'offre un bonheur immense
      Pour un mal foible et passager.

Que me reste-t-il donc à chérir sur la terre ?
Et qu'ai-je à desirer au céleste séjour ?
La nuit qui me couvroit céde aux clartés du jour :
Mon esprit ni mes sens ne me font plus la guerre;
      Tout est absorbé par l'amour.

Car enfin, je le vois, le bras de sa justice,
Quoique lent à frapper, se tient toujours levé
Sur ces hommes charnels dont l'esprit dépravé
Ose à de faux objets offrir le sacrifice
      D'un cœur pour lui seul réservé.

Laissons-les s'abymer sous leurs propres ruines.
Ne plaçons qu'en Dieu seul nos vœux et notre espoir :

Faisons-nous de l'aimer un éternel devoir ;
Et publions par-tout les merveilles divines
De son infaillible pouvoir.

ODE XIII,

TIRÉE DU PSAUME XCIII.

Que la justice divine est présente à toutes nos actions.

Paroissez, roi des rois ; venez, juge suprême,
    Faire éclater votre courroux
    Contre l'orgueil et le blasphème
    De l'impie armé contre vous.
Le Dieu de l'univers est le Dieu des vengeances :
Le pouvoir et le droit de punir les offenses
    N'appartient qu'à ce Dieu jaloux.

Jusques à quand, Seigneur, souffrirez-vous l'ivresse
    De ces superbes criminels
    De qui la malice transgresse
    Vos ordres les plus solennels,
Et dont l'impiété barbare et tyrannique
Au crime ajoute encor le mépris ironique
    De vos préceptes éternels.

Ils ont sur votre peuple exercé leur furie ;
 Ils n'ont pensé qu'à l'affliger :
 Ils ont semé dans leur patrie
 L'horreur, le trouble, et le danger :
Ils ont de l'orphelin envahi l'héritage,
Et leur main sanguinaire a déployé sa rage
 Sur la veuve et sur l'étranger.

Ne songeons, ont-ils dit, quelque prix qu'il en coûte,
 Qu'à nous ménager d'heureux jours :
 Du haut de la céleste voûte
 Dieu n'entendra pas nos discours :
Nos offenses par lui ne seront point punies ;
Il ne les verra point : et de nos tyrannies
 Il n'arrêtera pas le cours.

Quel charme vous séduit, quel démon vous conseille,
 Hommes imbécilles et fous ?
 Celui qui forma votre oreille
 Sera sans oreilles pour vous !
Celui qui fit vos yeux ne verra point vos crimes !
Et celui qui punit les rois les plus sublimes
 Pour vous seuls retiendra ses coups !

Il voit, n'en doutez plus, il entend toute chose ;
 Il lit jusqu'au fond de vos cœurs.
 L'artifice en vain se propose
 D'éluder ses arrêts vengeurs ;

Rien n'échappe aux regards de ce juge sévère :
Le repentir lui seul peut calmer sa colère,
    Et fléchir ses justes rigueurs.

Ouvrez, ouvrez les yeux, et laissez-vous conduire
    Aux divins rayons de sa foi.
    Heureux celui qu'il daigne instruire
    Dans la science de sa loi !
C'est l'asile du juste ; et la simple innocence
Y trouve son repos, tandis que la licence
    N'y trouve qu'un sujet d'effroi.

Qui me garantira des assauts de l'envie ?
    Sa fureur n'a pu s'attendrir.
    Si vous n'aviez sauvé ma vie,
    Grand Dieu, j'étois près de périr.
Je vous ai dit : Seigneur, ma mort est infaillible ;
Je succombe. Aussitôt votre bras invincible
    S'est armé pour me secourir.

Non, non, c'est vainement qu'une main sacrilége
    Contre moi décoche ses traits ;
    Votre trône n'est point un siége
    Souillé par d'injustes décrets :
Vous ne ressemblez point à ces rois implacables
Qui ne font exercer leurs lois impraticables
    Que pour accabler leurs sujets.

Toujours à vos élus l'envieuse malice
Tendra ses filets captieux :
Mais toujours votre loi propice
Confondra les audacieux.
Vous anéantirez ceux qui nous font la guerre ;
Et si l'impiété nous juge sur la terre,
Vous la jugerez dans les cieux.

ODE XIV,

TIRÉE DU PSAUME XCVI,

et appliquée au jugement dernier.

Misère des réprouvés. Félicité des élus.

Peuples, élevez vos concerts ;
Poussez des cris de joie et des chants de victoire ;
Voici le roi de l'univers
Qui vient faire éclater son triomphe et sa gloire.

La justice et la vérité
Servent de fondements à son trône terrible ;
Une profonde obscurité
Aux regards des humains le rend inaccessible.

Les éclairs, les feux dévorants,

Font luire devant lui leur flamme étincelante;
    Et ses ennemis expirants
Tombent de toutes parts sous sa foudre brûlante.

    Pleine d'horreur et de respect,
La terre a tressailli sur ses voûtes brisées :
    Les monts, fondus à son aspect,
S'écoulent dans le sein des ondes embrasées.

    De ses jugements redoutés
La trompette céleste a porté le message;
    Et dans les airs épouvantés
En ces terribles mots sa voix s'ouvre un passage :

    Soyez à jamais confondus
Adorateurs impurs de profanes idoles,
    Vous qui, par des vœux défendus,
Invoquez de vos mains les ouvrages frivoles.

    Ministres de mes volontés,
Anges, servez contre eux ma fureur vengeresse.
    Vous, mortels que j'ai rachetés,
Redoublez à ma voix vos concerts d'alégresse.

    C'est moi qui, du plus haut des cieux,
Du monde que j'ai fait régle les destinées :
    C'est moi qui brise ses faux dieux,
Misérables jouets des vents et des années.

Par ma présence raffermis,
Méprisez du méchant la haine et l'artifice :
    L'ennemi de vos ennemis
A détourné sur eux les traits de leur malice.

    Conduits par mes vives clartés,
Vous n'avez écouté que mes lois adorables :
    Jouissez des félicités
Qu'ont mérité pour vous mes bontés secourables.

    Venez donc, venez en ce jour
Signaler de vos cœurs l'humble reconnoissance ;
    Et par un respect plein d'amour,
Sanctifiez en moi votre réjouissance.

ODE XV,

TIRÉE DU PSAUME LXXV,

et appliquée à la dernière guerre des Turcs.

Quelle est la véritable reconnoissance que Dieu exige
des hommes.

Le Seigneur est connu dans nos climats paisibles :
Il habite avec nous ; et ses secours visibles

Ont de son peuple heureux prévenu les souhaits.
Ce Dieu, de ses faveurs nous comblant à toute heure
    A fait de sa demeure
    La demeure de paix.

Du haut de la montagne où sa grandeur réside,
Il a brisé la lance et l'épée homicide
Sur qui l'impiété fondoit son ferme appui.
Le sang des étrangers a fait fumer la terre;
    Et le feu de la guerre
    S'est éteint devant lui.

Une affreuse clarté dans les airs répandue
A jeté la frayeur dans leur troupe éperdue:
Par l'effroi de la mort ils se sont dissipés;
Et l'éclat foudroyant des lumières célestes
    A dispersé leurs restes
    Aux glaives échappés.

Insensés, qui, remplis d'une vapeur légère,
Ne prenez pour conseil qu'une ombre mensongère
Qui vous peint des conseils chimériques et vains,
Le réveil suit de près vos trompeuses ivresses;
    Et toutes vos richesses
    S'écoulent de vos mains.

L'ambition guidoit vos escadrons rapides;
Vous dévoriez déja dans vos courses avides,

Toutes les régions qu'éclaire le soleil :
Mais le Seigneur se léve; il parle, et sa menace
   Convertit votre audace
   En un morue sommeil.

O Dieu, que ton pouvoir est grand et redoutable !
Qui pourra se cacher au trait inévitable
Dont tu poursuis l'impie au jour de ta fureur ?
A punir les méchants ta colère fidéle
   Fait marcher devant elle
   La mort et la terreur.

Contre ces inhumains tes jugements augustes
S'élévent pour sauver les humbles et les justes
Dont le cœur devant toi s'abaisse avec respect.
Ta justice paroît, de feux étincelante ;
   Et la terre tremblante
   S'arrête à ton aspect [1].

Mais ceux pour qui ton bras opère ces miracles
N'en cueilleront le fruit qu'en suivant tes oracles,
En bénissànt ton nom, en pratiquant ta loi.
Quel encens est plus pur qu'un si saint exercice !
   Quel autre sacrifice
   Seroit digne de toi !

Ce sont là les présents, grand Dieu, que tu demandes.

[1] VAR. Frémit à ton aspect.

Peuples , ce ne sont point vos pompeuses offrandes
Qui le peuvent payer de ses dons immortels :
C'est par une humble foi, c'est par un amour tendre,
    Que l'homme peut prétendre
    D'honorer ses autels.

Venez donc adorer le Dieu saint et terrible
Qui vous a délivrés par sa force invincible
Du joug que vous avez redouté tant de fois ;
Qui d'un souffle détruit l'orgueilleuse licence,
    Relève l'innocence,
    Et terrasse les rois.

ÉPODE

Tirée principalement des livres de Salomon, et en partie de quelques autres endroits de l'Écriture et des prières de l'Église.

PREMIÈRE PARTIE.

Vains mortels, que du monde endort la folle ivresse,
Écoutez, il est temps, la voix de la sagesse :
Heureux, et seul heureux qui s'attache au Seigneur !
Pour trouver le repos, le bonheur, et la joie,

Il n'est qu'un seul chemin, c'est de suivre sa voie
    Dans la simplicité du cœur:

Le temps fuit, dites-vous, c'est lui qui nous convie
A saisir promptement les douceurs de la vie :
L'avenir est douteux, le présent est certain ;
Dans la rapidité d'une course bornée
Sommes-nous assez sûrs de notre destinée
    Pour la remettre au lendemain?

Notre esprit n'est qu'un souffle, une ombre passagère ;
Et le corps qu'il anime, une cendre légère,
Dont la mort chaque jour prouve l'infirmité;
Étouffés tôt ou tard dans ses bras invincibles,
Nous serons tous alors, cadavres insensibles,
    Comme n'ayant jamais été.

Songeons donc à jouir de nos belles années :
Les roses d'aujourd'hui demain seront fanées.
Des biens de l'étranger cimentons nos plaisirs,
Et, du riche orphelin persécutant l'enfance,
Contentons aux dépens du vieillard sans défense
    Nos insatiables desirs.

Guéris de tout remords contraire à nos maximes,
Nous ne connoîtrons plus ni d'excès ni de crimes :
De tout scrupule vain nous bannirons l'effroi.
Soutenus de puissance, assistés d'artifice,

Notre seul intérêt fera notre justice,
　　Et notre force, notre loi.

Assiégeons l'innocent; qu'il tremble à notre approche
Ses regards sont pour nous un éternel reproche :
De sa foiblesse même il se fait un appui;
Il traite nos succès de fureur tyrannique :
Dieu, dit-il, est son père et son refuge unique,
　　Il ne veut connoître que lui.

Voyons s'il est vraiment celui qu'il se dit être :
S'il est fils de ce Dieu, comme il veut le paroître,
Au secours de son fils ce Dieu doit accourir;
Essayons-en l'effet, consommons notre ouvrage,
Et sachons quelles mains au bord de son naufrage
　　Pourront l'empêcher de périr.

Ce sont là les discours, ce sont là les pensées
De ces ames de chair, victimes insensées
De l'ange séducteur qui leur donne la mort.
Qu'ils combattent sous lui, qu'ils suivent son exemple
Et qu'à lui seul voués, le zèle de son temple
　　Soit l'espoir de leur dernier sort !

DEUXIÈME PARTIE.

Cependant les ames qu'excite
Le ciel à pratiquer sa loi,
Verront triompher le mérite
De leur constance et de leur foi :
Dans le sein d'un Dieu favorable,
Un bonheur à jamais durable.
Sera le prix de leurs combats,
Et de la mort inexorable
Le fer ensanglanté ne les touchera pas.

Dieu, comme l'or dans la fournaise,
Les éprouva dans les ennuis;
Mais leur patience l'apaise;
Les jours viennent après les nuits :
Il a supputé les années
De ceux dont les mains acharnées
Nous ont si long-temps affligés;
Il régle enfin nos destinées,
Et nos juges par lui sont eux-mêmes jugés.

Justes, qui fîtes ma conquête
Par vos larmes et vos travaux,
Il est temps, dit-il, que j'arrête
L'insolence de vos rivaux;
Parmi les célestes milices

Venez prendre part aux délices
De mes combattants épurés;
Tandis qu'aux éternels supplices
Des soldats du démon les jours seront livrés.

Assez la superbe licence
Arma leur lâche impiété;
Assez j'ai vu votre innocence
En proie à leur férocité :
Vengeons notre propre querelle,
Couvrons cette troupe rebelle
D'horreur et de confusion;
Et que la gloire du fidèle
Consomme le malheur de la rébellion.

Et vous à qui ma voix divine
Diete mes ordres absolus,
Anges, c'est vous que je destine
Au service de mes élus.
Allez, et dissipant la nue
Qui, malgré leur foi reconnue,
Me dérobe à leurs yeux amis,
Faites-les jouir dans ma vue
Des biens illimités que je leur ai promis.

Voici, voici le jour propice
Où le Dieu pour qui j'ai souffert
Va me tirer du précipice

Que le démon m'avoit ouvert.
De l'imposture et de l'envie,
Contre ma vertu poursuivie,
Les traits ne seront plus lancés;
Et les soins mortels de ma vie
De l'immortalité seront récompensés.

Loin de cette terre funeste
Transporté sur l'aile des vents,
La main d'un ministre céleste
M'ouvre la terre des vivants.
Près des saints j'y prendrai ma place,
J'y ressentirai de la grace
L'intarissable écoulement;
Et, voyant mon Dieu face à face,
L'éternité pour moi ne sera qu'nn moment.

Qui m'affranchira de l'empire
Du monde où je suis enchaîné?
De la délivrance où j'aspire
Quand viendra le jour fortuné.
Quand pourrai-je, rompant les charmes
Où ce triste vallon de larmes
De ma vie endort les instants,
Trouver la fin de mes alarmes,
Et le commencement du bonheur que j'attends?

Quand pourrai-je dire à l'impie:

Tremble, lâche, frémis d'effroi ;
De ton Dieu la haine assoupie
Est prête à s'éveiller sur toi.
Dans ta criminelle carrière
Tu ne mis jamais de barrière
Entre sa crainte et tes fureurs ;
Puisse mon heureuse prière
D'un châtiment trop dû t'épargner les horreurs ?

Puisse en moi la ferveur extrême
D'une sainte compassion
Des offenseurs du Dieu que j'aime
Opérer la conversion !
De ses vengeances redoutables
Puissent mes ardeurs véritables
Adoucir la sévère loi ;
Et pour mes ennemis coupables
Obtenir le pardon que j'en obtins pour moi !

Seigneur, ta puissance invincible
N'a rien d'égal que ta bonté ;
Le miracle le moins possible
N'est qu'un jeu de ta volonté :
Tu peux de ta lumière auguste
Éclairer les yeux de l'injuste,
Rendre saint un cœur dépravé,
En cèdre transformer l'arbuste,
Et faire un vase élu d'un vase réprouvé.

Grand Dieu! daigne sur ton esclave
Jeter un regard paternel :
Confonds le crime qui te brave,
Mais épargne le criminel;
Et s'il te faut un sacrifice,
Si de ta suprême justice
L'honneur doit être réparé,
Venge-toi seulement du vice
En le chassant du cœur dont il s'est emparé !

C'est alors que dé ma victoire
J'obtiendrai les fruits les plus doux,
En chantant avec eux la gloire
Du Dieu qui nous a sauvé tous.
Agréable et sainte harmonie !
Pour moi quélle joie infinie !
Quelle gloire de voir un jour
Leur troupe avec moi réunie
Dans les mêmes concerts et dans le même amour.

Pendant qu'ils vivent sur la terre,
Prépare du moins leur fierté,
Par la crainte de ton tonnerre,
A ce bien pour eux souhaité;
Et, les retirant des abymes
Où, dans des nœuds illégitimes,
Languit leur courage abattu,
Fais que l'image de leurs crimes

Introduise en leurs cœurs celle de la vertu.

TROISIÈME PARTIE.

Tel, après un long orage
Dont un fleuve débordé
A désolé le rivage
Par sa colère inondé,
L'effort des vagues profondes
Engloutissoit dans les ondes
Bergers, cabanes, troupeaux;
Et, submergeant les campagnes,
Sur le sommet des montagnes
Faisoit flotter les vaisseaux.

Mais la planéte brillante,
Qui perce tout de ses traits,
Dans la nature tremblante
A déja remis la paix :
L'onde, en son lit écoulée,
A la terre consolée
Rend ses premières couleurs;
Et d'une fraîcheur utile
Pénétrant son sein fertile,
En augmente les chaleurs.

Tel fera dans leurs pensées
Germer un amour constant

De leurs offenses passées
Le souvenir pénitent.
Ils diront : Dieu des fidèles,
Dans nos ténèbres mortelles
Tu nous as fait voir le jour;
Éternise dans nos ames
Ces sacrés torrents de flammes
Sources du divin amour.

Ton souffle qui sut produire
L'ame pour l'éternité,
Peut faire en elle reluire
Sa première pureté;
De rien tu créas le monde,
D'un mot de ta voix féconde
Naquit ce vaste univers;
Tu parlas, il reçut l'être :
Parle, un instant verra naître
Cent autres mondes divers.

Tu donnes à la matière
L'ame et la légèreté;
Tu fais naître la lumière
Du sein de l'obscurité;
Sans toi la puissance humaine
N'est qu'ignorance hautaine,
Trouble et frivole entretien :
En toi seul, cause des causes,

Seigneur, je vois toutes choses;
Hors de toi, je ne vois rien.

A quoi vous sert tant d'étude,
Qu'à nourrir le fol orgueil
Où votre béatitude
Trouva son premier écueil?
Grands hommes, sages célébres,
Vos éclairs dans les ténébres
Ne font que vous égarer.
Dieu seul connoît ses ouvrages;
L'homme, entouré de nuages,
N'est fait que pour l'honorer.

Curiosité funeste,
C'est ton attrait criminel
Qui du royaume céleste
Chassa le premier mortel.
Non content de son essence,
Et d'avoir en sa puissance
Tout ce qu'il pouvoit avoir,
L'ingrat voulut, dieu lui-même,
Partager du Dieu suprême
La science et le pouvoir.

A ces hautes espérances
Du changement de son sort,
Succédèrent les souffrances,

L'aveuglement et la mort ;
Et, pour fermer tout asile
A son espoir indocile,
Bientôt l'ange dans les airs,
Sentinelle vigilante,
De l'épée étincelante
Fit reluire les éclairs.

QUATRIÈME PARTIE.

Mais de cet homme, exclu de son premier partage,
La gloire est réservée à de plus hauts destins,
Quand son Sauveur viendra d'un nouvel héritage
    Lui frayer les chemins.

Dieu, pour lui s'unissant à la nature humaine,
Et partageant sa chair et ses infirmités,
Se chargera pour lui du poids et de la peine
    De ses iniquités.

Ce Dieu médiateur, fils, image du père,
Le Verbe, descendu de son trône éternel,
Des flancs immaculés d'une mortelle mère
    Voudra naître mortel.

Pêcheur, tu trouveras en lui ta délivrance ;
Et sa main, te fermant les portes de l'enfer,
Te fera perdre alors de ta juste souffrance

Le souvenir amer.

Ève régne à son tour, du dragon triomphante :
L'esclave de la mort produit son Rédempteur;
Et, fille du Très-Haut, la créature enfante
    Son propre Créateur.

O Vierge ! qui du ciel assures la conquête,
Gage sacré des dons que sur terre il répand,
Tes pieds victorieux écraseront la tête
    De l'horrible serpent.

Les saints après ta mort t'ouvriront leurs demeures,
Nouvel astre du jour pour le ciel se levant;
Que dis-je, après ta mort? se peut-il que tu meures,
    Mère du Dieu vivant?

Non, tu ne mourras point; les régions sublimes
Vivante t'admettront dans ton auguste rang,
Et telle qu'au grand jour où, pour laver nos crimes,
    Ton fils versa son sang.

Dans ce séjour de gloire où les divines flammes
Font d'illustres élus de tous ses citoyens,
Daigne prier ce fils qu'il délivre nos ames
    Des terrestres liens.

Obtiens de sa pitié, protectrice immortelle,

Qu'il renouvelle en nous les larmes, les sanglots,
De ce roi pénitent dont la douleur fidéle
    S'exhaloit en ces mots :

O monarque éternel, Seigneur, Dieu de nos pères,
Dieu des cieux, de la terre, et de tout l'univers;
Vous dont la voix soumet à ses ordres sévères
    Et les vents et les mers;

Tout respecte, tout craint votre majesté sainte;
Vos lois régnent par-tout, rien n'ose les trahir :
Moi seul j'ai pu, Seigneur, résister à la crainte
    De vous désobéir.

J'ai péché : j'ai suivi la lueur vaine et sombre
Des charmes séduisants du monde et de la chàir;
Et mes nombreux forfaits ont surpassé le nombre
    Des sables de la mer.

Mais enfin votre amour, à qui tout amour céde,
Surpasse encor l'excès des désordres humains.
Où le délit abonde, abonde le reméde :
    Je l'attends de vos mains.

Quelle que soit, Seigneur, la chaîne déplorable
Où depuis si long-temps je languis arrêté,
Quel espoir ne doit point inspirer au coupable
    Votre immense bonté?

Au bonheur de ses saints elle n'est point bornée :
Si vous êtes le dieu de vos heureux amïs,
Vous ne l'êtes pas moins de l'ame infortunée,
 Et des pêcheurs soumis.

Vierge, flambeau du ciel, dont les démons farouches
Craignent la sainte flamme et les rayons vainqueurs,
De ces humbles accents fais retentir nos bouches,
 Grave-les dans nos cœurs ;

Afin qu'aux légions à ton Dieu consacrées,
Nous puissions, réunis sous ton puissant appui,
Lui présenter un jour, victimes épurées,
 Des vœux dignes de lui.

ODES.

~~~~~~

LIVRE SECOND.

ODE I.

Sur la naissance de monseigneur le duc de Bretagne [1].

Descends de la double colline,
Nymphe [2] dont le fils amoureux
Du sombre époux de Proserpine
Sut fléchir le cœur rigoureux :
Viens servir l'ardeur qui m'inspire,
Déesse, prête-moi ta lyre,
Ou celle de ce Grec vanté [3]
Dont l'impitoyable Alexandre,
Au milieu de Thébes en cendre,
Respecta la postérité [4].

[1] Louis, duc de Bretagne, né en 1705, mort en 1712.
[2] Calliope, mère d'Orphée. — [3] Pindare.
[4] VAR. Dont, par le superbe Alexandre,
    Au milieu de Thébes en cendre,
    Le séjour fut seul respecté.

Quel dieu propice nous raméne
L'espoir que nous avions perdu?
Un fils de Thétis ou d'Alcméne
Par le ciel nous est-il rendu?
N'en doutons point, le ciel sensible
Veut réparer le coup terrible
Qui nous fit verser tant de pleurs.
Hâtez-vous, ô chaste Lucine;
Jamais plus illustre origine
Ne fut digne de vos faveurs.

Peuples, voici le premier gage
Des biens qui vous sont préparés:
Cet enfant est l'heureux présage
Du repos que vous desirez.
Les premiers instants de sa vie
De la Discorde et de l'Envie
Verront éteindre le flambeau:
Il renversera leurs trophées;
Et leurs couleuvres étouffées
Seront les jeux de son berceau [1].

Ainsi, durant la nuit obscure,
De Vénus l'étoile nous luit,
Favorable et brillant augure

[1] Allusion à la fable d'Hercule au berceau étouffant deux ser-
pents.

De l'éclat du jour qui la suit :
Ainsi, dans le fort des tempêtes,
Nous voyons briller sur nos têtes
Ces feux amis des matelots,
Présage de la paix profonde
Que le dieu qui règne sur l'onde
Va rendre à l'empire des flots.

Quel monstre de carnage avide
S'est emparé de l'univers?
Quelle impitoyable Euménide
De ses feux infecte les airs?
Quel dieu souffle en tous lieux la guerre,
Et semble à dépeupler la terre
Exciter nos sanglantes mains?
Mégère, des enfers bannie,
Est-elle aujourd'hui le génie
Qui préside au sort des humains?

Arrête, furie implacable;
Le ciel veut calmer ses rigueurs :
Les feux d'une haine coupable
N'ont que trop embrasé nos cœurs.
Aimable Paix, vierge sacrée,
Descends de la voûte azurée;
Viens voir tes temples relevés;
Et ramène au sein de nos villes
Ces dieux bienfaisants et tranquilles

Que nos crimes ont soulevés.

Mais quel souffle divin m'enflamme?
D'où naît cette soudaine horreur?
Un dieu vient échauffer mon ame
D'une prophétique fureur.
Loin d'ici, profane vulgaire!
Apollon m'inspire et m'éclaire;
C'est lui, je le vois, je le sens;
Mon cœur cède à sa violence:
Mortels, respectez sa présence,
Prêtez l'oreille à mes accents.

Les temps prédits par la Sibylle
A leur terme sont parvenus:
Nous touchons au règne tranquille
Du vieux Saturne et de Janus:
Voici la saison desirée
Où Thémis et sa sœur Astrée,
Rétablissant leurs saints autels,
Vont ramener ces jours insignes
Où nos vertus nous rendoient dignes
Du commerce des immortels.

Où suis-je? quel nouveau miracle
Tient encor mes sens enchantés?
Quel vaste, quel pompeux spectacle
Frappe mes yeux épouvantés?

Un nouveau monde vient d'éclore :
L'univers se reforme encore
Dans les abymes du chaos ;
Et, pour réparer ses ruines,
Je vois des demeures divines
Descendre un peuple de héros.

Les éléments cessent leur guerre ;
Les cieux ont repris leur azur ;
Un feu sacré purge la terre
De tout ce qu'elle avoit d'impur :
On ne craint plus l'herbe mortelle ;
Et le crocodile infidèle
Du Nil ne trouble plus les eaux :
Les lions dépouillent leur rage,
Et dans le même pâturage
Bondissent avec les troupeaux.

C'est ainsi que la main des Parques
Va nous filer ce siècle heureux
Qui du plus sage des monarques
Doit couronner les justes vœux.
Espérons des jours plus paisibles :
Les dieux ne sont point inflexibles,
Puisqu'ils punissent nos forfaits.
Dans leurs rigueurs les plus austères,
Souvent leurs fléaux salutaires
Sont un gage de leurs bienfaits.

Le ciel dans une nuit profonde
Se plaît à nous cacher ses lois :
Les rois sont les maîtres du monde ;
Les dieux sont les maîtres des rois.
Valeur, activité, prudence,
Des décrets de leur providence
Rien ne change l'ordre arrêté ;
Et leur régle constante et sûre
Fait seule ici bas la mesure
Des biens et de l'adversité.

Mais que fais-tu, Muse insensée ?
Où tend ce vol ambitieux ?
Oses-tu porter ta pensée
Jusque dans le conseil des dieux ?
Réprime une ardeur périlleuse :
Ne va point, d'une aile orgueilleuse,
Chercher ta perte dans les airs ;
Et, par des routes inconnues
Suivant Ieare au hant des nues,
Crains de tomber au fond des mers.

Si pourtant quelque esprit timide,
Du Pinde ignorant les détours,
Opposoit les régles d'Euclide
Au désordre de mes discours ;
Qu'il sache qu'autrefois Virgile [1]

[1] VAR. Qu'il sache que, sur le Parnasse,

Fit, même aux Muses de Sicile,
Approuver de pareils transports;
Et qu'enfin cet heureux délire
Peut seul des maîtres de la lyre
Immortaliser les accords.

ODE II.

A M. L'ABBÉ COURTIN.

Abbé chéri des neuf sœurs,
Qui dans ta philosophie
Sais faire entrer les douceurs
Du commerce de la vie,
Tandis qu'en nombres impairs
Je te trace ici les vers
Que m'a dictés mon caprice,
Que fais-tu dans ces déserts
Qu'enferme ton bénéfice?

Vas-tu, dès l'aube du jour,

Le dieu dont autrefois Horace
Apprit à chanter les héros
Préfère ces fougues lyriques
A tous les froids panégyriques
Du Pindare des jeux floraux*.

* Houdard de La Motte.

Secondé d'un plomb rapide,
Ensanglanter le retour
De quelque lièvre timide?
Ou chez tes moines tondus,
_ A t'ennuyer assidus,
Cherches-tu quelques vieux titres,
Qui, dans ton Trésor perdus [1],
Se retrouvent sur leurs vitres?

Mais non, je te connois mieux:
Tu sais trop bien que le sage
De son loisir studieux
Doit faire un plus noble usage,
Et, justement enchanté
De la belle antiquité,
Chercher dans son sein fertile
La solide volupté,
Le vrai, l'honnête, et l'utile.

Toutefois de ton esprit
Bannis l'erreur générale
Qui jadis en maint écrit
Plaça la saine morale:
On abuse de son nom.
Le chantre d'Agamemnon
Sut nous tracer dans son livre,

[1] Le *Trésor,* dans les communautés, étoit le lieu où l'on gardoit les archives et autres papiers importants de la maison.

Mieux que Chrysippe et Zénon,
Quel chemin nous devons suivre.

Homère adoucit mes mœurs
Par ses riantes images :
Sénèque aigrit mes humeurs
Par ses préceptes sauvages.
En vain, d'un ton de rhéteur,
Épictéte à son lecteur
Prêche le bonheur suprême ;
J'y trouve un consolateur
Plus affligé que moi-même.

Dans son flegme simulé
Je découvre sa colère ;
J'y vois un homme accablé
Sous le poids de sa misère :
Et, dans tous ces beaux discours
Fabriqués durant le cours
De sa fortune maudite,
Vous reconnoissez toujours
L'esclave d'Épaphrodite.

Mais je vois déja d'ici
Frémir tout le zénonisme
D'entendre traiter ainsi
Un des saints du paganisme.
Pardon : mais, en vérité,

Mon Apollon révolté
Lui devoit ce témoignage
Pour l'ennui que m'a coûté
Son insupportable ouvrage.

De tout semblable pédant
Le commerce communiqué
Je ne sais quoi de mordant,
De farouche, et de cynique.
O le plaisant avertin [1]
D'un fou du pays latin,
Qui se travaille et se gêne,
Pour devenir à la fin
Sage comme Diogène !

Je ne prends point pour vertu
Les noirs accès de tristesse
D'un loup-garou revêtu
Des habits de la sagesse :
Plus légère que le vent,
Elle fuit d'un faux savant
La sombre mélancolie,
Et se sauve bien souvent
Dans les bras de la folie.

La vertu du vieux Caton,

[1] *Avertin*, vieux mot qui signifioit une maladie de l'esprit qui rend opiniâtre, emporté, furieux.

Chez les Romains tant prônée,
Étoit souvent, nous dit-on,
De Falerne enluminée.
Toujours ces sages hagards,
Maigres, hideux, et blafards,
Sont souillés de quelque opprobre :
Et du premier des Césars
L'assassin fut homme sobre.

Dieu bénisse nos dévots !
Leur ame est vraiment loyale.
Mais jadis les grands pivots
De la ligue anti-royale,
Les Lincestres, les Aubris [1],
Qui contre les deux Henris
Prêchoient tant la populace,
S'occupoient peu des écrits
D'Anacréon et d'Horace.

Crois-moi, fais de leurs chansons
Ta plus importante étude ;
A leurs aimables leçons
Consacre ta solitude ;
Et, par Sonning [2] rappelé
Sur ce rivage émaillé

[1] Lincestre et Aubry, curés de Paris, et deux des plus fou-
gueux ligueurs.
[2] Sonning, un des compagnons de plaisir de Chaulieu.

Où Neuilli borde la Seine,
Reviens au vin d'Auvilé
Mêler les eaux d'Hippocrène.

ODE III.

A M. DE CAUMARTIN,

Conseiller d'état, et intendant des finances.

Digne et noble héritier des premières vertus
Qu'on adora jadis sous l'empire de Rhée;
Vous qui dans le palais de l'aveugle Plutus
 Osâtes introduire Astrée;

Fils d'un père fameux qui, même à nos frondeurs,
Par sa dextérité fit respecter son zéle,
Et, nouvel Atticus, sut captiver leurs cœurs,
 En demeurant sujet fidéle;

Renoncez pour un temps aux travaux de Thémis :
Venez voir ces coteaux enrichis de verdure,
Et ces bois paternels, où l'art, humble et soumis,
 Laisse encor régner la nature.

Les Hyades, Vertumne, et l'humide Orion,
Sur la terre embrasée ont versé leurs largesses;

Et Bacchus, échappé des fureurs du Lion,
    Songe à vous tenir ses promesses.

O rivages chéris, vallons aimés des cieux,
D'où jamais n'approcha la tristesse importune,
Et dont le possesseur, tranquille et glorieux,
    Ne rougit point de sa fortune !

Trop heureux qui du champ par ses pères laissé
Peut parcourir au loin les limites antiques,
Sans redouter les cris de l'orphelin chassé
    Du sein de ses dieux domestiques !

Sous des lambris dorés l'injuste ravisseur
Entretient le vautour dont il est la victime.
Combien peu de mortels connoissent la douceur
    D'un bonheur pur et légitime !

Jouissez en repos de ce lieu fortuné :
Le calme et l'innocence y tiennent leur empire ;
Et des soucis affreux le souffle empoisonné
    N'y corrompt point l'air qu'on respire.

Pan, Diane, Apollon, les Faunes, les Sylvains,
Peuplent ici vos bois, vos vergers, vos montagnes.
La ville est le séjour des profanes humains ;
    Les dieux régnent dans les campagnes.

C'est là que l'homme apprend leurs mystères secrets,
Et que, contre le sort munissant sa foiblesse,
Il jouit de lui-même, et s'abreuve à longs traits
  Dans les sources de la sagesse.

C'est là que ce Romain [1] dont l'éloquente voix
D'un joug presque certain sauva sa république,
Fortifioit son cœur dans l'étude des lois
  Et du Lycée et du Portique.

Libre des soins publics qui le faisoient rêver,
Sa main du consulat laissoit aller les rênes;
Et, courant à Tuscule, il alloit cultiver
  Les fruits de l'école d'Athènes.

ODE IV.

A M. D'USSÉ.

Esprit né pour servir d'exemple
Aux cœurs de la vertu frappés,
Qui sans guide as pu de son temple
Franchir les chemins escarpés,
Cher d'Ussé, quelle inquiétude
Te fait une triste habitude

[1] Cicéron.

Des ennuis et de la douleur?
Et, ministre de ton supplice,
Pourquoi, par un sombre caprice,
Veux-tu seconder ton malheur?

Chasse cet ennui volontaire
Qui tient ton esprit dans les fers,
Et que dans une ame vulgaire
Jette l'épreuve des revers;
Fais tête au malheur qui t'opprime :
Qu'nne espérance légitime
Te munisse contre le sort.
L'air siffle, une horrible tempête
Aujourd'hui gronde sur ta tête;
Demain.tu seras dans le port.

Toujours la mer n'est pas en butte
Aux ravages des aquilons;
Toujours les torrents par leur chute
Ne désolent pas nos vallons.
Les disgraces désespérées,
Et de nul espoir tempérées,
Sont affreuses à soutenir;
Mais leur charge est moins importune
Lorsqu'on gémit d'une infortune
Qu'on espère de voir finir.

Un jour, le souci qui te ronge,

En un doux repos transformé,
Ne sera plus pour toi qu'nn songe
Que le réveil aura calmé.
Espère donc avec courage.
Si le pilote craint l'orage
Quand Neptune enchaîne les flots,
L'espoir du calme le rassure
Quand les vents et la nue obscure
Glacent le cœur des matelots.

Je sais qu'il est permis au sage
Par les disgraces combattu
De souhaiter pour apanage
La fortune après la vertu.
Mais, dans un bonheur sans mélange,
Souvent cette vertu se change
En une honteuse langueur :
Autour de l'aveugle richesse
Marchent l'orgueil et la rudesse
Que suit la dureté du cœur.

Non que ta sagesse, endormie
Au temps de tes prospérités,
Eût besoin d'être raffermie
Par de dures fatalités;
Ni quc ta vertu peu fidéle
Eût jamais choisi pour modéle
Ce fou superbe et ténébreux

Qui, gonflé d'une fierté basse,
N'a jamais eu d'antre disgrace
Que de n'être point malheureux.

Mais si les maux et la tristesse
Nous sont des secours superflus
Quand des bornes de la sagesse
Les biens ne nous ont point exclus,
Ils nous font trouver plus charmante
Notre félicité présente
Comparée au malheur passé;
Et leur influence tragique
Réveille un bonheur léthargique
Que rien n'a jamais traversé.

Ainsi que le cours des années
Se forme des jours et des nuits,
Le cercle de nos destinées
Est marqué de joie et d'ennuis.
Le ciel, par un ordre équitable,
Rend l'un à l'autre profitable;
Et, dans ces inégalités,
Souvent sa sagesse suprême
Sait tirer notre bonheur même
Du sein de nos calamités.

Pourquoi d'une plainte importune
Fatiguer vainement les airs?

Aux jeux cruels de la fortune
Tout est soumis dans l'univers.
Jupiter fit l'homme semblable
A ces deux jumeaux que la fable [1]
Plaça jadis au rang des dieux ;
Couple de déités bizarre,
Tantôt habitants du Ténare,
Et tantôt citoyens des cieux.

Ainsi de douceurs en supplices
Elle nous promène à son gré.
Le seul remède à ses caprices,
C'est de s'y tenir préparé,
De la voir du même visage
Qu'une courtisane volage
Indigne de nos moindres soins,
Qui nous trahit par imprudence,
Et qui revient, par inconstance,
Lorsque nous y pensons le moins.

[1] Castor et Pollux.

ODE V.

A M. DUCHÉ,

Dans le temps qu'il travailloit à sa tragédie de Débora.

Tandis que, dans la solitude
Où le destin m'a confiné,
J'endors, par la douce habitude
D'une oisive et facile étude,
L'ennui dont je suis lutiné,

Un sublime essor te raméne
A la cour des sœurs d'Apollon;
Et bientôt avec Melpoméne
Tu vas d'un nouveau phénoméne
Éclairer le sacré vallon.

O que ne puis-je, sur les ailes
Dont Dédale fut possesseur,
Voler aux lieux où tu m'appelles,
Et de tes chansons immortelles
Partager l'aimable douceur!

Mais une invincible contrainte,

Malgré moi, fixe ici mes pas :
Tu sais quel est ce labyrinthe,
Et que, pour aller à Corinthe,
Le desir seul ne suffit pas.

Toutefois les froides soirées
Commencent d'abréger le jour;
Vertumne a changé ses livrées;
Et nos campagnes labourées
Me flattent d'un prochain retour.

Déja le départ des Pléiades
A fait retirer les nochers;
Et déja les tristes Hyades
Forcent les frileuses Dryades
De chercher l'abri des rochers.

Le volage amant de Clytie [1]
Ne caresse plus nos climats;
Et bientôt des monts de Scythie
Le fougueux époux d'Orithye [2]
Va nous ramener les frimas.

Ainsi, dès que le Sagittaire [3]
Viendra rendre nos champs déserts,
J'irai, secret dépositaire,
Près de ton foyer solitaire,

[1] Le soleil. — [2] Borée, le vent du nord. — [3] Novembre.

Jouir de tes savants concerts.

En attendant, puissent leurs charmes,
Apaisant le mal qui t'aigrit,
Dissiper tes vaines alarmes,
Et tarir la source des larmes
D'une épouse qui te chérit!

Je sais que la fièvre et l'automne
Pourroient mettre Hercule aux abois:
Mais, si ma conjecture est bonne,
La fièvre dont ton cœur frissonne
Est la plus fâcheuse des trois.

ODE VI.

A LA FORTUNE.

Fortune, dont la main couronne
Les forfaits les plus inouis,
Du faux éclat qui t'environne
Serons-nous toujours éblouis?
Jusques à quand, trompeuse idole,
D'un culte honteux et frivole
Honorerons-nous tes autels?
Verra-t-on tonjours tes caprices

Consacrés par les sacrifices
Et par l'hommage des mortels?

Le peuple, dans ton moindre ouvrage
Adorant la prospérité,
Te nomme grandeur de courage,
Valeur, prudence, fermeté:
Du titre de vertu suprême
Il dépouille la vertu même
Pour le vice que tu chéris;
Et toujours ses fausses maximes
Érigent en héros sublimes
Tes plus coupables favoris.

Mais, de quelque superbe titre
Dont ces héros soient revêtus,
Prenons la raison pour arbitre,
Et cherchons en eux leurs vertus:
Je n'y trouve qu'extravagance,
Foiblesse, injustice, arrogance,
Trahisons, fureurs, cruautés:
Étrange vertu, qui se forme
Souvent de l'assemblage énorme
Des vices les plus détestés!

Apprends que la seule sagesse
Peut faire les héros parfaits;
Qu'elle voit toute la bassesse

De ceux que ta faveur a faits;
Qu'elle n'adopte point la gloire
Qui naît d'une injuste victoire
Que le sort remporte pour eux;
Et que, devant ses yeux stoïques,
Leurs vertus les plus héroïques
Ne sont que des crimes heureux.

Quoi! Rome et l'Italie en cendre
Me feront honorer Sylla?
J'admirerai dans Alexandre
Ce que j'abhorre en Attila?
J'appellerai vertu guerrière
Une vaillance meurtrière
Qui dans mon sang trempe ses mains?
Et je pourrai forcer ma bouche
A louer un héros farouche,
Né pour le malheur des humains?

Quels traits me présentent vos fastes,
Impitoyables conquérants?
Des vœux outrés, des projets vastes,
Des rois vaincus par des tyrans,
Des murs que la flamme ravage,
Des vainqueurs fumants de carnage,
Un peuple au fer abandonné,
Des mères pâles et sanglantes
Arrachant leurs filles tremblantes

Des bras d'un soldat effréné.

Juges insensés que nous sommes,
Nous admirons de tels exploits !
Est-ce donc le malheur des hommes
Qui fait la vertu des grands rois?
Leur gloire, féconde en ruines,
Sans le meurtre et sans les rapines
Ne sauroit-elle subsister?
Images des dieux sur la terre,
Est-ce par des coups de tonnerre
Que leur grandeur doit éclater?

Mais je veux que dans les alarmes
Réside le solide honneur :
Quel vainqueur ne doit qu'à ses armes
Ses triomphes et son bonheur?
Tel qu'on nous vante dans l'histoire
Doit peut-être toute sa gloire
A la honte de son rival :
L'inexpérience indocile
Du compagnon de Paul Émile [1]
Fit tout le succès d'Annibal.

Quel est donc le héros solide
Dont la gloire ne soit qu'à lui?
C'est un roi que l'équité guide,

[1] Varron.

Et dont les vertus sont l'appui;
Qui, prenant Titus pour modéle,
Du bonheur d'un peuple fidéle
Fait le plus cher de ses souhaits;
Qui fuit la basse flatterie;
Et qui, père de sa patrie,
Compte ses jours par ses bienfaits.

Vous chez qui la guerrière audace
Tient lieu de toutes les vertus,
Concevez Socrate à la place
Du fier meurtrier de Clytus [1];
Vous verrez un roi respectable,
Humain, généreux, équitable,
Un roi digne de vos autels:
Mais, à la place de Socrate,
Le fameux vainqueur de l'Euphrate
Sera le dernier des mortels.

Héros cruels et sanguinaires,
Cessez de vous enorgueillir
De ces lauriers imaginaires
Que Bellone vous fit cueillir.
En vain le destructeur rapide
De Marc-Antoine et de Lépide [2]
Remplissoit l'univers d'horreurs:
Il n'eût point eu le nom d'Auguste

[1] Alexandre. — [2] Octave.

Sans cet empire heureux et juste
Qui fit oublier ses fureurs.

Montrez-nous, guerriers magnanimes,
Votre vertu dans tout son jour :
Voyons comment vos cœurs sublimes
Du sort soutiendront le retour.
Tant que sa faveur vous seconde,
Vous êtes les maîtres du monde,
Votre gloire nous éblouit;
Mais, au moindre revers funeste,
Le masque tombe, l'homme reste,
Et le héros s'évanouit.

L'effort d'une vertu commune
Suffit pour faire un conquérant :
Celui qui dompte la fortune
Mérite seul le nom de grand.
Il perd sa volage assistance
Sans rien perdre de la constance
Dont il vit ses honneurs accrus;
Et sa grande ame ne s'altère
Ni des triomphes de Tibère,
Ni des disgraces de Varus.

La joie imprudente et légère
Chez lui ne trouve point d'accès,
Et sa crainte active modère

L'ivresse des heureux succès.
Si la fortune le traverse,
Sa constante vertu s'exerce
Dans ces obstacles passagers.
Le bonheur peut avoir son terme;
Mais la sagesse est toujours ferme,
Et les destins toujours légers.

En vain une fière déesse [1]
D'Énée a résolu la mort;
Ton secours, puissante sagesse,
Triomphe des dieux et du sort.
Par toi Rome, après son naufrage,
Jusque dans les murs de Carthage
Vengea le sang de ses guerriers,
Et, suivant tes divines traces,
Vit, au plus fort de ses disgraces,
Changer ses cyprès en lauriers.

ODE VII.

A UNE JEUNE VEUVE.

Quel respect imaginaire
Pour les cendres d'un époux

[1] Junon.

Vous rend vous-même contraire
A vos destins les plus doux?
Quand sa course fut bornée
Par la fatale journée
Qui le mit dans le tombeau,
Pensez-vous que l'hyménée
N'ait pas éteint son flambeau?

Pourquoi ces sombres ténébres
Dans ce lugubre réduit?
Pourquoi ces clartés funébres,
Plus affreuses que la nuit?
De ces noirs objets troublée,
Triste, et sans cesse immolée
A de frivoles égards,
Ferez-vous d'un mausolée
Le plaisir de vos regards?

Voyez les Graces fidéles
Malgré vous suivre vos pas,
Et voltiger autour d'elles
L'Amour, qui vous tend les bras:
Voyez ce dieu plein de charmes,
Qui vous dit, les yeux en larmes:
Pourquoi ces soins superflus [1]?
Pourquoi ces cris, ces alarmes?
Ton époux ne t'entend plus.

---

[1] VAR. Pourquoi ces pleurs superflus?

A sa triste destinée
C'est trop donner de regrets;
Par les larmes d'une année
Ses mânes sont satisfaits.
De la célèbre matrone [1]
Que l'antiquité nous prône
N'imitez point le dégoût;
Ou, pour l'honneur de Pétrone,
Imitez-la jusqu'au bout.

Les chroniques les plus amples
Des veuves des premiers temps
Nous fournissent peu d'exemples
D'Artémises de vingt ans :
Plus leur douleur est illustre,
Et plus elle sert de lustre
A leur amoureux essor :
Andromaque, en moins d'un lustre,
Remplaça deux fois Hector [2].

De la veuve de Sichée
L'histoire vous a fait peur :
Didon mourut attachée
Au char d'un amant trompeur [3].
Mais l'imprudente mortelle

[1] La matrone d'Éphèse.
[2] La veuve d'Hector épousa successivement Pyrrhus et Hé-
lénus. — [3] Énée.

N'eut à se plaindre que d'elle;
Ce fut sa faute, en un mot :
A quoi songeoit cette belle
De prendre un amant dévot?

Pouvoit-elle mieux attendre
De ce pieux voyageur,
Qui, fuyant sa ville en cendre
Et le fer du Grec vengeur,
Chargé des dieux de Pergame,
Ravit son père à la flamme,
Tenant son fils par la main,
Sans prendre garde à sa femme,
Qui se perdit en chemin?

Sous un plus heureux auspice
La déesse des amours
Veut qu'un nouveau sacrifice
Lui consacre vos beaux jours :
Déjà le bûcher s'allume,
L'autel brille, l'encens fume,
La victime s'embellit,
L'amour même la consume,
Le mystère s'accomplit.

Tout conspire à l'alégresse
De cet instant solennel :
Une riante jeunesse

Folâtre autour de l'autel ;
Les Graces à demi nues
A ces danses ingénues
Mêlent de tendres accents;
Et sur un trône de nues
Vénus reçoit votre encens.

ODE VIII.

A M. L'ABBÉ DE CHAULIEU.

Tant qu'a duré l'influence
D'un astre propice et doux,
Malgré moi de ton absence
J'ai supporté les dégoûts.

Je disois : Je lui pardonne
De préférer les beautés
De Palès et de Pomone
Au tumulte des cités :

Ainsi l'amant de Glycère [1],
Épris d'un repos obscur,
Cherchoit l'ombre solitaire
Des rivages de Tibur.

[1] Horace.

Mais aujourd'hui qu'en nos plaines
Le chien brûlant de Procris [1]
De Flore aux douces baleines
Dessèche les dons chéris,

Veux-tu d'un astre perfide
Risquer les âpres chaleurs,
Et, dans ton jardin aride,
Sécher ainsi que tes fleurs?

Crois-moi, suis plutôt l'exemple
De tes amis casaniers,
Et reviens goûter au Temple [2],
L'ombre de tes marroniers.

Dans ce salon pacifique
Où président les neuf Sœurs,
Un loisir philosophique
T'offre encor d'autres douceurs :

Là, nous trouverons sans peine
Avec toi, le verre en main,
L'homme après qui Diogène
Courut si long-temps en vain ;

[1] La canicule.
[2] Chaulieu avoit au Temple une belle habitation qu'il devoit au grand-prieur de Vendôme.

Et, dans la douce alégresse
Dont tu sais nous abreuver,
Nous puiserons la sagesse,
Qu'il chercha sans la trouver.

~~~~~~~~~~~~~~~~~~~~~~~~~~~~~~~~~~~~

ODE IX.

A M. LE MARQUIS DE LA FARE.

Dans la route que je me trace,
La Fare, daigne m'éclairer;
Toi qui dans les sentiers d'Horace
Marches sans jamais t'égarer;
Qui, par les leçons d'Aristippe,
De la sagesse de Chrysippe
As su corriger l'âpreté,
Et, telle qu'aux beaux jours d'Astrée,
Nous montrer la vertu parée
Dès attraits de la volupté.

Ce feu sacré que Prométhée
Osa dérober dans les cieux,
La raison, à l'homme apportée,
Le rend presque semblable aux dieux.
Se pourroit-il, sage La Fare,
Qu'un présent si noble et si rare

De nos maux devînt l'instrument,
Et qu'une lumière divine
Pût jamais être l'origine
D'un déplorable aveuglement?

Lorsqu'à l'époux de Pénélope [1]
Minerve accorde son secours,
Les Lestrigons et le Cyclope
Ont beau s'armer contre ses jours :
Aidé de cette intelligence,
Il triomphe de la vengeance
De Neptune en vain courroucé;
Par elle il brave les caresses
Des Sirènes enchanteresses,
Et les breuvages de Circé.

De la vertu qui nous conserve
C'est le symbolique tableau :
Chaque mortel a sa Minerve,
Qui doit lui servir de flambeau.
Mais cette déité propice
Marchoit toujours devant Ulysse,
Lui servant de guide ou d'appui;
Au lieu que, par l'homme conduite,
Elle ne va plus qu'à sa suite,
Et se précipite avec lui.

[1] Ulysse.

Loin que la raison nous éclaire,
Et conduise nos actions,
Nous avons trouvé l'art d'en faire
L'orateur de nos passions :
C'est un sophiste qui nous joue,
Un vil complaisant qui se loue
A tous les fous de l'univers,
Qui, s'habillant du nom de sages,
La tiennent sans cesse à leurs gages
Pour autoriser leurs travers.

C'est elle qui nous fait accroire
Que tout cède à notre pouvoir ;
Qui nourrit notre folle gloire
De l'ivresse d'un faux savoir ;
Qui, par cent nouveaux stratagèmes,
Nous masquant sans cesse à nous-mêmes,
Parmi les vices nous endort,
Du furieux fait un Achille,
Du fourbe un politique habile,
Et de l'athée un esprit fort.

Mais vous, mortels, qui, dans le monde
Croyant tenir les premiers rangs,
Plaignez l'ignorance profonde
De tant de peuples différents ;
Qui confondez avec la brute
Ce Huron caché sous sa hutte,

Au seul instinct presque réduit;
Parlez : Quel est le moins barbare
D'une raison qui vous égare,
Ou d'un instinct qui le conduit?

La nature, en trésors fertile,
Lui fait abondamment trouver
Tout ce qui lui peut être utile,
Soigneuse de le conserver.
Content du partage modeste
Qu'il tient de la bonté céleste,
Il vit sans trouble et sans ennui;
Et si son climat lui refuse
Quelques biens dont l'Europe abuse,
Ce ne sont plus des biens pour lui.

Couché dans un autre rustique,
Du nord il brave la rigueur;
Et notre luxe asiatique
N'a point énervé sa vigueur:
Il ne regrette point la perte
De ces arts dont la découverte
A l'homme a coûté tant de soins,
Et qui, devenus nécessaires,
N'ont fait qu'augmenter nos misères,
En multipliant nos besoins.

Il méprise la vaine étude

D'un philosophe pointilleux
Qui, nageant dans l'incertitude,
Vante son savoir merveilleux :
Il ne veut d'autre connoissance
Que ce que la Toute-puissance
A bien voulu nous en donner;
Et sait qu'elle créa les sages
Pour profiter de ses ouvrages,
Et non pour les examiner.

Ainsi d'une erreur dangereuse
Il n'avale point le poison;
Et notre clarté ténébreuse
N'a point offusqué sa raison.
Il ne se tend point à lui-même
Le piége d'un adroit système
Pour se cacher la vérité :
Le crime à ses yeux paroît crime;
Et jamais rien d'illégitime
Chez lui n'a pris l'air d'équité.

Maintenant, fertiles contrées,
Sages mortels, peuples heureux,
Des nations hyperborées
Plaignez l'aveuglement affreux;
Vous qui, dans la vaine noblesse,
Dans les honneurs, dans la mollesse,
Fixez la gloire et les plaisirs;

Vous de qui l'infame avarice
Proméne au gré de son caprice
Les insatiables desirs.

Oui, c'est toi, monstre détestable,
Superbe tyran des humains,
Qui seul du bonheur véritable
A l'homme as fermé les chemins.
Pour apaiser sa soif ardente,
La terre en trésors abondante,
Feroit germer l'or sous ses pas :
Il brûle d'un feu sans reméde;
Moins riche de ce qu'il posséde,
Que pauvre de ce qu'il n'a pas.

Ah! si d'une pauvreté dure
Nous cherchons à nous affranchir,
Rapprochons-nous de la nature,
Qui seule peut nous enrichir.
Forçons de funestes obstacles;
Réservons pour nos tabernacles
Cet or, ces rubis, ces métaux;
Ou dans le sein des mers avides
Jetons ces richesses perfides,
L'unique élément de nos maux.

Ce sont là les vrais sacrifices
Par qui nous pouvons étouffer

Les semences de tous les vices
Qu'on voit ici-bas triompher.
Otez l'intérêt de la terre,
Vous en exilerez la guerre,
L'honneur rentrera dans ses droits;
Et, plus justes que nous ne sommes,
Nous verrons régner chez les hommes
Les mœurs à la place des lois.

Sur-tout réprimons les saillies
De notre curiosité,
Source de toutes nos folies,
Mère de notre vanité.
Nous errons dans d'épaisses ombres,
Où souvent nos lumières sombres
Ne servent qu'à nous éblouir.
Soyons ce que nous devons être;
Et ne perdons point à connoître
Des jours destinés à jouir.

ODE X.

*Sur la mort de S. A. S. monseigneur le prince de Conti,
arrivée au mois de février* 1709.

Peuples, dont la douleur aux larmes obstinée
De ce prince chéri déplore le trépas,
Approchez, et voyez quelle est la destinée
  Des grandeurs d'ici-bas.

Conti n'est plus, ô ciel! ses vertus, son courage,
La sublime valeur, le zéle pour son roi,
N'ont pu le garantir, au milieu de son âge,
  De la commune loi.

Il n'est plus; et les dieux, en des temps si funestes,
N'ont fait que le montrer aux regards des mortels.
Soumettons-nous. Allons porter ses tristes restes
  Au pied de leurs autels.

Élevons à sa cendre un monument célébre:
Que le jour de la nuit emprunte les couleurs.
Soupirons, gémissons sur ce tombeau funébre,
  Arrosé de nos pleurs.

Mais, que dis-je? ah! plutôt à sa vertu suprême
Consacrons un hommage et plus noble et plus doux.
Ce héros n'est point mort; le plus beau de lui-même
     Vit encor parmi nous.

Ce qu'il eut de mortel s'éclipse à notre vue :
Mais de ses actions le visible flambeau,
Son nom, sa renommée, en cent lieux répandue,
     Triomphent du tombeau.

En dépit de la mort, l'image de son ame,
Ses talents, ses vertus vivantes dans nos cœurs,
Y peignent ce héros avec des traits de flamme,
     De la Parque vainqueurs.

Steinkerque, où sa valeur rappela la victoire,
Nerwinde, où ses efforts guidèrent nos exploits,
Éternisent sa vie, aussi bien que la gloire
     De l'empire françois.

Ne murmurons donc plus contre les destinées
Qui livrent sa jeunesse au ciseau d'Atropos;
Et ne mesurons point au nombre des années
     La course des héros.

Pour qui compte les jours d'une vie inutile,
L'âge du vieux Priam passe celui d'Hector :

Pour qui compte les faits, les ans du jeune Achille
      L'égalent à Nestor.

Voici, voici le temps où, libres de contrainte,
Nos voix peuvent pour lui signaler leurs accents;
Je puis à mon héros, sans bassesse et sans crainte,
      Prodiguer mon encens.

Muses, préparez-lui votre plus riche offrande;
Placez son nom fameux entre les plus grands noms :
Rien ne peut plus faner l'immortelle guirlande
      Dont nous le couronnons.

Oui, cher prince, ta mort, de tant de pleurs suivie,
Met le comble aux grandeurs dont tu fus revêtu,
Et sauve des écueils d'une plus longue vie
      Ta gloire et ta vertu.

Au faîte des honneurs, un vainqueur indomptable
Voit souvent ses lauriers se flétrir dans ses mains.
La mort, la seule mort met le sceau véritable
      Aux grandeurs des humains.

Combien avons-nous vu d'éloges unanimes
Condamnés, démentis par un honteux retour !
Et combien de héros glorieux, magnanimes,
      Ont vécu trop d'un jour !

Du midi jusqu'à l'ourse on vantoit ce monarque [1]
Qui remplit tout le nord de tumulte et de sang.
Il fuit; sa gloire tombe, et le destin lui marque
    Son véritable rang.

Ce n'est plus ce héros guidé par la victoire,
Par qui tous les guerriers alloient être effacés :
C'est un nouveau Pyrrhus, qui va grossir l'histoire
    Des fameux insensés.

Ainsi de ses bienfaits la fortune se venge.
Mortels, défions-nous d'un sort toujours heureux ;
Et de nos ennemis songeons que la louange
    Est le plus dangereux.

Jadis tous les humains, errant à l'aventure,
A leur sauvage instinct vivoient abandonnés,
Satisfaits d'assouvir de l'aveugle nature
    Les besoins effrénés :

La raison, fléchissant leurs humeurs indociles,
De la société vint former les liens,
Et bientôt rassembla sous de communs asiles
    Les premiers citoyens.

Pour assurer entre eux la paix et l'innocence,
Les lois firent alors éclater leur pouvoir,

[1] Charles XII, roi de Suède.

Sur des tables d'airain l'audace et la licence
Apprirent leur devoir.

Mais il falloit encor, pour étonner le crime,
Toujours contre les lois prompt à se révolter,
Que des chefs, revêtus d'un pouvoir légitime,
Les fissent respecter.

Ainsi, pour le maintien de ces lois salutaires,
Du peuple entre vos mains le pouvoir fut remis,
Rois; vous fûtes élus sacrés dépositaires
Du glaive de Thémis.

Puisse en vous la vertu faire luire sans cesse
De la divinité les rayons glorieux!
Partagez ces tributs d'amour et de tendresse
Que nous offrons aux dieux.

Mais chassez loin de vous la basse flatterie,
Qui, cherchant à souiller la bonté de vos mœurs,
Par cent détours obscurs s'ouvre avec industrie
La porte de vos cœurs.

Le pauvre est à couvert de ses ruses obliques:
Orgueilleuse, elle suit la pourpre et les faisceaux;
Serpent contagieux, qui des sources publiques
Empoisonne les eaux.

Craignez que de sa voix les trompeuses délices
N'assoupissent enfin votre foible raison;
De cette enchanteresse osez, nouveaux Ulysses,
        Rejeter le poison.

Némésis vous observe, et frémit des blasphèmes
Dont rougit à vos yeux l'aimable vérité :
N'attirez point sur vous, trop épris de vous-mêmes,
        Sa terrible équité.

C'est elle dont les yeux, certains, inévitables,
Percent tous les replis de nos cœurs insensés;
Et nous lui répondons des éloges coupables
        Qui nous sont adressés.

Des châtiments du ciel implacable ministre,
De l'équité trahie elle venge les droits;
Et voici les arrêts dont sa bouche sinistre
        Épouvante les rois :

Écoutez, et tremblez, idoles de la terre :
D'un encens usurpé Jupiter est jaloux;
Vos flatteurs dans ses mains allument le tonnerre
        Qui s'élève sur vous.

Il détruira leur culte; il brisera l'image
A qui sacrifioient ces faux adorateurs;

Et punira sur vous le détestable hommage
        De vos adulateurs.

Moi, je préparerai les vengeances célestes :
Je livrerai vos jours au démon de l'orgueil,
Qui, par vos propres mains, de vos grandeurs funest
        Creusera le cercueil.

Vous n'écouterez plus la voix de la sagesse;
Et, dans tous vos conseils, l'aveugle vanité,
L'esprit d'enchantement, de vertige, et d'ivresse,
        Tiendra lieu de clarté.

Sous les noms spécieux de zèle et de justice
Vous vous déguiserez les plus noirs attentats;
Vous couvrirez de fleurs les bords du précipice
        Qui s'ouvre sous vos pas.

Mais enfin votre chute, à vos yeux déguisée,
Aura ces mêmes yeux pour tristes spectateurs,
Et votre abaissement servira de risée
        A vos propres flatteurs.

De cet oracle affreux tu n'as point à te plaindre,
Cher prince; ton éclat n'a point su t'abuser :
Ennemi des flatteurs, à force de les craindre
        Tu sus les mépriser.

                                    8.

Aussi la renommée, en publiant ta gloire,
Ne sera point soumise à ces fameux revers;
Les dieux t'ont laissé vivre assez pour ta mémoire,
    Trop peu pour l'univers.

ODE XI,

POUR MADAME DE ***,

Sur le gain d'un procès intenté contre elle par son mari.

Quels nouveaux concerts d'alégresse
Retentissent de toutes parts?
Quelle lumineuse déesse
Attire ici tous les regards?
C'est Thémis qui vient de descendre,
Thémis, empressée à défendre
L'honneur de son sexe outragé,
Et qui, sur l'envie étouffée,
Vient dresser un juste trophée
Au mérite qu'elle a vengé.

Par la nature et la fortune
Tous nos destins sont balancés:
Mais tonjours les bienfaits de l'une
Par l'autre ont été traversés.

O déesses, une mortelle
Seule à votre longue querelle
Fit succéder d'heureux accords :.
Vous voulûtes, à sa naissance,
Signaler votre intelligence
En la comblant de vos trésors.

Mais que vois-je ? la noire envie,.
Agitant ses serpents affreux,
Pour ternir l'éclat de sa vie
Sort de son autre ténébreux :
L'avarice lui sert de guide;
La malice, au souris perfide,
L'imposture aux yeux effrontés,
De l'enfer filles inflexibles,
Secouant leurs flambeaux horribles,
Marchent sans ordre à ses côtés.

L'innocence, fière et tranquille,
Voit leurs complots sans s'ébranler,
Et croit que leur fureur stérile
En vains éclats va s'exhaler.
Mais son espérance est trompée :
De Thémis, ailleurs occupée,
Les secours étoient différés;
Et, par l'impunité plus fortes,.
Leur audace frappoit aux portes
Des tribunaux les plus sacrés.

Enfin, divinité brillante,
Par toi leur orgueil est détruit,
Et ta lumière étincelante
Dissipe cette affreuse nuit.
Déja leur troupe confondue,
A ton aspect tombe éperdue:
Leur espoir meurt anéanti;
Et le noir démon du mensonge
Fuit, disparoît, et se replonge
Dans l'ombre dont il est sorti.

Quitte tes vêtements funébres,
Fille du ciel, noble pudeur:
La lumière sort des ténébres,
Reprends ta première splendeur.
De cette divine mortelle,
Dont tu fus la guide éternelle,
Les lois ont été le soutien:
Reviens, de festons couronnée,
Et de palmes environnée,
Chanter son triomphe et le tien.

Assez la fraude et l'injustice,
Que sa gloire avoit su blesser,
Dans les piéges de l'artifice
Ont tâché de l'embarrasser.
Fuyez, jalousie obstinée;
De votre haleine empoisonnée

Cessez d'offusquer ses vertus :
Regardez la haine impuissante,
Et la discorde gémissante,
Monstres sous ses pieds abattus.

Pour chanter leur joie et sa gloire,
Combien d'immortelles chansons
Les chastes filles de mémoire
Vont dicter à leurs nourrissons !
Oh ! qu'après la triste froidure
Nos yeux, amis de la verdure,
Sont enchantés de son retour !
Qu'après les frayeurs du naufrage
On oublie aisément l'orage
Qui céde à l'éclat d'un beau jour !

Tel souvent un nuage sombre,
Du sein de la terre exhalé,
Tient sous l'épaisseur de son ombre
Le céleste flambeau voilé.
La nature en est consternée ;
Flore languit abandonnée ;·
Philoméle n'a plus de sons ;
Et, tremblante à ce noir présage,
Cérés pleure l'affreux ravage
Qui vient menacer ses moissons.

Mais bientôt vengeant leur injure

Je vois mille traits enflammés
Qui percent la prison obscure
Qui les retenoit enfermés :
Le ciel de toutes parts s'allume ;
L'air s'échauffe ; la terre fume ;
Le nuage crève et pâlit,
Et dans un gouffre de lumière
Sa vapeur humide et grossière
Se dissipe et s'ensevelit.

ODE XII.

A PHILOMÈLE.

Pourquoi, plaintive Philoméle,
Songer encore à vos malheurs,
Quand, pour apaiser vos douleurs,
Tout cherche à vous marquer son zéle ?

L'univers, à votre retour,
Semble renaître pour vous plaire ;
Les Dryades à votre amour
Prêtent leur ombre solitaire.

Loin de vous l'Aquilon fougueux
Souffle sa piquante froidure ;

La terre reprend sa verdure;
Le ciel brille des plus beaux feux.
Pour vous l'amante de Céphale
Enrichit Flore de ses pleurs;
Le Zéphyr cueille sur les fleurs
Les parfums que la terre exhale.

Pour entendre vos doux accents
Les oiseaux cessent leur ramage;
Et le chasseur le plus sauvage
Respecte vos Jours innocents.

Cependant votre ame, attendrie
Par un douloureux souvenir,
Des malheurs d'une sœur chérie
Semble toujours s'entretenir.

Hélas! que mes tristes pensées
M'offrent des maux bien plus cuisants!
Vous pleurez des peines passées;
Je pleure des ennuis présents;

Et, quand la nature attentive
Cherche à calmer vos déplaisirs,
Il faut même que je me prive
De la douceur de mes soupirs.

ODE XIII.

Sur un commencement d'année.

L'astre qui partage les jours,
Et qui nous prête sa lumière,
Vient de terminer sa carrière
Et commencer un nouveau cours.

Avec une vitesse extrême
Nous avons vu l'an s'écouler;
Celui-ci passera de même,
Sans qu'on puisse le rappeler.

Tout finit; tout est, sans remède,
Aux lois du temps assujetti;
Et, par l'instant qui lui succède,
Chaque instant est anéanti.

La plus brillante des journées
Passe pour ne plus revenir;
La plus fertile des années
N'a commencé que pour finir.

En vain par les murs qu'on achève

On tâche à s'immortaliser ;
La vanité qui les élève
Ne sauroit les éterniser.

La même loi, par-tout suivie,
Nous soumet tous au même sort.
Le premier moment de la vie
Est le premier pas vers la mort.

Pourquoi donc en si peu d'espace
De tant de soins s'embarrasser?
Pourquoi perdre le jour qui passe
Pour un autre qui doit passer?

Si tel est le destin des hommes,
Qu'un moment peut les voir finir;
Vivons pour l'instant où nous sommes,
Et non pour l'instant à venir.

Cet homme est vraiment déplorable,
Qui, de la fortune amoureux,
Se rend lui-même misérable,
En travaillant pour être heureux.

Dans des illusions flatteuses
Il consume ses plus beaux ans;
A des espérances douteuses
Il immole des biens présents.

Insensés ! votre ame se livre
A de tumultueux projets ;
Vous mourrez, sans avoir jamais
Pu trouver le moment de vivre.

De l'erreur qui vous a séduits
Je ne prétends pas me repaître ;
Ma vie est l'instant où je suis,
Et non l'instant où je dois être.

Je songe aux jours que j'ai passés,
Sans les regretter ni m'en plaindre :
Je vois ceux qui me sont laissés,
Sans les desirer ni les craindre.

Ne laissons point évanouir
Des biens mis en notre puissance ;
Et que l'attente d'en jouir
N'étouffe point leur jouissance.

Le moment passé n'est plus rien ;
L'avenir peut ne jamais être :
Le présent est l'unique bien
Dont l'homme soit vraiment le maître.

ODES.

~~~~~~

LIVRE TROISIÈME.

———

ODE I.

A M. LE COMTE DU LUC,

alors ambassadeur de France en Suisse, et plénipotentiaire
à la paix de Bade.

Tel que le vieux pasteur des troupeaux de Neptune,
Protée, à qui le ciel, père de la fortune,
     Ne cache aucuns secrets,
Sous diverse figure, arbre, flamme, fontaine,
S'efforce d'échapper à la vue incertaine
     Des mortels indiscrets ;

Ou tel que d'Apollon le ministre terrible,
Impatient du dieu dont le souffle invincible
     Agite tous ses sens,
Le regard furieux, la tête échevelée,
Du temple fait mugir la demeure ébranlée
     Par ses cris impuissants :

Tel, aux premiers accès d'une sainte manie,
Mon esprit alarmé redoute du génie
      L'assaut victorieux;
Il s'étonne, il combat l'ardeur qui le posséde,
Et voudroit secouer du démon qui l'obséde
      Le joug impérieux.

Mais sitôt que, cédant à la fureur divine,
Il reconnoît enfin du dieu qui le domine
      Les souveraines lois;
Alors, tout pénétré de sa vertu suprême,
Ce n'est plus un mortel, c'est Apollon lui-même
      Qui parle par ma voix.

Je n'ai point l'heureux don de ces esprits faciles
Pour qui les doctes sœurs, caressantes, dociles,
      Ouvrent tous leurs trésors;
Et qui, dans la douceur d'un tranquille délire,
N'éprouvèrent jamais, en maniant la lyre,
      Ni fureurs ni transports.

Des veilles, des travaux, un foible cœur s'étonne:
Apprenons toutefois que le fils de Latone,
      Dont nous suivons la cour,
Ne nous vend qu'à ce prix ces traits de vive flamme,
Et ces ailes de feu qui ravissent une ame
      Au céleste séjour.

C'est par là qu'autrefois d'un prophéte fidéle
L'esprit, s'affranchissant de sa chaîne mortelle
      Par un puissant effort,
S'élançoit dans les airs, comme un aigle intrépide,
Et jusque chez les dieux alloit d'un vol rapide
      Interroger le sort.

C'est par là qu'un mortel, forçant les rives sombres [1],
Au superbe tyran qui régne sur les ombres
      Fit respecter sa voix :
Heureux si, trop épris d'une beauté rendue,
Par un excès d'amour il ne l'eût point perdue
      Une seconde fois !

Telle étoit de Phébus la vertu souveraine,
Tandis qu'il fréquentoit les bords de l'Hippocrène
      Et les sacrés vallons :
Mais ce n'est plus le temps, depuis que l'avarice,
Le mensonge flatteur, l'orgueil, et le caprice,
      Sont nos seuls Apollons.

Ah ! si ce dieu sublime, échauffant mon génie,
Ressuscitoit pour moi de l'antique harmonie
      Les magiques accords ;
Si je pouvois du ciel franchir les vastes routes,
Ou percer par mes chants les infernales voûtes
      De l'empire des morts ;

[1] Orphée.

Je n'irois point, des dieux profanant la retraite,
Dérober au destin, téméraire interprète,
    Ses augustes secrets;
Je n'irois point chercher une amante ravie,
Et, la lyre à la main, redemander sa vie
    Au gendre de Cérés [1].

Enflammé d'une ardeur plus noble et moins stérile,
J'irois, j'irois, pour vous, ô mon illustre asile,
    O mon fidéle espoir,
Implorer aux enfers ces trois fières déesses [2]
Que jamais jusqu'ici nos vœux ni nos promesses
    N'out su l'art d'émouvoir.

Puissantes déités qui peuplez cette rive,
Préparez, leur dirois-je, une oreille attentive
    Au bruit de mes concerts :
Puissent-ils amollir vos superbes courages
En faveur d'un héros digne des premiers âges
    Du naissant univers !

Non, jamais sous les yeux de l'anguste Cybéle
La terre ne fit naître un plus parfait modéle
    Entre les dieux mortels;
Et jamais la vertu n'a, dans un siécle avare,
D'un plus riche parfum ni d'un encens plus rare
    Vu fumer ses autels.

[1] Pluton. — [2] Les Parques.

C'est lui, c'est le pouvoir de cet heureux génie
Qui soutient l'équité contre la tyrannie
    D'un astre injurieux :
L'aimable vérité, fugitive, importune,
N'a trouvé qu'en lui seul sa gloire, sa fortune,
    Sa patrie, et ses dieux.

Corrigez donc pour lui vos rigoureux usages.
Prenez tous les fuseaux qui, pour les plus longs âges,
    Tournent entre vos mains.
C'est à vous que du Styx les dieux inexorables
Ont confié les jours, hélas! trop peu durables,
    Des fragiles humains.

Si ces dieux dont un jour tout doit être la proie,
Se montrent trop jaloux de la fatale soie
    Que vous leur redevez,
Ne délibérez plus; tranchez mes destinées,
Et renouez leur fil à celui des années
    Que vous lui réservez.

Ainsi daigne le ciel, toujours pur et tranquille,
Verser sur tous les jours que votre main nous file
    Un regard amoureux!
Et puissent les mortels amis de l'innocence
Mériter tous les soins que votre vigilance
    Daigne prendre pour eux!

C'est ainsi qu'au-delà de la fatale barque
Mes chants adouciroient de l'orgueilleuse Parque
  L'impitoyable loi ;
Lachésis apprendroit à devenir sensible ;
Et le double ciseau de sa sœur inflexible
  Tomberoit devant moi.

Une santé dès-lors florissante, éternelle,
Vous feroit recueillir d'une automne nouvelle
  Les nombreuses moissons ;
Le ciel ne seroit plus fatigué de nos larmes ;
Et je verrois enfin de mes froides alarmes
  Foudre tous les glaçons.

Mais une dure loi, des dieux mêmes suivie,
Ordonne que le cours de la plus belle vie
  Soit mêlé de travaux :
Un partage inégal ne leur fut jamais libre ;
Et leur main tient toujours dans un juste équilibre
  Tous nos biens et nos maux.

Ils ont sur vous, ces dieux, épuisé leur largesse :
C'est d'eux que vous tenez la raison, la sagesse,
  Les sublimes talents ;
Vous tenez d'eux enfin cette magnificence
Qui seule sait donner à la haute naissance
  De solides brillants.

C'en étoit trop, hélas! et leur tendresse avare,
Vous refusant un bien dont la douceur répare
    Tous les maux amassés,
Prit sur votre santé, par un décret funeste,
Le salaire des dons qu'à votre ame céleste
    Elle avoit dispensés.

Le ciel nous vend tonjours les biens qu'il nous prodigu
Vainement un mortel se plaint, et le fatigue
    De ses cris superflus;
L'ame d'un vrai héros, tranquille, courageuse,
Sait comme il faut souffrir d'une vie orageuse
    Le flux et le reflux.

Il sait, et c'est par là qu'un grand cœur se console,
Que son nom ne craint rien ni des fureurs d'Éole
    Ni des flots inconstants;
Et que, s'il est mortel, son immortelle gloire
Bravera dans le sein des filles de mémoire
    Et la mort et le temps.

Tandis qu'entre des mains à sa gloire attentives
La France confiera de ses saintes archives
    Le dépôt solennel,
L'avenir y verra le fruit de vos journées,
Et vos heureux destins unis aux destinées
    D'un empire éternel.

Il saura par quels soins, tandis qu'à force ouverte
L'Europe conjurée armoit pour notre perte
   Mille peuples fougueux,
Sur des bords étrangers votre illustre assistance
Sut ménager pour nous les cœurs et la constance
   D'un peuple belliqueux.

Il saura quel génie, au fort de nos tempêtes,
Arrêta malgré nous, dans leurs vastes conquêtes,
   Nos ennemis hautains;
Et que vos seuls conseils, déconcertant leurs princes,
Guidèrent au secours de deux riches provinces
   Nos guerriers incertains.

Mais quel peintre fameux, par de savantes veilles,
Consacrant aux humains de tant d'autres merveilles
   L'immortel souvenir,
Pourra suivre le fil d'une histoire si belle,
Et laisser un tableau digne des mains d'Apelle
   Aux siécles à venir?

Que ne puis-je franchir cette noble barrière!
Mais, peu propre aux efforts d'une longue carrière,
   Je vais jusqu'où je puis;
Et, semblable à l'abeille en nos jardins éclose,
De différentes fleurs j'assemble et je compose
   Le miel que je produis.

Sans cesse en divers lieux errant à l'aventure,
Des spectacles nouveaux que m'offre la nature
      Mes yeux sont égayés;
Et, tantôt dans les bois, tantôt dans les prairies,
Je promène toujours mes douces rêveries
      Loin des chemins frayés.

Celui qui, se livrant à des guides vulgaires,
Ne détourne jamais des routes populaires
      Ses pas infructueux,
Marche plus sûrement dans une humble campagne
Que ceux qui, plus hardis, percent de la montagne
      Les sentiers tortueux.

Toutefois c'est ainsi que nos maîtres célèbres
Ont dérobé leurs noms aux épaisses ténèbres
      De leur antiquité;
Et ce n'est qu'en suivant leur périlleux exemple,
Que nous pouvons, comme eux, arriver jusqu'au templ
      De l'immortalité.

ODE II.

A S. A. S. MONSEIGNEUR

LE PRINCE EUGÈNE DE SAVOIE.

Est-ce une illusion soudaine
Qui trompe mes regards surpris?
Est-ce un songe dont l'ombre vaine
Trouble mes timides esprits?
Quelle est cette déesse énorme,
Ou plutôt ce monstre difforme
Tout couvert d'oreilles et d'yeux,
Dont la voix ressemble au tonnerre,
Et qui, des pieds touchant la terre,
Cache sa tête dans les cieux?

C'est l'inconstante renommée
Qui, sans cesse les yeux ouverts,
Fait sa revue accoutumée
Dans tous les coins de l'univers.
Toujours vaine, toujours errante,
Et messagère indifférente
Des vérités et de l'erreur,
Sa voix, en merveilles féconde,

Va chez tous les peuples du monde
Semer le bruit et la terreur.

Quelle est cette troupe sans nombre
D'amants autour d'elle assidus,
Qui viennent en foule à son ombre
Rendre leurs hommages perdus?
La vanité qui les enivre,
Sans relâche s'obstine à suivre
L'éclat dont elle les séduit;
Mais bientôt leur ame orgueilleuse
Voit sa lumière frauduleuse
Changée en éternelle nuit.

O toi qui, sans lui rendre hommage,
Et sans redouter son pouvoir,
Sus toujours de cette volage
Fixer les soins et le devoir,
Héros, des héros le modéle,
Étoit-ce pour cette infidéle
Qu'on t'a vu cherchant les hasards,
Braver mille morts toujours prêtes,
Et dans les feux et les tempêtes
Défier la fureur de Mars?

Non, non; ses lueurs passagères
N'out jamais ébloui tes sens;
A des déités moins légères

Ta main prodigue son encens :
Ami de la gloire solide,
Mais de la vérité rigide
Eucor plus vivement épris,
Sous ses drapeaux seuls tu te ranges;
Et ce ne sont point les louanges,
C'est la vertu, que tu chéris.

Tu méprises l'orgueil frivole
De tous ces héros imposteurs
Dont la fausse gloire s'envole
Avec la voix de leurs flatteurs :
Tu sais que l'équité sévère
A cent fois du haut de leur sphère
Précipité ces vains guerriers,
Et qu'elle est l'unique déesse
Dont l'incorruptible sagesse
Puisse éterniser tes lauriers.

Ce vieillard qui d'un vol agile
Fuit sans jamais être arrêté,
Le temps, cette image mobile
De l'immobile éternité,
A peine du sein des ténèbres
Fait éclore les faits célèbres,
Qu'il les replonge dans la nuit :
Auteur de tout ce qui doit être,
Il détruit tout ce qu'il fait naître

A mesure qu'il le produit. '

Mais la déesse de mémoire,
Favorable aux noms éclatants,
Soulève l'équitable histoire
Contre l'iniquité du temps;
Et, dans le registre des âges
Consacrant les nobles images
Que la gloire lui vient offrir,
Sans cesse en cet auguste livre
Notre souvenir voit revivre ·
Ce que nos yeux ont vu périr.

C'est là que sa main immortelle,
Mieux que la déesse aux cent voix,
Saura, dans un tableau fidèle,
Immortaliser tes exploits :
L'avenir, faisant son étude
De cette vaste multitude
D'incroyables événements,
Dans leurs vérités authentiques,
Des fables les plus fantastiques
Retrouvera les fondements.

Tous ces traits incompréhensibles
Par les fictions ennoblis
Dans l'ordre des choses possibles
Par là se verront rétablis. ·

Chez nos neveux moins incrédules,
Les vrais Césars, les faux Hercules,
Seront mis en même degré;
Et tout ce qu'on dit à leur gloire,
Et qu'on admire sans le croire,
Sera cru sans être admiré.

Guéris d'une vaine surprise,
Ils concevront sans être émus
Les faits du petit-fils d'Acrise [1],
Et tous les travaux de Cadmus:
Ni le monstre du labyrinthe,
Ni la triple chimère éteinte,
N'étonneront plus la raison;
Et l'esprit avouera sans honte
Tout ce que la Grèce raconte
Des merveilles du fils d'Eson [2].

Et pourquoi traiter de prestiges
Les aventures de Colchos?
Les dieux n'ont-ils fait des prodiges
Que dans Thèbes ou dans Argos?
Que peuvent opposer les fables
Aux prodiges inconcevables
Qui, de nos jours exécutés,
Ont cent fois dans la Germanie,
Chez le Belge, dans l'Ausonie,

[1] Persée. — [2] Jason.

Frappé nos yeux épouvantés?

Mais ici ma lyre impuissante
N'ose seconder mes efforts;
Une voix fière et menaçante
Tout-à-coup glace mes transports:
Arrête, insensé, me dit-elle;
Ne va point d'une main mortelle
Toucher un laurier immortel:
Arrête; et, dans ta folle audace,
Crains de reconnoître la trace
Du sang dont fume ton autel.

Le terrible dieu de la guerre,
Bellone, et la fière Atropos,
N'ont que trop effrayé la terre
Des triomphes de ton héros;
Ces dieux, ta patrie elle-même,
Rendront à sa valeur suprême
D'assez authentiques tributs:
Admirateur plus légitime,
Garde tes vers et ton estime
Pour de plus tranquilles vertus.

Ce n'est point d'un amas funeste
De massacres et de débris
Qu'une vertu pure et céleste
Tire son véritable prix:

Un héros qui de la victoire
Emprunte son unique gloire
N'est héros que quelques moments;
Et, pour l'être toute sa vie,
Il doit opposer à l'envie
De plus paisibles monuments.

En vain ses exploits mémorables
Étonnent les plus fiers vainqueurs :
Les seules conquêtes durables
Sont celles qu'on fait sur les cœurs.
Un tyran cruel et sauvage
Dans les feux et dans le ravage
N'acquiert qu'un honneur criminel :
Un vainqueur qui sait toujours l'être
Dans les cœurs dont il se rend maître
S'élève un trophée éternel.

C'est par cette illustre conquête,
Mieux encor que par ses travaux,
Que ton prince [1] élève sa tête
Au-dessus de tous ses rivaux :
Grand par tout ce que l'on admire,
Mais plus encor, j'ose le dire,
Par cette héroïque bonté,
Et par cet abord plein de grace
Qui des premiers âges retrace

[1] L'empereur Charles VI.

L'adorable simplicité.

Il sait qu'en ce vaste intervalle
Où les destins nous ont placés
D'une fierté qui les ravale
Les mortels sont toujours blessés;
Que la grandeur fière et hautaine
N'attire souvent que leur haine
Lorsqu'elle ne fait rien pour eux;
Et que, tandis qu'elle subsiste,
Le parfait bonheur ne consiste
Qu'à rendre les hommes heureux.

Les dieux même, éternels arbitres
Du sort des fragiles mortels,
N'exigent qu'à ces mêmes titres·
Nos offrandes et nos autels.
C'est leur puissance qu'on implore;
Mais c'est leur bonté qu'on adore
Dans le bien qu'ils font aux humains;
Et, sans cette bonté fertile,
Leur foudre, souvent inutile,
Gronderoit en vain dans leurs mains.

Prince, suis toujours les exemples
De ces dieux dont tu tiens le jour:
Avant de mériter nos temples,
Ils ont mérité notre amour.

Tu le sais, l'aveugle fortune
Peut faire d'une ame commune
Un héros par-tout admiré :
La seule vertu, profitable,
Généreuse, tendre, équitable,
Peut faire un héros adoré.

Ce potentat tonjours auguste,
Maître de tant de potentats,
Dont la main si ferme et si Juste
Conduit tant de vastes états,
Deviendra la gloire des princes,
Lorsqu'en ses nombreuses provinces
Rassemblant les plaisirs épars,
Sous sa féconde providence
Tu feras fleurir l'abondance,
Les délices, et les beaux arts.

Seconde les heureux auspices
D'un monarque si renommé :
Déja par tes secours propices,
Janus voit son temple fermé.
Puisse ta gloire tonjours pure
A toute la race future
Servir de modéle et de loi;
Et ton intégrité profonde
Étre à jamais l'amour du monde,
Comme ton bras en fut l'effroi !

ODE III.

A M. LE COMTE DE BONNEVAL,

lieutenant-général des armées de l'empereur.

Le soleil, dont la violence
Nous a fait languir si long-temps,
Arme de feux moins éclatants
Les rayons que son char nous lance,
Et, plus paisible dans son cours,
Laisse la céleste balance [1]
Arbitre des nuits et des jours.

L'aurore, désormais stérile
Pour la divinité des fleurs,
De l'heureux tribut de ses pleurs
Enrichit un dieu plus utile;
Et sur tous les coteaux voisins
On voit briller l'ambre fertile
Dont elle dore nos raisins.

C'est dans cette saison si belle
Que Bacchus prépare à nos yeux
De son triomphe glorieux

[1] L'équinoxe d'automne.

La pompe la plus solennelle :
Il vient de ses divines mains
Sceller l'alliance éternelle
Qu'il a faite avec les humains.

Autour de son char diaphane
Les ris, voltigeant dans les airs,
Des soins qui troublent l'univers
Écartent la foule profane :
Tel, sur des bords inhabités [1],
Il vint de la triste Ariane
Calmer les esprits agités.

Les satyres tout hors d'haleine,
Conduisant les nymphes des bois,
Au son du fifre et du hautbois
Dansent par troupes dans la plaine,
Tandis que les sylvains lassés
Portent l'immobile Silène
Sur leurs thyrses entrelacés.

Leur plus vive ardeur se déploie
Autour de ce dieu belliqueux :
Cher comte, partage avec eux
L'alégresse qu'il leur envoie ;
Et, plein d'une douce chaleur,
Montre-toi rival de leur joie,

[1] L'île de Naxos.

Comme tu l'es de sa valeur.

Prends part à la juste louange
De ce dieu si cher aux guerriers,
Qui, couvert de mille lauriers
Moissonnés jusqu'aux bords du Gange,
A trouvé mille fois plus grand
D'être le dieu de la vendange,
Que de n'être qu'un conquérant.

De ses Ménades révoltées
Craignons l'impétueux courroux :
Tu sais jusqu'où ce dieu jaloux
Porte ses fureurs irritées,
Et quelles tragiques horreurs
Des Lycurgues et des Penthées [1]
Payèrent les folles erreurs.

C'est lui qui, des fils de la terre [2]
Châtiant la rébellion,
Sous la forme d'un fier lion
Vengea le maître du tonnerre ;
Et par lui les os de Rhécus
Furent brisés, comme le verre,

[1] Lycurgue, roi de Thrace, et Penthée, roi de Thèbes : le premier fut tué par ses sujets, et le second par les bacchantes, pour s'être opposés au culte de Bacchus.
[2] Les Titans révoltés contre Jupiter.

Aux yeux de ses frères vaincus.

Ici, par l'aimable paresse
Ce fameux vainqueur désarmé
Ne se montre plus enflammé
Que des feux d'une douce ivresse ;
Et, cherchant de plus doux combats,
Dans le temple de l'alégresse
Il s'offre à conduire nos pas.

Là, sous une voûte sacrée,
Peinte des plus riches couleurs,
Ses prêtres, couronnant de fleurs
La victime pour toi parée,
Bientôt sur un autel divin
Feront couler à ton entrée
Des ruisseaux de lait et de vin.

Reçois ce nectar adorable
Versé par la main des plaisirs;
Et laisse, au gré de leurs desirs,
Par cette liqueur favorable
Remplir tes esprits et tes yeux
De cette joie inaltérable
Qui rend l'homme semblable aux dieux.

Par elle, en toutes ses disgraces,
Un cœur d'audace revêtu

Sait asservir à sa vertu
Les ennuis qui suivent ses traces,
Et, tranquille jusqu'à la mort,
Conjurer toutes les menaces
Des dieux, et des rois, et du sort.

Par elle, bravant la puissance
De son implacable démon,
Le vaillant fils de Télamon [1],
Banni des lieux de sa naissance,
Au fort de ses calamités
Rendit le calme et l'espérance
A ses compagnons rebutés.

Amis, la volage fortune
N'a, dit-il, nuls droits sur mon cœur ;
Je prétends, malgré sa rigueur,
Fixer votre course importune :
Passons ce jour dans les festins ;
Demain les zéphyrs et Neptune
Ordonneront de nos destins.

C'est sur cet illustre modéle
Qu'à toi-même toujours égal
Tu sus, loin de ton lieu natal,
Triompher d'un astre infidéle,
Et, sous un ciel moins rigoureux,

[1] Teucer.

D'une Salamine nouvelle
Jeter les fondements heureux.

Une douleur pusillanime
Touche peu les dieux immortels ;
On aborde en vain leurs autels
Sans un cœur ferme et magnanime :
Quand nous venons les implorer,
C'est par une joie unanime
Que nous devons les honorer.

Telle est l'alégresse rustique
De ces vendangeurs altérés
Qu'on voit, à leurs yeux égarés,
Saisis d'une ivresse mystique,
Et qui, saintement furieux,
Retracent de l'orgie antique
L'emportement mystérieux.

Tandis que toute la campagne
Retentit de leur doux transport,
Allons travailler à l'accord
Du tokaye avec le champagne,
Et, près de tes Lares assis,
Des vins de rive et de montagne
Juger le procès indécis.

Les juges, à ton arrivée,

Se trouveront tous assemblés :
La soif qui les tient désolés
Brûle de se voir abreuvée ;
Et leur appétit importun
A deux heures de relevée
S'étonne d'être encor à jeun.

ODE IV,

IMITÉE D'HORACE.

AUX SUISSES,

durant leur guerre civile, en 1712.

Où courez-vous, cruels ? Quel démon parricide
    Arme vos sacriléges bras ?
Pour qui destinez-vous l'appareil homicide
    De tant d'armes et de soldats ?

Allez-vous réparer la honte encor nouvelle
    De vos passages violés ?
Êtes-vous résolus à venger la querelle
    De vos ancêtres immolés ?

Non, vous voulez venger votre ennemi lui-même,
    Et faire voir aux fiers Germains

Leurs antiques rivaux, dans leur fureur extrême,
    Égorgés de leurs propres mains :

Tigres, plus acharnés que le lion sauvage,
    Qui, malgré sa férocité,
Dans un autre lion respectant son image,
    Dépouille pour lui sa fierté.

Mais parlez; répondez : Quels feux illégitimes
    Allument en vous ce transport?
Est-ce un aveugle instinct? Sont-ce vos propres crimes,
    Ou la fatale loi du sort?

Ils demeurent sans voix. Que devient leur audace?
    Je vois leurs visages pâlir :
Le trouble les saisit, l'étonnement les glace.
    Ah! vos destins vont s'accomplir.

Vos pères ont péché : vous en portez la peine;
    Et Dieu sur votre nation
Veut des profanateurs de sa loi souveraine
    Expier la rébellion.

ODE V.

AUX PRINCES CHRÉTIENS,

*Sur l'armement des Turcs contre la république de Venise,
en 1715.*

Ce n'est donc point assez que ce peuple perfide,
De la sainte cité profanateur stupide,
Ait dans tout l'Orient porté ses étendards,
Et, paisible tyran de la Gréce abattue,
      Partage à notre vue
La plus belle moitié du trône des Césars?

Déja, pour réveiller sa fureur assoupie,
L'interpréte effréné de son prophéte impie [1]
Lui promet d'asservir l'Italie à sa loi;
Et déja son orgueil, plein de cette assurance,
      Renverse en espérance
Le siége de l'empire, et celui de la foi.

A l'aspect des vaisseaux que vomit le Bosphore,
Sous un nouveau Xerxès Thétis croit voir encore
Au travers de ses flots promener les forêts;
Et le nombreux amas de lances hérissées.

[1] Le mufti.

Contre le ciel dressées,
Égale les épis qui dorent nos guérets.

Princes, que pensez-vous à ces apprêts terribles?
Attendrez-vous encor, spectateurs insensibles,
Quels seront les décrets de l'aveugle destin,
Comme en ce jour affreux où, dans le sang noyée,
   Byzance foudroyée
Vit périr sous ses murs le dernier Constantin?

O honte! ô de l'Europe infamie éternelle!
Un peuple de brigands, sous un chef infidèle,
De ses plus saints remparts détruit la sûreté;
Et le mensonge impur tranquillement repose
   Où le grand Théodose
Fit régner si long-temps l'auguste vérité.

Jadis, dans leur fureur non encor ralentie,
Ces esclaves chassés des marais de Scythic
Portèrent chez le Parthe et la mort et l'effroi:
Et bientôt des Persans, ravisseurs moins barbares,
   Leurs conducteurs avares
Reçurent à-la-fois et le sceptre et la loi.

Dès-lors, courant toujours de victoire en victoire,
Des califes déchus de leur antique gloire
Le redoutable empire entre eux fut partagé;
Des bords de l'Hellespont aux rives de l'Euphrate

Par cette race ingrate
Tout fut en même temps soumis ou ravagé.

Mais sitôt que leurs mains, en ruines fécondes,
Osèrent, du Jourdain souillant les saintes ondes,
Profaner le tombeau du fils de l'Éternel,
L'Occident, réveillé par ce coup de tonnerre,
Arma toute la terre
Pour laver ce forfait dans leur sang criminel.

En vain à cette ardeur si bouillante et si vive
La folle ambition, la prudence craintive,
Prétendoient opposer leurs conseils spécieux;
Chacun comprit alors, mieux qu'au siécle où nous somm
Que l'intérêt des hommes
Ne doit point balancer la querelle des cieux.

Comme un torrent fougueux qui, du haut des montagne
Précipitant ses eaux, traîne dans les campagnes
Arbres, rochers, troupeaux, par son cours emportés :
Ainsi de Godefroi les légions guerrières
Forcèrent les barrières
Que l'Asie opposoit à leurs bras indomptés.

La Palestine enfin, après tant de ravages,
Vit fuir ses ennemis, comme on voit les nuages
Dans le vague des airs fuir devant l'aquilon;
Et des vents du midi la dévorante haleine

N'a consumé qu'à peine
Leurs ossements blanchis dans les champs d'Ascalon [1].

De ses temples détruits et cachés sous les herbes
Sion vit relever les portiques superbes,
De notre délivrance augustes monuments ;
Et d'un nouveau David la valeur noble et sainte
Sembloit dans leur enceinte
D'un royaume éternel jeter les fondements.

Mais chez ses successeurs la discorde insolente,
Allumant le flambeau d'une guerre sanglante,
Énerva leur puissance en corrompant leurs mœurs ;
Et le ciel irrité, ressuscitant l'audace
D'une coupable race,
Se servit des vaincus pour punir les vainqueurs.

Rois, symboles mortels de la grandeur céleste,
C'est à vous de prévoir dans leur chute funeste
De vos divisions les fruits infortunés :
Assez et trop long-temps, implacables Achilles,
Vos discordes civiles
De morts ont assouvi les enfers étonnés.

Tandis que, de vos mains déchirant vos entrailles,
Dans nos champs engraissés de tant de funérailles

[1] Ville des Philistins sur les bords de la Méditerranée ; aujourd'hui détruite.

Vous semiez le carnage et le trouble et l'horreur,
L'infidéle, tranquille au milieu des alarmes,
        Forgeoit ces mêmes armes
Qu'aujourd'hui contre vous aiguise sa fureur.

Enfin l'heureuse paix, de l'amitié suivie,
A réuni les cœurs séparés par l'envie,
Et banni loin de nous la crainte et le danger :
Paisible dans son champ le laboureur moissonne;
        Et les dons de l'automne.
Ne sont plus profanés par le fer étranger.

Mais ce calme si doux que le ciel vous renvoie
N'est point le calme oisif d'une indolente joie
Où s'endort la vertu des plus fameux guerriers :
Le démon des combats siffle encor sur vos têtes;
        Et de justes conquêtes
Vous offrent à cueillir de plus nobles lauriers.

Il est temps de venger votre commune injure :
Éteignez dans le sang d'un ennemi parjure
Du nom que vous portez l'opprobre injurieux;
Et, sous leurs braves chefs assemblant vos cohortes,
        Allez briser les portes
D'un empire usurpé sur vos foibles aïeux.

Vous n'êtes plus au temps de ces craintes serviles
Qu'imprimoient dans le sein des peuples imbéciles

De cruels ravisseurs, à leur perte animés :
L'aigle de Jupiter, ministre de la foudre,
      A cent fois mis en poudre
Ces géants orgueilleux contre le ciel armés.

Belgrade [1], assujettie à leur joug tyrannique,
Regrette encor ce jour où le fer germanique
Renversa leur croissant du haut de ses remparts ;
Et de Salankemen les plaines infectées [2]
      Sont encore humectées
Du sang de leurs soldats sur la poussière épars.

Sous le fer abattus, consumés dans la flamme,
Leur monarque insensé [3], le désespoir dans l'ame,
Pour la dernière fois osa tenter le sort :
Déja, de sa fureur barbares émissaires,
      Ses nombreux janissaires
Portoient de toutes parts la terreur et la mort.

Arrêtez, troupe lâche, et de pillage avide :
D'un Hercule naissant la valeur intrépide
Va bientôt démentir vos projets forcenés,
Et, sur vos corps sanglants se traçant un passage,
      Faire l'apprentissage
Des triomphes fameux qui lui sont destinés.

[1] Belgrade, capitale de la Servie.
[2] Salankemen, ville de la Basse-Hongrie.
[3] Mustapha II.

Le Tibisque, effrayé de la digue profonde
De tant de bataillons entassés dans son onde,
De ses flots enchaînés interrompit le cours;
Et le fier Ottoman, sans drapeaux et sans suite,
   Précipitant sa fuite,
Borna toute sa gloire au salut de ses jours.

C'en est assez, dit-il; retournons sur nos traces:
Foibles et vils troupeaux, après tant de disgraces,
N'irritons plus en vain de superbes lions:
Un prince nous poursuit, dont le fatal génie
   Dans cette ignominie
De notre antique gloire éteint tous les rayons.

Par une prompte paix, tant de fois profanée,
Conjurons la victoire à le suivre obstinée:
Prévenons du destin les revers éclatants;
Et sur d'autres climats détournons les tempêtes
   Qui, déja toutes prêtes,
Menacent d'écraser l'empire des sultans.

ODE VI.

A MALHERBE,

contre les détracteurs de l'antiquité.

Si du tranquille Parnasse
Les habitants renommés
Y gardent encor leur place
Lorsque leurs yeux sont fermés :
Et si, contre l'apparence,
Notre farouche ignorance
Et nos insolents propos
Dans ces demeures sacrées
De leurs ames épurées
Troublent encor le repos;

Que dis-tu, sage Malherbe,
De voir tes maîtres proscrits
Par une foule superbe
De fanatiques esprits,
Et dans ta propre patrie
Renaître la barbarie
De ces temps d'infirmité
Dont ton immortelle veine

Jadis avec tant de peine
Dissipa l'obscurité?

Peux-tu, malgré tant d'hommages,
D'encens, d'honneurs, et d'autels,
Voir mutiler les images
De tous ces morts immortels
Qui, jusqu'au siècle où nous sommes,
Ont fait chez les plus grands hommes
Naître les plus doux transports,
Et dont les divins génies
De tes doctes symphonies
Ont formé tous les accords?

Animé par leurs exemples,
Soutenu par leurs leçons,
Tu fis retentir nos temples
De tes célestes chansons.
Sur la montagne thébaine
Ta lyre fière et hautaine
Consacra l'illustre sort
D'un roi vainqueur de l'envie [1],
Vraiment roi pendant sa vie,
Vraiment grand après sa mort.

Maintenant ton ombre heureuse,
Au comble de ses desirs,

[1] Henri IV.

De leurs troupes généreuses
Partage tous les plaisirs.
Dans ces bocages tranquilles,
Peuplés de myrtes fertiles
Et de lauriers toujours verts,
Tu mêles ta voix hardie
A la douce mélodie
De leurs sublimes concerts.

Là, d'un dieu fier et barbare
Orphée adoucit les lois;
Ici le divin Pindare
Charme l'oreille des rois:
Dans tes douces promenades
Tu vois les folles Ménades
Rire autour d'Anacréon,
Et les nymphes, plus modestes,
Gémir des ardeurs funestes
De l'amante de Phaon [1].

A la source d'Hippocrène,
Homère, ouvrant ses rameaux,
S'élève comme un vieux chêne
Entre de jeunes ormeaux:
Les savantes immortelles,
Tous les jours, de fleurs nouvelles
Ont soin de parer son front;

[1] Sapho.

Et par leur commun suffrage
Avec elles il partage
Le sceptre du double mont.

Ainsi les chastes déesses,
Dans ces bois verts et fleuris,
Comblent de justes largesses
Leurs antiques favoris.
Mais pourquoi leur docte lyre
Prendroit-elle un·moindre empire
Sur les esprits des neuf Sœurs,
Si de son pouvoir suprême
Pluton, Cerbère lui-même
Ont pu sentir les douceurs?

Quelle est donc votre manie,
Censeurs dont la vanité
De ces rois de l'harmonie
Dégrade la majesté;
Et qui, par un double crime,
Contre l'Olympe sublime
Lançant vos traits venimeux,
Osez, dignes du tonnerre,
Attaquer ce que la terre
Eut jamais de plus fameux?

Impitoyables Zoïles,
Plus sourds que le noir Pluton,

Souvenez-vous, ames viles,
Du sort de l'affreux Python :
Chez les filles de mémoire
Allez apprendre l'histoire
De ce serpent abhorré,
Dont l'haleine détestée
De sa vapeur empestée,
Souilla leur séjour sacré.

Lorsque la terrestre masse
Du déluge eut bu les eaux,
Il effraya le Parnasse
Par des prodiges nouveaux ;
Le ciel vit ce monstre impie,
Né de la fange croupie
Au pied du mont Pélion,
Souffler son infecte rage
Contre le naissant ouvrage
Des mains de Deucalion.

Mais le bras sûr et terrible
Du dieu qui donne le jour
Lava dans son sang horrible
L'honneur du docte séjour.
Bientôt de la Thessalie,
Par sa dépouille ennoblie,
Les champs en furent baignés,
Et du Céphise rapide

Son corps affreux et livide
Grossit les flots indignés.

De l'écume empoisonnée
De ce reptile fatal
Sur la terre profanée
Naquit un germe infernal;
Et de là naissent les sectes
De tous ces sales insectes
De qui le souffle envieux
Ose d'un venin critique
Noircir de la Grèce antique
Les célestes demi-dieux.

A peine, sur de vains titres,
Intrus au sacré vallon,
Ils s'érigent en arbitres
Des oracles d'Apollon:
Sans cesse dans les ténèbres
Insultant les morts célèbres,
Ils sont comme ces corbeaux
De qui la troupe affamée,
Toujours de rage animée,'
Croasse autour des tombeaux.

Cependant, à les entendre,
Leurs ramages sont si doux,
Qu'aux bords mêmes du Méandre

Le cygne en seroit jaloux :
Et quoique en vain ils allument
L'encens dont ils se parfument
Dans leurs chants étudiés,
Souvent de ceux qu'ils admirent,
Lâches flatteurs, ils attirent
Les éloges mendiés.

Une louange équitable,
Dont l'honneur seul est le but,
Du mérite véritable
Est le plus juste tribut :
Un esprit noble et sublime,
Nourri de gloire et d'estime,
Sent redoubler ses chaleurs,
Comme une tige élevée,
D'une onde pure abreuvée,
Voit multiplier ses fleurs.

Mais cette flatteuse amorce
D'un hommage qu'on croit dû
Souvent prête même force
Au vice qu'à la vertu :
De la céleste rosée
La terre fertilisée,
Quand les frimas ont cessé,
Fait également éclore
Et les doux parfums de Flore

Et les poisons de Circé.

Cieux, gardez vos eaux fécondes
Pour le myrte aimé des dieux;
Ne prodiguez plus vos ondes
A cet if contagieux :
Et vous, enfants des nuages,
Vents, ministres des orages,
Venez, fiers tyrans du nord.,
De vos brûlantes froidures.
Sécher ces feuilles impures
Dont l'ombre donne la mort.

ODE VII.

A S. E. M. LE COMTE DE ZINZINDORF,.

Chancelier de la cour impériale.

L'hiver, qui si long-temps a fait blanchir nos plaines,
N'enchaîne plus le cours des paisibles ruisseaux;
Et les jeunes zéphyrs, de leurs chaudes baleines,
    Ont fondu l'écorce des eaux.

Les troupeaux ont quitté leurs cabanes rustiques;
Le laboureur commence à lever ses guérets :

Les arbres vont bientôt, de leurs têtes antiques,
    Ombrager les vertes forêts.

Déja la terre s'ouvre; et nous voyons éclore
Les prémices heureux de ses dons bienfaisants :
Cérès vient à pas lents, à la suite de Flore,
    Contempler ses nouveaux présents.

De leurs douces chansons, instruits par la nature,
Mille tendres oiseaux font résonner les airs;
Et les nymphes des bois, dépouillant leur ceinture,
    Dansent au bruit de leurs concerts.

Des objets si charmants, un séjour si tranquille,
La verdure, les fleurs, les ruisseaux, les beaux jours,
Tout invite le sage à chercher un asile
    Contre le tumulte des cours.

Mais vous, à qui Minerve et les filles d'Astrée
Ont confié le sort des terrestres humains,
Vous, qui n'osez quitter la balance sacrée
    Dont Thémis a chargé vos mains;

Ministre de la paix, qui gouvernez les rênes
D'un empire puissant autant que glorieux,
Vous ne pouvez long-temps vous dérober aux chaînes
    De vos emplois laborieux.

Bientôt l'état, privé d'une de ses colonnes,
Se plaindroit d'un repos qui trahiroit le sien;
L'orphelin vous crieroit: Hélas! tu m'abandonnes!
    Je perds mon plus ferme soutien!

Vous irez donc revoir, mais pour peu de journées,
Ces fertiles jardins, ces rivages si doux,
Que la nature et l'art, de leurs mains fortunées,
    Prennent soin d'embellir pour vous.

Dans ces immenses lieux dont le sort vous fit maître,
Vous verrez le soleil, cultivant leurs trésors,
Se lever le matin, et le soir disparoître,
    Sans sortir de leurs riches bords.

Tantôt vous tracerez la course de votre onde;
Tantôt, d'un fer courbé dirigeant vos ormeaux,
Vous ferez remonter leur séve vagabonde
    Dans de plus utiles rameaux.

Souvent, d'un plomb subtil que le salpêtre embrase
Vous irez insulter le sanglier glouton,
Ou, nouveau Jupiter, faire aux oiseaux du Phase [1]
    Subir le sort de Phaéton.

O doux amusements! ô charme inconcevable

[1] Les Faisans.

A ceux que du grand monde éblouit le chaos !
Solitaires vallons, retraite inviolable
    De l'innocence et du repos ;

Délices des aïeux d'une épouse adorée
Qui réunit l'éclat de toutes leurs splendeurs,
Et dans qui la vertu, par les graces parée,
    Brille au-dessus de leurs grandeurs !

Arbres verts et fleuris, bois paisibles et sombres,
A votre possesseur si doux et si charmants,
Puissiez-vous ne durer que pour prêter vos ombres
    A ses nobles délassements !

Mais la loi du devoir qui lui parle sans cesse,
Va bientôt l'enlever à ses heureux loisirs;
Il n'écoutera plus que la voix qui le presse
    De s'arracher à vos plaisirs.

Bientôt vous le verrez, renonçant à lui-même,
Reprendre les liens dont il est échappé;
Tonjours de l'intérêt d'un monarque qu'il aime,
    Toujours de sa gloire occupé.

Allez, illustre appui de ses vastes provinces,
Allez; mais revenez, de leur amour épris,
Organe des décrets du plus sage des princes,
    Veiller sur ses peuples chéris.

C'est pour eux qu'autrefois, loin de votre patrie,
Consacré de bonne heure à de nobles travaux,
Vous fîtes admirer votre heureuse industrie
    A ses plus illustres rivaux.

La France vit briller votre zéle intrépide
Contre le feu naissant de nos derniers débats :
Le Batave vous vit opposer votre égide
    Au cruel démon des combats.

Vos vœux sont satisfaits : la discorde et la guerre
N'osent plus rallumer leurs tragiques flambeaux ;
Et les dieux apaisés redonnent à la terre
    Des jours plus sereins et plus beaux.

Ce chef de tant d'états [1], à qui le ciel dispense
Tant de riches trésors, tant de fameux bienfaits,
A déja de ces dieux reçu la récompense
    De sa tendresse pour la paix.

Il a vu naître enfin de son épouse aimée
Un gage précieux de sa fécondité,
Et qui va désormais de l'Europe charmée
    Affermir la tranquillité.

Arbitre tout puissant d'un empire invincible,
Plus maître encor du cœur de ses sujets heureux,

[1] L'empereur Charles VI, père de l'illustre Marie-Thérèse.

Qu'a-t-il à desirer qu'un usage paisible
    Des jours qu'il a reçus pour eux?

Non, non, il n'ira point, après tant de tempêtes,
Ressusciter encor d'antiques différents:
Il sait trop que souvent les plus belles conquêtes
    Sont la perte des conquérants.

Si toutefois l'ardeur de son noble courage
L'engageoit quelque jour au-delà de ses droits,
Écoutez la leçon d'un Socrate sauvage,
    Faite au plus puissant de nos rois [1].

Pour la troisième fois, du superbe Versailles
Il faisoit agrandir le parc délicieux;
Un peuple harassé de ses vastes murailles
    Creusoit le contour spacieux.

Un seul, contre un vieux chêne appuyé sans mot dire,
Sembloit à ce travail ne prendre aucune part:
A quoi rêves-tu là? dit le prince. Hélas! sire,
    Répond le champêtre vieillard,

Pardonnez; je songeois que de votre héritage
Vous avez beau vouloir élargir les confins;
Quand vous l'agrandiriez trente fois davantage,
    Vous aurez toujours des voisins.

[1] Louis XIV.

ODE VIII,

POUR S. A. MONSEIGNEUR

LE PRINCE DE VENDOME,

alors grand prieur de France,

Sur son retour de l'île de Malte en 1715,

Après que cette île guerrière,
Si fatale aux fiers Ottomans,
Eut mis sa puissante barrière
A couvert de leurs armements,
Vendôme, qui, par sa prudence,
Sut y rétablir l'abondance
Et pourvoir à tous ses besoins,
Voulut céder aux destinées,
Qui réservoient à ses années
D'autres climats et d'autres soins.

Mais, dès que la céleste voûte
Fut ouverte au jour radieux
Qui devoit éclairer la route
De ce héros ami des dieux,
Du fond de ses grottes profondes

Neptune éleva sur les ondes
Son char de Tritons entouré ;
Et ce dieu, prenant la parole,
Aux superbes enfants d'Éole
Adressa cet ordre sacré :

Allez, tyrans impitoyables
Qui désolez tout l'univers,
De vos tempêtes effroyables
Troubler ailleurs le sein des mers :
Sur les eaux qui baignent l'Afrique
C'est au Vulturne pacifique
Que j'ai destiné votre emploi :
Partez, et que votre furie
Jusqu'à la dernière Hespérie
Respecte et subisse sa loi.

Mais vous, aimables Néréides,
Songez au sang du grand Henri [1],
Lorsque nos campagnes humides
Porteront ce prince chéri :
Aplanissez l'onde orageuse :
Secondez l'ardeur courageuse
De ses fidèles matelots :
Venez ; et d'une main agile
Soutenez son vaisseau fragile

[1] Le grand-père du duc de Vendôme étoit fils de Henri IV et de Gabrielle d'Estrées.

Quand il roulera sur mes flots.

Ce n'est pas la première grace
Qu'il obtient de notre secours :
Dès l'enfance, sa jeune audace
Osa vous confier ses jours :
C'est vous qui, sur ce moite empire,
Au gré du volage zéphyre
Conduisiez au port son vaisseau,
Lorsqu'il vint, plein d'un si beau zéle,
Au secours de l'île où Cybéle[1]
Sauva Jupiter au berceau.

Dès-lors quels périls, quelle gloire,
N'out point signalé son grand cœur?
Ils font le plus beau de l'histoire
D'un héros en tous lieux vainqueur,
D'un frère... Mais le ciel, avare
De ce don si cher et si rare,
L'a trop tôt repris aux humains.
C'est à vous seuls de l'en absoudre,
Trônes ébranlés par sa foudre,
Sceptres raffermis par ses mains.

Non moins grand, non moins intrépide,
On le vit, aux yeux de son roi,

[1] L'île de Candie, autrefois l'île de Crète.

Traverser un fleuve rapide [1],
Et glacer ses rives d'effroi :
Tel que d'une ardeur sanguinaire
Un jeune aiglon, loin de son aire
Emporté plus prompt qu'un éclair,
Fond sur tout ce qui se présente,
Et d'un cri jette l'épouvante
Chez tous les habitants de l'air.

Bientôt sa valeur souveraine,
Moins rebelle aux leçons de l'art,
Dans l'école du grand Turenne
Apprit à fixer le hasard.
C'est dans cette source fertile
Que son courage plus utile,
De sa gloire unique artisan,
Acquit cette hauteur suprême
Qu'admira Bellone elle-même
Dans les campagnes d'Orbassan [2].

Est-il quelque guerre fameuse
Dont il n'ait partagé le poids?
Le Rhin, le Pô, l'Èbre, la Meuse,
Tour-à-tour ont vu ses exploits.
France, tandis que tes armées
De ses yeux furent animées,

[1] Le Rhin.
[2] Orbassan, petite ville du Piémont, entre Turin et Pignerol.

Mars n'osa jamais les trahir;
Et la fortune permanente
A son étoile dominante
Fit toujours gloire d'obéir.

Mais quand de lâches artifices
T'eurent enlevé cet appui,
Tes destins, jadis si propices,
S'exilèrent tous avec lui :
Un dieu plus puissant que tes armes
Frappa de paniques alarmes
Tes plus intrépides guerriers;
Et sur tes frontières célébres
Tu ne vis que cyprès funébres
Succéder à tous tes lauriers.

O détestable calomnie,
Fille de l'obscure fureur,
Compagne de la zizanie,
Et mère de l'aveugle erreur !
C'est toi dont la langue aiguisée
De l'austère fils de Thésée
Osa déchirer les vertus;
C'est par toi qu'une épouse indigne
Arma contre un héros insigne
La crédulité de Prœtus [1].

---

[1] Sténobée, femme de Prœtus, roi d'Argos, n'ayant pu réussir
à séduire Bellérophon, l'accusa auprès de son mari; celui-ci en-

Dans la nuit et dans le silence
Tu conduis tes coups ténébreux :
Du masque de la vraisemblance
Tu couvres ton visage affreux :
Tu divises, tu désespères,
Les amis, les époux, les frères :
Tu n'épargnes pas les autels;
Et ta fureur envenimée,
Contre les plus grands noms armée,
Ne fait grace qu'aux vils mortels.

Voilà de tes agents sinistres
Quels sont les exploits odieux :
Mais enfin ces lâches ministres
Épuisent la bonté des dieux :
En vain, chéris de la fortune,
Ils cachent leur crainte importune,
Enveloppés dans leur orgueil :
Le remords déchire leur ame;
Et la honte qui les diffame
Les suit jusque dans le cercueil.

Vous rentrerez, monstres perfides,
Dans la foule où vous êtes nés;
Aux vengeances des Euménides
Vos jours seront abandonnés :

voya Bellérophon au père de sa femme avec une lettre cachetée
qui recommandoit de le faire périr.

Vous verrez, pour comble de rage,
Ce prince, après un vain orage,
Paroître en sa première fleur,
Et, sous une heureuse puissance,
Jouir des droits que la naissance
Ajoute encore à sa valeur.

Mais déja ses humides voiles
Flottent dans mes vastes déserts :
Le soleil, vainqueur des étoilés,
Monte sur le trône des airs.
Hâtez-vous, filles de Nérée ;
Allez sur la plaine azurée
Joindre vos Tritons dispersés :
Il est temps de servir mon zéle :
Allez ; Vendôme vous appelle ;
Neptune parle ; obéissez.

Il dit : et la mer, qui s'entr'ouvre,
Déja fait briller à ses yeux
De son palais qu'elle découvre
L'or et le cristal précieux.
Cependant la nef vagabonde
Au milieu des nymphes de l'onde
Vogue d'un cours précipité,
Telle qu'on voit rouler sur l'herbe
Un char triomphant et superbe,

Loin de la barrière emporté.

Enfin, d'un prince que j'adore
Les dieux sont devenus l'appui :
Il revient éclairer encore
Une cour plus digne de lui :
Déja d'un nouveau phénomène
L'heureuse influence y raméne
Les jours d'Astrée et de Thémis :
Les vertus n'y sont plus en proie
A l'avare et brutale joie
De leurs insolents ennemis.

Un instinct né chez tous les hommes,
Et chez tous les hommes égal,
Nous force tous, tant que nous sommes,
D'aimer notre séjour natal;
Toutefois, quels que puissent être
Pour les lieux qui nous ont vus naître
Ces mouvements respectueux,
La vertu ne se sent point née
Pour voir sa gloire profanée
Par le vice présomptueux.

Ulysse, après vingt ans d'absence,
De disgraces, et de travaux,
Dans le pays de sa naissance
Vit finir le cours de ses maux.

Mais il eût trouvé moins pénible
De mourir à la cour paisible
Du généreux Alcinoüs,
Que de vivre dans sa patrie,
Toujours en proie à la furie
D'Eurymaque ou d'Antinoüs ¹.

ODE IX.

A S. E. MONSIEUR GRIMANI,

ambassadeur de Venise à la cour de Vienne,

sur le départ des troupes impériales pour la campagne de 1716 en Hongrie.

Ils partent, ces cœurs magnanimes,
Ces guerriers dont les noms chéris
Vont être pour jamais écrits
Entre les noms les plus sublimes :
Ils vont en de nouveaux climats
Chercher de nouvelles victimes
Au terrible dieu des combats.

A leurs légions indomptables

¹ Deux des prétendants à la main de Pénélope.

Bellone inspire sa fureur :
Le bruit, l'épouvante, et l'horreur,
Devancent leurs flots redoutables ;
Et la mort remet dans leurs mains
Ces tonnerres épouvantables
Dont elle écrase les humains.

Un héros tout brillant de gloire [1]
Les conduit vers ces mêmes bords
Où jadis ses premiers efforts
Ont éternisé sa mémoire.
Sous ses pas naît la liberté ;
Devant lui vole la victoire ;
Et Pallas marche à son côté.

O dieux ! quel favorable augure
Pour ces généreux fils de Mars !
J'entends déja de toutes parts
L'air frémir de leur doux murmure ;
Je vois sous leur chef applaudi
Le nord venger avec usure
Toutes les pertes du midi.

Quel triomphe pour ta patrie,
Et pour toi quel illustre honneur,
Ministre né pour le bonheur

[1] Le prince Eugène.

De cette mère si chérie,
Toi de qui l'amour généreux,
Toi de qui la sage industrie
Ménagea ces secours heureux!

Cent fois nous avons vu ton zéle
Porter les pleurs de ses enfants
Jusque sous les yeux triomphants
Du prince qui s'arme pour elle,
Et qui, plein d'estime pour toi,
Attire encor dans ta querelle
Cent princes soumis à sa loi.

C'est ainsi que du jeune Atride [1]
On vit l'éloquente douleur
Intéresser dans son malheur
Les Grecs assemblés en Aulide,
Et d'une noble ambition
Armer leur colère intrépide
Pour la conquête d'Ilion.

En vain l'inflexible Neptune
Leur oppose un calme odieux;
En vain l'interpréte des dieux
Fait parler sa crainte importune:
Leur invincible fermeté

[1] Ménélas, époux d'Hélène.

Lasse enfin l'injuste fortune,
Les vents, et Neptune irrité.

La constance est le seul reméde
Aux obstacles du sort jaloux :
Tôt ou tard, attendris pour nous,
Les dieux nous accordent leur aide;
Mais ils veulent être implorés,
Et leur résistance ne céde
Qu'à nos efforts réitérés.

Ce ne fut qu'après dix années
D'épreuve et de travaux constants
Que ces glorieux combattants
Triomphèrent des destinées,
Et que, loin des bords phrygiens,
Ils emmenèrent enchaînées
Les veuves des héros troyens.

ODE X.

Sur la bataille de Péterwaradin.

Ainsi le glaive fidéle
De l'ange exterminateur
Plongea dans l'ombre éternelle

Un peuple profanateur,
Quand l'Assyrien terrible [1]
Vit dans une nuit horrible
Tous ses soldats égorgés
De la fidéle Judée,
Par ses armes obsédée,
Couvrir les champs saccagés.

Où sont ces fils de la terre
Dont les fières légions
Devoient allumer la guerre
Au sein de nos régions?
La nuit les vit rassemblées;
Le jour les voit écoulées,
Comme de foibles ruisseaux
Qui, gonflés par quelque orage,
Viennent inonder la plage
Qui doit engloutir leurs eaux.

Déja ces monstres sauvages,
Qu'arma l'infidélité,
Marchoient le long des rivages
Du Danube épouvanté:
Leur chef, guidé par l'audace,
Avoit épuisé la Thrace
D'armes et de combattants,

[1] Sennachérib.

Et des bornes de l'Asie
Jusqu'à la double Mésie
Conduit leurs drapeaux flottants.

A ce déluge barbare ·
D'effroyables bataillons
L'infatigable Tartare
Joint encor ses pavillons.
C'en est fait; leur insolence
Peut rompre enfin le silence;
L'effroi ne les retient plus :
Ils peuvent, sans nulle crainte,
D'une paix trompeuse et feinte
Briser les nœuds superflus.

C'est en vàin qu'à notré vue
Un guerrier, par sa valeur,
De leur attaque imprévue
A repoussé la chaleur :
C'est peu qu'après leur défaite
Sa triomphante retraite,
Sur nos confins envahis,
Ait, avec sa renommée,
Consacré dans leur armée ·
La honte de leurs spahis.

Ils s'aigrissent par leurs pertes :
Et déja de toutes parts

Nos campagnes sont couvertes
De leurs escadrons épars.
Venez, troupe meurtrière;
La nuit, qui, dans sa carrière,
Fuit à pas précipités,
Va bientôt laisser éclore
De votre dernière aurore
Les foudroyantes clartés.

Un prince dont le génie [1]
Fait le destin des combats
Vent de votre tyrannie
Purger enfin nos états:
Il tient cette même foudre
Qui vous fit mordre la poudre
En ce jour si glorieux [2]
Où, par vingt mille victimes,
La mort expia les crimes
De vos funestes aïeux.

Hé quoi! votre ardeur glacée
Délibère à son aspect!
Ah! la saison est passée
D'un orgueil si circonspect.
En vain de lâches tranchées
Couvrent vos têtes cachées;
Eugène est prêt d'avancer:

[1] Le prince Eugène. — [2] La bataille de Zenta.

Il vient, il marche en personne;
Le jour luit; la charge sonne;
Le combat va commencer.

Wirtemberg, sous sa conduite,
A la tête de nos rangs,
Déja certain de leur fuite
Attaque leurs premiers flancs.
Merci, qu'nn même ordre enflamme,
Parmi les feux et la flamme
Qui tonnent aux environs,
Force, dissipe, renverse,
Détruit tout ce qui traverse
L'effort de ses escadrons.

Nos soldats, dans la tempête,
Par cet exemple affermis,
Sans crainte exposent leur tête
A tous les feux ennemis;
Et chacun, malgré l'orage,
Suivant d'un même courage
Le chef présent en tous lieux,
Plein de joie et d'espérance,
Combat avec l'assurance
De triompher à ses yeux.

De quelle ardeur redoublée
Mille intrépides guerriers

Viennent-ils dans la mêlée
Chercher de sanglants lauriers :
O héros, à qui la gloire
D'une si belle victoire
Doit son plus ferme soutien,
Que ne puis-je, dans ces rimes
Consacrant vos noms sublimes,
Immortaliser le mien !

Mais quel désordre incroyable
Parmi ces corps séparés
Grossit la nue effroyable
Des ennemis rassurés ?
Près de leur moment suprême,
Ils osent, en fuyant même,
Tenter de nouveaux exploits :
Le désespoir les excite ;
Et la crainte ressuscite
Leur espérance aux abois.

Quel est ce nouvel Alcide [1]
Qui seul, entouré de morts,
De cette foule homicide
Arrête tous les efforts ?
A peine un fer détestable
Ouvre son flanc redoutable,

[1] Le comte de Bonneval.

Son sang est déja payé;
Et son ennemi, qui tombe,
De sa troupe qui succombe
Voit fuir le reste effrayé.

Eugène a fait ce miracle;
Tout se rallie à sa voix :
L'infidèle, à ce spectacle,
Recule encore une fois.
Aremberg, dont le courage
De ces monstres pleins de rage
Soutient le dernier effort,
D'un air que Bellone avoue
Les poursuit, et les dévoue
Au triomphe de la mort.

Tout fuit, tout cède à nos armes :
Le visir, percé de coups,
Va, dans Belgrade en alarmes,
Rendre son ame en courroux :
Le camp s'ouvre; et ses richesses,
Le fruit des vastes largesses
De cent peuples asservis,
Dans cette nouvelle Troie
Vont être aujourd'hui la proie
De nos soldats assouvis.

Rendons au Dieu des armées

Nos honneurs les plus touchants :
Que ces voûtes parfumées
Retentissent de nos chants :
Et lorsque envers sa puissance
Notre humble reconnoissance
Aura rempli ce devoir,
Marchons, pleins d'un nouveau zéle,
A la victoire nouvelle
Qui flatte encor notre espoir.

Temeswar [1], de nos conquêtes
Déux fois le fatal écueil,
Sous nos foudres toutes prêtes
Va voir tomber son orgueil :
Par toi seul, prince invincible,
Ce rempart inaccessible
Pouvoit être renversé :
Va, par son illustre attaque,
Rompre les fers du Valaque
Et du Hongrois oppressé.

Et toi [2] qui, suivant les traces
Du premier de tes aïeux [3],
Éprouves par tant de graces
La bienveillance des cieux,

[1] Ville de Hongrie. — [2] L'empereur Charles VI. — [3] Rodolphe de Habsbourg.

Monarque aussi grand que juste,
Reconnois le prix auguste
Dont le monarque des rois
Paie avec tant de clémence
Ta piété, ta constance,
Et ton zéle pour ses lois.

ODES.

~~~~~~

LIVRE QUATRIÈME.

———

ODE I.

A L'EMPEREUR,

après la conclusion de la quadruple alliance.

Dans sa carrière féconde
Le soleil, sortant des eaux,
Couvre d'une nuit profonde
Tous les célestes flambeaux :
Entre les causes premières
Tout cède aux vives lumières
Du feu créé pour les dieux ;
Et des dons que nous étale
La richesse orientale -
L'or est le plus radieux.

Telle, ô prince magnanime,
Ta lumineuse clarté
Offusque l'éclat sublime
De toute autre majesté.

Dans un roi d'un sang illustre
Nous admirons le haut lustre
Du premier de ses états :
En toi la royauté même
Honore le diadême
Du premier des potentats.

Mais dis-nous quelle est la source
De cette auguste splendeur
Qui du midi jusqu'à l'ourse
Fait révérer ta grandeur.
Est-ce cette antique race
D'aïeux dont tu tiens la place
Sur le trône des Romains ?
Est-ce cet amas de princes,
De peuples, et de provinces,
Dont le sort est dans tes mains ?

Du vaste empire des Mages
Les fastueux héritiers [1]
S'applaudissoient des hommages
De mille peuples altiers :
Du rivage de l'aurore
Jusqu'au-delà du Bosphore
Ils faisoient craindre leurs lois,
Et, de l'univers arbitres,

---

[1] Les rois de Perse.

Ajoutoient à tous leurs titres
Le titre de rois des rois.

Cependant la Gréce unie
Avoit déja sur leurs fronts
Imprimé l'ignominie
De mille sanglants affronts,
Quand la colère céleste
Fit naître, en son sein funeste
A ces tyrans amollis,
Celui [1] dont la main superbe
Devoit enterrer sous l'herbe
Les murs de Persépolis.

Non, non, la servile crainte
De cent peuples différents
Ne mit jamais hors d'atteinte
La gloire des conquérants :
Les lauriers les plus fertiles,
Sans l'art de les rendre utiles,
Leur sont vainement promis ;
Et leur puissance n'est stable
Qu'autant qu'elle est profitable
Aux peuples qu'ils ont soumis.

C'est cette sainte maxime

[1] Alexandre.

Qui, contre tous les revers,
T'affermira sur la cime
Des grandeurs de l'univers :
Tes sujets, pleins d'alégresse,
Des marques de ta tendresse
Feront leur seul entretien ;
Et leur amour secourable
De ta puissance durable
Sera l'éternel soutien.

Ton invincible courage,
Signalé dans tous les temps,
Fonda le pénible ouvrage
De tes destins éclatants :
C'est lui qui de la Fortune,
De Bellone, et de Neptune,
Bravant les légèretés,
Dans leurs épreuves diverses
T'a conduit par les traverses
Au sein des prospérités.

Déja l'horrible tourmente
De cent tonnerres épars
De Barcelone fumante
Avoit brisé les remparts ;
Et bientôt, si ta constançe
N'eût armé la résistance
De ses braves combattants,

Tes rivaux sur ses murailles
Auroient fait les funérailles
De ses derniers habitants.

En vain pour sauver ta tête
La mer t'offroit sur ses eaux,
A ton secours toute prête,
L'asile de ses vaisseaux :
A tes amis plus fidéle,
Tu voulus, malgré leur zéle,
Vaincre ou mourir avec eux;
Et ta vertu, toujours ferme,
Les protégea jusqu'au terme
De leurs travaux belliqueux.

Mais sur le trône indomptable
Où commandoient tes aïeux,
Quel objet épouvantable
S'offrit encore à tes yeux,
Quand l'implacable furie
Qui sur ta triste patrie
Déployoit ses cruautés,
Vint jusqu'en ta capitale
Souffler la vapeur fatale
De ses venins empestés?

Dans sa course dévorante
Rien n'arrêtoit ce torrent :

L'épouse tomboit mourante
Sur son époux expirant :
Le fils aux bras de son père,
La fille au sein de sa mère
S'arrachoit avec horreur ;
Et la mort, livide et blême,
Remplissoit ton palais même
De sa brûlante fureur.

Tu pouvois braver la foudre
Sous un ciel moins dangereux,
Mais rien ne put te résoudre
A quitter des malheureux.
Bois, qui bornez vos tendresses,
Dans ces publiques détresses,
Au soin de vous épargner,
Apprenez à cette marque,
Qu'un prince n'est point monarque
Pour vivre, mais pour régner.

Oui, j'ose encor le redire,
Cette illustre fermeté
Est de ton solide empire
L'appui le plus redouté :
C'est elle qui déconcerte
L'envie obscure et couverte
De tes foibles ennemis;
C'est elle dont l'influence

Fait l'indomptable défense
De tes sujets affermis.

De leur ardeur aguerrie
Par son exemple éternel
Tu laissas dans l'Ibérie
Un monument solennel,
Quand, sur les rives de l'Èbre
Cherchant le laurier célèbre
A ta valeur réservé,
Tes yeux devant Saragosse
Virent tomber le colosse
Contre ta gloire élevé.

Fléau de la tyrannie
Des Thraces ambitieux,
N'a-t-on pas vu ton génie,
Toujours protégé des cieux,
Montrer à ces fiers esclaves
Que les efforts les plus braves
Et les plus inespérés
Deviennent bientôt possibles
A des guerriers invincibles
Par tes ordres inspirés?

Mais une vertu plus rare
Chez les héros de nos jours
Dans tes voisins te prépare

Encor de nouveaux secours;
C'est cette épreuve avérée
Et cent fois réitérée
De ton équitable foi;
Vertu sans qui tout le reste
N'est souvent qu'un don funeste
Au bonheur du plus grand roi.

Vous qui, dans l'indépendance
Des nœuds les plus respectés,
Masquez du nom de prudence
Toutes vos duplicités,
Infidéles politiques,
Qui nous cachez vos pratiques
Sous tant de voiles épais,
Cessez de troubler la terre,
Moins terribles dans la guerre,
Que sinistres dans la paix.

En vain sur les artifices
Et le faux déguisement
De vos frêles édifices
Vous posez le fondement:
Contre vos sourdes intrigues
Bientôt de plus justes ligues
Joignent vos voisins nombreux;
Et leur vengeance unanime
Vous plonge enfin dans l'abyme

Que vous creusâtes pour eux.

C'est en suivant cette voie
Que tes ennemis flattés
Deviendront la juste proie
De leurs complots avortés ;
Tandis qu'aux yeux du ciel même
Par ton équité suprême
Justifiant tes exploits,
Les premiers princes du monde
Armeront la terre et l'onde
Pour le maintien de tes droits.

Ils savent que ta justice,
Sourde aux vaines passions,
Est la seule directrice
De toutes tes actions ;
Et que la vigueur austère
De ton sage ministère,
Toujours inspiré par toi,
Inaccessible aux foiblesses,
Lui fait des moindres promesses
Une inviolable loi.

Ainsi jamais ni la crainte,
Ni les soupçons épineux,
D'une alliance si sainte
Ne pourront troubler les nœuds ;

Et cette amitié durable,
Qui d'un repos desirable
Fonde en eux le ferme espoir,
Leur rendra toujours sacrée
L'incorruptible durée
De ton suprême pouvoir.

ODE II.

A S. A. S. MONSEIGNEUR

LE PRINCE EUGÈNE DE SAVOIE,

après la paix de Passarowits.

Les cruels oppresseurs de l'Asie indignée,
Qui, violant la foi d'une paix dédaignée,
Forgeoient déja les fers qu'ils nous avoient promis,
De leur coupable sang ont lavé cette injure,
        Et payé leur parjure
De trois vastes états par nos armes soumis.

Deux fois l'Europe a vu leur brutale furie,
De trois cent mille bras armant la barbarie,
Faire voler la mort au milieu de nos rangs;
Et deux fois on a vu leurs corps sans sépulture

Devenir la pâture
Des corbeaux affamés et des loups dévorants.

O vous qui, combattant sous les heureux auspices
D'un monarque, du ciel l'amour et les délices,
Avez rempli leurs champs de carnage et de morts;
Vous, par qui le Danube affranchi de sa chaîne
Peut désormais sans peine
Du Tage débordé réprimer les efforts;

Prince, n'est-il pas temps, après tant de fatigues,
De goûter un repos que les destins prodigues,
Pour prix de vos exploits, accordent aux humains?
N'osez-vous profiter de vos travaux sans nombre,
Et vous asseoir à l'ombre
Des paisibles lauriers moissonnés par vos mains?

Non, ce seroit en vain que la paix renaissante
Rendroit à nos cités leur pompe florissante,
Si ses charmes flatteurs vous pouvoient éblouir:
Son bonheur, sa durée impose à votre zéle
Une charge nouvelle;
Et vous êtes le seul qui n'osez en jouir.

Mais quel heureux génie, au milieu de vos veilles,
Vous rend encor épris des savantes merveilles
Qui firent de tout temps l'objet de votre amour?
Pouvez-vous des neuf Sœurs concilier les charmes

Avec le bruit des armes,
Le poids du ministère, et les soins de la cour?

Vous le pouvez, sans doute; et cet accord illustre,
Peu connu des héros sans éloge et sans lustre,
Fut toujours réservé pour les héros fameux :
C'est aux grands hommes seuls à sentir le mérite
D'un art qui ressuscite
L'héroïque vertu des grands hommes comme eux.

Leurs hauts faits peuvent seuls enflammer le génie
De ces enfants chéris du dieu de l'harmonie,
Dont l'immortelle voix se consacre aux guerriers :
Une gloire commune, un même honneur anime
Leur tendresse unanime;
Et leur front fut toujours ceint des mêmes lauriers.

Entre tous les mortels que l'univers voit naître,
Peu doivent aux aïeux dont ils tiennent leur être
Le respect de la terre, et la faveur des rois :
Deux moyens seulement d'illustrer leur naissance
Sont mis en leur puissance;
Les sublimes talents, et les fameux exploits.

C'est par là qu'au travers de la foule importune
Tant d'hommes renommés, malgré leur infortune,
Se sont fait un destin illustre et glorieux;
Et que leurs noms, vainqueurs de la nuit la plus sombre,

Ont su dissiper l'ombre
Dont les obscurcissoit le sort injurieux.

Dans l'enfance du monde encor tendre et fragile,
Quand le souffle des dieux eut animé l'argile
Dont les premiers humains avoient été pétris,
Leurs rangs n'étoient marqués d'aucune différence;
      Et nulle préférence
Ne distinguoit encor leur mérite et leur prix.

Mais ceux qui, pénétrés de cette ardeur divine,
Sentirent les premiers leur sublime origine,
S'élevèrent bientôt par un vol généreux;
Et ce céleste feu dont ils tenoient la vie
      Leur fit naître l'envie
D'éclairer l'univers, et de le rendre heureux.

De là ces arts divins, en tant de biens fertiles;
De là ces saintes lois, dont les régles utiles
Firent chérir la paix, honorer les autels;
Et de là ce respect des peuples du vieil âge,
      Dont le pieux hommage
Plaça leurs bienfaiteurs au rang des immortels.

Les dieux dans leur séjour reçurent ces grands hommes
Le reste, confondus dans la foule où nous sommes,
Jouissoient des travaux de leurs sages aïeux;
Lorsque l'ambition, la discorde, et la guerre,

Vils enfants de la terre,
Vinrent troubler la paix de ces enfants des dieux.

Alors, pour soutenir la débile innocence,
Pour réprimer l'audace, et dompter la licence,
Il fallut à la gloire immoler le repos :
Les veilles, les combats, les travaux mémorables,
      Les périls honorables,
Furent l'unique emploi des rois et des héros.

Mais combien de grands noms, couverts d'ombres funèbr
Sans les écrits divins qui les rendent célèbres,
Dans l'éternel oubli languiroient inconnus !
Il n'est rien que le temps n'absorbe et ne dévore ;
      Et les faits qu'on ignore
Sont bien peu différents des faits non avenus.

Non, non, sans le secours des filles de mémoire,
Vous vous flattez en vain, partisans de la gloire,
D'assurer à vos noms un heureux souvenir :
Si la main des neuf Sœurs ne pare vos trophées,
      Vos vertus étouffées
N'éclaireront jamais les yeux de l'avenir.

Vous arrosez le champ de ces nymphes sublimes :
Mais vous savez aussi que vos faits magnanimes
Ont besoin des lauriers cueillis dans leur vallon :
Ne cherchons point ailleurs la cause sympathique

De l'alliance antique
Des favoris de Mars avec ceux d'Apollon.

Ce n'est point chez ce dieu qu'habite la fortune;
Son art, peu profitable à la vertu commune,
Au vice, qui le craint, fut toujours odieux :
Il n'appartient qu'à ceux que leurs vertus suprêmes
      Égalent aux dieux mêmes
De savoir estimer le langage des dieux.

Vous, qu'ils ont pénétré de leur plus vive flamme,
Vous, qui leur ressemblez par tous les dons de l'ame
Non moins que par l'éclat de vos faits lumineux,
Ne désavouez point une muse fidéle,
      Et souffrez que son zéle
Puisse honorer en vous ce qu'elle admire en eux.

Souffrez qu'à vos neveux elle laisse une image
De ce qu'ont de plus grand l'héroïque courage,
L'inébranlable foi, l'honneur, la probité,
Et mille autres vertus qui, mieux que vos victoires,
      Feront de nos histoires
Le modéle éternel de la postérité.

Cependant, occupé de soins plus pacifiques,
Achevez d'embellir ces jardins magnifiques,
De vos travaux guerriers nobles délassements :
Et rendez-nous encor, par vos doctes largesses,

   Les savantes richesses
Que vit périr l'Égypte en ses embrasements.

Dans nos arts florissants quelle adresse pompeuse,
Dans nos doctes écrits quelle beauté trompeuse,
Peuvent se dérober à vos vives clartés?
Et, dans l'obscurité des plus sombres retraites,
   Quelles vertus secrètes,
Quel mérite timide échappe à vos bontés?

Je n'en ressens que trop l'influence féconde :
Tandis que votre bras faisoit le sort du monde,
Vos bienfaits ont daigné descendre jusqu'à moi,
Et me rendre, peut-être à moi seul, chérissable
   La gloire périssable
Des stériles travaux qui font tout mon emploi.

C'est ainsi qu'au milieu des palmes les plus belles
Le vainqueur généreux du Granique et d'Arbelles
Cultivoit les talents, honoroit le savoir,
Et de Chérile ¹ même excusant la manie,
   Au défaut du génie,
Récompensoit en lui le desir d'en avoir.

---

¹ Chérile, mauvais poëte grec qui faisoit des exploits d'Alexandre
le sujet de ses chants.

ODE III.

A L'IMPÉRATRICE AMÉLIE.

Muse qui, des vrais Alcées
Soutenant l'activité,
A leurs captives pensées
Fais trouver la liberté,
Viens à ma timide verve,
Que le froid repos énerve,
Redonner un feu nouveau;
Et délivre ma Minerve
Des prisons de mon cerveau.

Si la céleste puissance,
Pour l'honneur de ses autels,
Vouloit rendre l'innocence
Aux infortunés mortels;
Et si l'aimable Cybéle
Sur cette terre infidéle
Daignoit redescendre encor,
Pour faire vivre avec elle
Les vertus de l'âge d'or;

Quels organes, quels ministres

Dignes d'obtenir son choix,
Pourroient, en ces temps sinistres,
Nous faire entendre sa voix?
Seroient-ce ces doctes mages,
Des peuples de tous les âges
Réformateurs consacrés,
Bien moins pour les rendre sages
Que pour en être honorés?

Mais les divines merveilles
Qui font chérir leurs leçons
Dans nos superbes oreilles
N'exciteroient que des sons :
Quel siécle plus mémorable
Vit d'un glaive secourable
Le vice mieux combattu?
Et quel siécle misérable
Vit régner moins de vertu?

L'éloquence des paroles
N'est que l'art ingénieux
D'amuser nos sens frivoles
Par des tours harmonieux :
Pour rendre un peuple traitable,
Vertueux, simple, équitable,
Ami du ciel et des lois,
L'éloquence véritable
Est l'exemple des grands rois.

C'est ce langage visible
Dans nos vrais législateurs
Qui fait la régle infaillible
Des peuples imitateurs :
Contre une loi qui nous gêne
La nature se déchaîne,
Et cherche à se révolter;
Mais l'exemple nous entraîne,
Et nous force à l'imiter.

En vous, en votre sagesse,
De ce principe constant
Je vois, auguste princesse,
Un témoignage éclatant;
Et dans la splendeur divine
De ces vertus qu'illumine
Tout l'éclat du plus grand jour,
Je reconnois l'origine
Des vertus de votre cour.

La bonté qui brille en elle
De ses charmes les plus doux
Est une image de celle
Qu'elle voit briller en vous;
Et, par vous seule enrichie,
Sa politesse affranchie
Des moindres obscurités
Est la lueur réfléchie

De vos sublimes clartés.

Et quel âge si fertile,
Quel règne si renommé,
Vit d'un éclat plus utile
Le diadème animé?
Quelle piété profonde,
Quelle lumière féconde
En nobles instructions,
Du premier trône du monde
Rehaussa mieux les rayons?

Des héros de ses écoles
La Grèce a beau se targuer;
La pompe de leurs paroles
Ne m'apprend qu'à distinguer,
De l'autorité puissante
D'une sagesse agissante
Qui règne sur mes esprits,
La sagesse languissante
Que j'honore en leurs écrits.

Non, non, la philosophie
En vain se fait exalter;
On n'écoute que la vie
De ceux qu'on doit imiter :
Vous seuls, ô divine race,
Grands rois, qui tenez la place

Des rois au ciel retirés,
Pouvez conserver la trace
De leurs exemple sacrés.

Pendant la courte durée
De cet âge radieux
Qui vit la terre honorée
De la présence des dieux,
L'homme, instruit par l'habitude,
Marchant avec certitude
Dans leurs sentiers lumineux,
Imitoit, sans autre étude,
Ce qu'il admiroit en eux.

Dans l'innocence première
Affermi par ce pouvoir,
Chacun puisoit sa lumière
Aux sources du vrai savoir,
Et, dans ce céleste livre,
Des leçons qu'il devoit suivre
Toujours prêt à se nourrir,
Préféroit l'art de bien vivre
A l'art de bien discourir.

Mais dès que ces heureux guides,
Transportés loin de nos yeux,
Sur l'aile des vents rapides
S'envolèrent vers les cieux,

La science opiniâtre,
De son mérite idolâtre,
Vint au milieu des clameurs
Édifier son théâtre
Sur la ruine des mœurs.

Dès-lors avec l'assurance
De s'attirer nos tributs,
La fastueuse éloquence
Prit la place des vertus :
L'art forma leur caractère;
Et de la sagesse austère
L'aimable simplicité
Ne devint plus qu'un mystère
Par l'amour-propre inventé.

Dépouillez donc votre écorce,
Philosophes sourcilleux;
Et, pour nous prouver la force
De vos secours merveilleux,
Montrez-nous, depuis Pandore,
Tous les vices qu'on abhorre
En terre mieux établis
Qu'aux siècles que l'on honore
Du nom de siècles polis.

Avant que, dans l'Italie,
Sous de sinistres aspects,

La vertu se fût polie
Par le mélange des Grecs,
La foi, l'honneur, la constance,
L'intrépide résistance
Dans les plus mortels dangers,
Y régnoient, sans l'assistance
Des préceptes étrangers.

Mais, malgré l'exemple antique,
Elle laissa dans son sein
Des disciples du Portique
Glisser le premier essaim :
Rome, en les voyant paroître,
Cessa de se reconnoître
Dans ses tristes rejetons ;
Et le même âge vit naître
Les Gracques et les Catons.

ODE IV.

AU ROI DE LA GRANDE-BRETAGNE[1].

Tandis que l'Europe étonnée
Voit ses peuples les plus puissants

[1] Georges II.

Traîner dans les besoins pressants
Une importune destinée,
Grand roi, loin de ton peuple heureux,
Quel dieu propice et généreux,
Détournant ces tristes nuages,
Semble pour lui seul désormais
Réserver tous les avantages
De la victoire et de la paix?

Quelle inconcevable puissance
Fait fleurir sa gloire au dehors?...
Quel amas d'immenses trésors
Dans son sein nourrit l'abondance?
La Tamise, reine des eaux,
Voit ses innombrables vaisseaux
Porter sa loi dans les deux mondes,
Et forcer jusqu'au dieu des mers
D'enrichir ses rives fécondes
Des tributs de tout l'univers.

De cette pompeuse largesse
Ici tout partage le prix;
A l'aspect de ces murs chéris
La pauvreté devient richesse:
Dieux! quel déluge d'habitants
Y brave depuis si long-temps
L'indigence, ailleurs si commune!
Quel prodige, encore une fois,

Semble y faire de la fortune
L'exécutrice de ses lois?

Peuples, vous devez le connoître:
Ce comble de félicité
N'est dû qu'à la sage équité
Du meilleur roi qu'on ait vu naître:
De vos biens, comme de vos maux,
Les gouvernements inégaux
Ont toujours été la semence:
Vos rois sont dans la main des dieux
Les instruments de la clémence
Ou de la colère des cieux.

Oui, grand prince, J'ose le dire,
Tes sujets, de biens si comblés,
Languiroient peut-être accablés
Sous le joug de tout autre empire:
Le ciel, jaloux de leur grandeur,
Pour en assurer la splendeur
Leur devoit un maître équitable,
Qui préférât leurs libertés
A la justice incontestable
De ses droits les plus respectés.

Mais, grand roi, de ces droits sublimes
Le sacrifice généreux
T'assure d'autres droits sur eux.

Bien plus forts et plus légitimes :
Les faveurs qu'ils tiennent de toi
Sont des ressources de leur foi
Toujours prêtes pour ta défense,
Qui leur font chérir leur devoir,
Et qui n'augmentent leur puissance
Que pour affermir ton pouvoir.

Un roi qui ravit par contrainte
Ce que l'amour doit accorder,
Et qui, content de commander,
Ne veut régner que par la crainte,
En vain, fier de ses hauts projets,
Croit, en abaissant ses sujets,
Relever son pouvoir suprême :
Entouré d'esclaves soumis,
Tôt ou tard il devient lui-même
Esclave de ses ennemis.

Combien plus sage et plus habile
Est celui qui, par ses faveurs,
Songe à s'élever dans les cœurs
Un trône durable et tranquille;
Qui ne connoît point d'autres biens
Que ceux que ses vrais citoyens
De sa bonté peuvent attendre;
Et qui, prompt à les discerner,
N'ouvre les mains que pour répandre,

Et ne reçoit que pour donner !

Noble et généreuse industrie
Des Antonins et des Titus,
Source de toutes les vertus
D'un vrai père de la patrie !
Hélas ! par ce titre fameux
Peu de princes ont su comme eux
S'affranchir de la main des Parques :
Mais ce nom si rare, grand roi,
Qui jamais d'entre les monarques
S'en rendit plus digne que toi ?

Qui jamais vit le diadème
Armer contre ses ennemis
Un vengeur aux lois plus soumis
Et plus détaché de soi-même ?
La sûreté de tes états
Peut bien, contre quelques ingrats,
Changer ta clémence en justice ;
Mais ce mouvement étranger
Redevient clémence propice
Quand tu n'as plus qu'à te venger.

Et c'est cette clémence auguste
Qui souvent de l'autorité
Établit mieux la sûreté
Que la vengeance la plus juste :

Ainsi le plus grand des Romains[1],
De ses ennemis inhumains
Confondant les noirs artifices,
Trouva l'art de se faire aimer
De ceux que l'horreur des supplices
N'avoit encor pu désarmer.

Que peut contre toi l'impuissance
De quelques foibles mécontents,
Qui sur l'infortune des temps
Fondent leur dernière espérance,
Lorsque, contre leurs vains souhaits,
Tu réunis par tes bienfaits
La cour, les villes, les provinces;
Et lorsque aidés de ton soutien
Les plus grands rois, les plus grands princes,
Trouvent leur repos dans le tien?

Jusqu'à toi toujours désunie,
L'Europe, par tes soins heureux,
Voit ses chefs les plus généreux
Inspirés du même génie:
Ils ont vu par ta bonne foi
De leurs peuples troublés d'effroi
La crainte heureusement déçue,
Et déracinée à jamais

[1] Jules César.

La haine si souvent reçue
En survivance de la paix.

Poursuis, monarque magnanime :
Achéve de leur inspirer
Le desir de persévérer
Dans cette concorde unanime :
Commande à ta propre valeur
D'éteindre en toi cette chaleur
Qu'allume ton goût pour la gloire ;
Et donne au repos des humains
Tous les lauriers que la victoire
Offre à tes invincibles mains.

Mais vous, peuples à sa puissance
Associés par tant de droits,
Songez que de toutes vos lois
La plus sainte est l'obéissance :
Craignez le zéle séducteur
Qui, sous le prétexte flatteur
D'une liberté plus durable,
Plonge souvent, sans le vouloir,
Dans le chaos inséparable
De l'abus d'un trop grand pouvoir.

Athènes, l'honneur de la Gréce,
Et, comme vous, reine des mers,
Eût toujours rempli l'univers

De sa gloire et de sa sagesse;
Mais son peuple, trop peu soumis,
Ne put dans les termes permis
Contenir sa puissance extrême,
Et, trahi par la vanité,
Trouva, dans sa liberté même,
La perte de sa liberté.

ODE V.

AU ROI-DE POLOGNE [1],

sur les vœux que les peuples de Saxe faisoient pour le retour de sa majesté.

C'est trop long-temps, grand roi, différer ta promesse,
Et d'un peuple qui t'aime épuiser les desirs :
Reviens de ta patrie en proie à la tristesse
    Calmer les déplaisirs.

Elle attend ton retour, comme une tendre épouse
Attend son jeune époux absent depuis un an,
Et que retient encor sur son onde jalouse
    L'infidéle océan.

Plongée, à ton départ, dans une nuit obscure,

[1] Frédéric-Auguste II, électeur de Saxe.

Ses yeux n'ont vu lever que de tristes soleils :
Rends-lui par ta présence une clarté plus pure
    Et des jours plus vermeils.

Mais non ; je vois l'erreur du zéle qui m'anime :
Ta patrie est par-tout, grand roi, je le sais bien,
Où peut de tes états le bonheur légitime
    Exiger ton soutien.

Les peuples nés aux bords que la Vistule arrose
Sont, par adoption, devenus tes enfants :
Tu leur dois compte enfin, le devoir te l'impose,
    De tes jours triomphants.

N'ont-ils pas vu ton bras, au milieu des alarmes,
Même avant qu'à ta loi leur choix les eût soumis,
Faire jadis l'essai de ses premières armes
    Contre leurs ennemis ?

Cent fois d'une puissance impie et sacrilége
Leurs yeux t'ont vu braver les feux, les javelots,
Et, le fer à la main, briguer le privilége
    De mourir en héros.

Ce n'est pas que le feu de ta valeur altière
N'eût pour premier objet la gloire et les lauriers :
Tu ne cherchois alors qu'à t'ouvrir la barrière
    Du temple des guerriers.

En mille autres combats, sous l'œil de la Victoire,
Des plus affreux dangers affrontant le concours,
Tu semblois ne vouloir assurer ta mémoire
　　　　Qu'aux dépens de tes jours.

Telle est de tes pareils l'ardeur héréditaire :
Ils savent qu'un héros par son rang exalté
Ne doit qu'à la vertu ce que doit le vulgaire
　　　　A la nécessité.

Mais le ciel protégeoit une si belle vie ;
Il vouloit voir sur toi ses desseins accomplis,
Et par toi relever au sein de ta patrie
　　　　Ses honneurs abolis.

Un royaume fameux, fondé par tes ancêtres,
Devoit mettre en tes mains la suprême grandeur,
Et ses peuples par toi voir de leurs premiers maîtres
　　　　Revivre la splendeur.

En vain le nord frémit, et fait gronder l'orage
Qui sur eux tout-à-coup va fondre avec effroi :
Le ciel t'offre un péril digne de ton courage ;
　　　　Mais il combat pour toi.

Ce superbe ennemi des princes de la terre [1],

---

[1] Charles XII, roi de Suède.

Contre eux, contre leurs droits, si fièrement armé,
Tombe, et meurt foudroyé par le même tonnerre
     Qu'il avoit allumé.

Tu régnes cependant; et tes sujets tranquilles
Vivent sous ton appui dans un calme profond,
A couvert des larcins et des courses agiles
     Du Scythe vagabond.

Les troupeaux rassurés broutent l'herbe sauvage;
Le laboureur content cultive ses guérets;
Le voyageur est libre, et sans peur du pillage
     Traverse les forêts.

Le peuple ne craint plus de tyran qui l'opprime;
Le foible est soulagé, l'orgueilleux abattu;
La force craint la loi; la peine suit le crime;
     Le prix suit la vertu.

Grand roi, si le bonheur d'un royaume paisible
Fait la félicité d'un prince généreux,
Quel héros couronné, quel monarque invincible
     Fut jamais plus heureux?

Quelle alliance enfin plus noble et plus sacrée,
Éternisant ta gloire en ta postérité,
Pouvoit mieux affermir l'infaillible durée
     De ta prospérité?

Ce sont là les faveurs dont la bonté céleste
A payé ton retour au culte fortuné
Que tes pères, séduits par un guide funeste,
       Avoient abandonné.

N'en doute point, grand roi; c'est l'arbitre suprême
Qui, pour mieux t'élever, voulut t'assujettir,
Et qui couronne en toi les faveurs que lui-même
       Daigna te départir.

C'est ainsi qu'autrefois dans les eaux de sa grace
Des fiers héros saxons il lava les forfaits,
Afin de faire un jour éclater sur leur race
       Sa gloire et ses bienfaits.

L'empire fut le prix de leur obéissance :
Il choisit les Othons, et voulut par leurs mains
Du joug des Albérics et des fers de Crescence
       Affranchir les Romains.

Dès-lors (que ne peut point un exemple sublime
Transmis des souverains au reste des mortels !)
L'univers vit par-tout un encens légitime
       Fumer sur ses autels.

Des héros de leur sang la piété soumise
Triompha six cents ans avec le même éclat,
Sans jamais séparer l'étendard de l'église

Des drapeaux de l'état.

Rome enfin ne voyoit dans ces augustes princes
Que des fils généreux qui, fermes dans sa loi,
Maintenoient la splendeur de leurs vastes provinces
Par celle de la foi.

O siécles lumineux, votre clarté célébre
Devoit-elle à leurs yeux dérober son flambeau?
Falloit-il que la nuit vînt d'un voile funébre
Couvrir un jour si beau?

L'héritier de leur nom, l'héritier de leur gloire,
Ose applaudir, que dis-je? ose appuyer l'erreur,
Et d'un vil apostat, l'opprobre de l'histoire,
Adopter la fureur.

L'anguste vérité le voit s'armer contre elle,
Et, sous le nom du ciel combattant pour l'enfer,
Tout le nord révolté soutenir sa querelle
Par la flamme et le fer.

Ah! c'en est trop! je céde à ma douleur amère;
Retirons-nous, dit-elle, en de plus doux climats;
Et cherchons des enfants qui du sang de leur mère
Ne souillent point leurs bras.

Fils ingrat, c'est par toi que mon malheur s'achéve:

Tu détruis mon pouvoir : mais le tien va finir ;
Un Dieu vengeur te suit ; tremble ; son bras se léve
        Tout prêt à te punir.

Je vois, je vois le trône où **ta** fureur s'exerce
Tomber sur tes neveux de sa chute écrasés,
Comme un chêne orgueilleux que l'orage renverse
        Sur ses rameaux brisés.

Mais sur ce tronc aride une branche élevée
Doit un jour réparer ses débris éclatants,
Par mes mains et pour moi nourrie et conservée
        Jusqu'à la fin des temps.

Rejeton fortuné de cette tige illustre,
Un prince aimé des cieux rentrera sous mes lois ;
Et mes autels détruits reprendront tout le lustre
        Qu'ils eurent autrefois.

Je régnerai par lui sur des peuples rebelles ;
Il régnera par moi sur des peuples soumis ;
Et j'anéantirai les complots infidéles
        De tous leurs ennemis.

Peuples vraiment heureux ! veuillent les destinées
De son empire aimable éterniser le cours,
Et, pour votre bonheur, prolonger ses années
        Aux dépens de vos jours !

Puisse l'auguste fils qui marche sur ses traces,
Et que le ciel lui-même a pris soin d'éclairer,
Conserver à jamais les vertus et les graces
    Qui le font adorer !

Digne fruit d'une race en héros si féconde,
Puisse-t-il égaler leur gloire et leurs exploits,
Et devenir, comme eux, les délices du monde,
    Et l'exemple des rois !

ODE VI.

SUR LES DIVINITÉS POÉTIQUES.

C'est vous encor que je réclame,
Muses, dont les accords hardis
Dans les sens les plus engourdis
Versent cette céleste flamme
Qui dissipe leur sombre nuit,
Et qui, flambeau sacré de l'ame,
L'éclaire, l'échauffe, et l'instruit.

Nymphes, à qui le ciel indique
Ses mystères les plus secrets,
Je viens chercher dans vos forêts
L'origine et la source antique

De ces dieux, fantômes charmants,
De votre verve prophétique
Indisputables éléments.

Je la vois; c'est l'ombre d'Alcée
Qui me la découvre à l'instant,
Et qui déja, d'un œil content,
Dévoile à ma vue empressée
Ces déités d'adoption,
Synonymes de la pensée,
Symboles de l'abstraction.

C'est lui; la foule qui l'admire
Voit encore, au son de ses vers,
Fuir ces tyrans de l'univers
Dont il extermina l'empire :
Mais déja, sur de nouveaux tons,
Je l'entends accorder sa lyre :
Il s'approche; il parle; écoutons.

Des sociétés temporelles
Le premier lien est la voix,
Qu'en divers sons l'homme, à son choix,
Modifie et fléchit pour elles;
Signes communs et naturels,
Où les ames incorporelles
Se tracent aux sens corporels.

Mais, pour peindre à l'intelligence
Leurs immatériels objets,
Ces signes, à l'erreur sujets,
Ont besoin de son indulgence;
Et, dans leurs secours impuissants,
Nous sentons toujours l'indigence
Du ministère de nos sens.

Le fameux chantre d'Ionie [1]
Trouva dans ses tableaux heureux
Le secret d'établir entre eux
Une mutuelle harmonie :
Et ce commerce leur apprit
L'art inventé par Uranie
De peindre l'esprit à l'esprit.

Sur la scène incompréhensible
De cet interprète des dieux;
Tout sentiment s'exprime aux yeux,
Tout devient image sensible;
Et, par un magique pouvoir,
Tout semble prendre un corps visible;
Vivre, parler, et se mouvoir.

Oui, c'est toi, peintre inestimable,
Trompette d'Achille et d'Hector,

[1] Homère.

Par qui de l'heureux siécle d'or
L'homme entend le langage aimable,
Et voit, dans la variété
Des portraits menteurs de la fable, .
Les rayons de la vérité.

Il voit l'arbitre du tonnerre
Réglant le sort par ses arrêts :
Il voit sous les yeux de Cérés
Croître les trésors de la terre :
Il reconnoît le dieu des mers
A ces sons qui calment la guerre
Qu'Éole excitoit dans les airs.

Si dans un combat homicide
Le devoir engage ses jours,
Pallas, volant à son secours,
Vient le couvrir de son égide :
S'il se voue au maintien des lois,
C'est Thémis qui lui sert de guide,
Et qui l'assiste en ses emplois.

Plus heureux, si son cœur n'aspire
Qu'aux douceurs de la liberté,
Astrée est la divinité
Qui lui fait chérir son empire :
S'il s'éléve au sacré vallon,
Son enthousiasme est la lyre

Qu'il reçoit des mains d'Apollon.

Ainsi consacrant le système
De la sublime fiction,
Homère, nouvel Amphion,
Change, par la vertu suprême
De ses accords doux et savants,
Nos destins, nos passions même,
En êtres réels et vivants.

Ce n'est plus l'homme qui, pour plaire,
Étale ses dons ingénus;
Ce sont les Graces, c'est Vénus,
Sa divinité tutélaire:
La sagesse qui brille en lui,
C'est Minerve dont l'œil l'éclaire,
Et dont le bras lui sert d'appui.

L'ardente et fougueuse Bellone
Arme son courage aveuglé:
Les frayeurs dont il est troublé
Sont le flambeau de Tisiphone:
Sa colère est Mars en fureur;
Et ses remords sont la Gorgone
Dont l'aspect le glace d'horreur.

Le pinceau même d'un Apelle
Peut, dans les temples les plus saints,

Attacher les yeux des humains
A l'objet d'un culte fidéle,
Et peindre sans témérité,
Sous une apparence mortelle,
La divine immortalité.

Vous donc, réformateurs austères
De nos priviléges sacrés,
Et vous non encore éclairés
Sur nos symboliques mystères,
Éloignez-vous, pâles censeurs,
De ces retraites solitaires
Qu'habitent les neuf doctes Sœurs.

Ne venez point sur un rivage
Consacré par leur plus bel art
Porter un aveugle regard :
Et loin d'elles tout triste sage
Qui, voilé d'un sombre maintien,
Sans avoir appris leur langage,
Veut jouir de leur entretien !

Ici l'ombre impose silence
Aux doctes accents de sa voix : ·
Et déja dans le fond des bois,
Impétueuse, elle s'élance;
Tandis que je cherche des sons

Dignes d'atteindre à l'excellence
De ses immortelles leçons.

ODE VII.

Le devoir et le sort des grands hommes.

Nous honorons du nom de sage
Celui qui, content de son sort,
Et loin des vents et de l'orage
Goûtant les délices du port,
Sait, au milieu de l'abondance,
Dans une noble indépendance
Trouver la gloire et le repos;
Mais cette sagesse tranquille,
Vertu dans un mortel stérile,
N'est point vertu dans un héros.

Pour jouir d'une paix chérie
Les cieux ne nous l'ont point prêté;
Il est comptable à sa patrie
Des dons qu'il tient de leur bonté :
Cette influence souveraine
N'est pour lui qu'une illustre chaîne
Qui l'attache au bonheur d'autrui;
Tous les brillants qui l'embellissent,

Tous les talents qui l'ennoblissent,
Sont en lui, mais non pas à lui.

Il sait, et c'est un avantage
Peu connu de ses vains rivaux,
Que son véritable partage
Sont les veilles et les travaux;
Que sur tous les êtres du monde
Des dieux la sagesse profonde
Étend ses regards généreux;
Et qu'éclos de leurs mains fertiles,
Les uns naissent pour être utiles,
Les autres pour n'être qu'heureux.

Ainsi, victime préparée
Pour le bonheur du genre humain,
Victime non moins consacrée
A l'empire du souverain,
Soit sur la mer, soit sur la terre,
Soit dans la paix, soit dans la guerre,
D'une foi mâle revêtu,
Son prince, dont il est l'organe,
Sa propre vertu le condamne
A s'immoler à sa vertu.

La dépendance est le salaire
Des présents que nous font les cieux:
Un roi parle; il faut, pour lui plaire,

Quitter sa patrie et ses dieux :
Héros guerriers, héros paisibles,
Il faut à ses lois invincibles
Asservir vos talents vainqueurs :
Partez, volez, ames viriles;
Courez lui soumettre les villes;
Allez lui conquérir les cœurs.

Toutefois si de votre zéle
Vous voulez recevoir le prix,
Revenez : l'absence infidéle
Enfante peu de favoris;
Les récompenses les plus dues
Sont souvent des dettes perdues
Pour qui tarde à les répéter;
Et sur l'absent qui les mérite
Le présent qui les sollicite
Est toujours sûr de l'emporter.

Le mérite oublié du maître,
Et souvent même dédaigné,
Ne se fait jamais bien connoître
Dans un point de vue éloigné :
En vain sous d'illustres auspices
Produiroit-il de ses services
Le témoignage glorieux;
Sa présence est le seul langage
Qui puisse en assurer le gage :

Les rois ont le cœur dans les yeux.

C'est à ces astres vénérables
D'illuminer ses actions;
C'est de leurs rayons favorables
Qu'il doit tirer tous ses rayons:
Bientôt leur céleste influence
Va le combler d'une affluence
De biens, de gloire, et de splendeurs,
Et, l'éclairant d'un nouveau lustre,
Porter sa destinée illustre
Au plus haut sommet des grandeurs.

Installé dans le rang sublime
Où l'ont placé leurs justes lois,
Il peut d'un pouvoir légitime
Exercer les plus vastes droits;
Il peut, pour foudroyer le vice,
De la force et de la justice
Réunir le double soutien;
Il peut enfin, fidèle oracle,
Faire trouver sans nul obstacle
Le bonheur public dans le sien.

Mais si jamais un noir-orage,
Long-temps suspendu dans son cours,
Fait sur lui crever le nuage
Élevé durant ses beaux jours;

C'est alors que, libre de crainte,
Le dépit que masquoit la feinte
Se change en mortelles fureurs,
Et que l'envie empoisonnée,
Par l'impunité déchaînée,
Dépouille toutes ses terreurs.

Sa gloire aussitôt obscurcie,
Vaine ombre d'un jour éclipsé,
Disparoît, souillée et noircie,
Par le mensonge intéressé;
Canal impur, qui, dans leurs courses
Infectant les plus belles sources,
Change en erreur la vérité,
L'industrie en extravagance,
La grandeur d'ame en arrogance,
Et le zéle en témérité.

Tout fuit, tout cherche un nouveau maître;
Ses complaisants les plus flatteurs
Sont les premiers qu'on voit paroître
Entre ses prudents déserteurs :
En vain ses qualités suprêmes
Forcent les témoignages mêmes
A l'équité les moins soumis;
En vain par ses bontés célébres
Cent noms sont sortis des ténébres;
Les malheureux n'out point d'amis.

O vous que la bonne fortune
Maintient à l'abri des revers,
De la terre charge importune,
· Peuple inutile à l'univers,
Au sein de la béatitude,
Bornez-vous, fixez votre étude
Au choix des plaisirs les plus doux;
Et, dans l'oisive nonchalance
De votre paisible opulence,
Ne songez qu'à vivre pour vous:

Tandis que le zéle héroïque,
Esclave de sa dignité,
A la félicité publique
Consacrera sa liberté,
Ou, perdu dans la foule obscure,
Et d'une vie ingrate et dure
Traînant les soucis épineux,
Verra, sans murmure et sans peine,
De la prospérité hautaine
Briller le faste dédaigneux.

ODE VIII.

A LA PAIX.

O Paix, tranquille paix, secourable immortelle,
Fille de l'harmonie et mère des plaisirs,
Que fais-tu dans les cieux, tandis que de Cybéle
Les sujets désolés t'adressent leurs soupirs?

Si, par l'ambition de la terre bannie,
Tu crois devoir ta haine à tes profanateurs,
Que t'a fait l'innocence injustement punie
De l'inhumanité de ses persécuteurs?

Équitable déesse, entends nos voix plaintives;
Vois ces champs ravagés, vois ces temples brûlants,
Ces peuples éplorés, ces mères fugitives,
Et ces enfants meurtris entre leurs bras sanglants.

De quels débordements de sang et de carnage
La terre a-t-elle vu ses flancs plus engraissés?
Et quel fleuve jamais vit border son rivage
D'un plus horrible amas de mourants entassés?

Telle autour d'Ilion la mort livide et blême

Moissonnoit les guerriers de Phrygie et d'Argos,
Dans ces combats affreux où le dieu Mars lui-même
De son sang immortel vit bouillonner les flots.

D'un cri pareil au bruit d'une armée invincible
Qui s'avance au signal d'un combat furieux,
Il ébranla du ciel la voûte inaccessible,
Et vint porter sa plainte au monarque des dieux.

Mais le grand Jupiter, dont la présence auguste
Fait rentrer d'un coup d'œil l'audace en son devoir,
Interrompant la voix de ce guerrier injuste,
En ces mots foudroyants confondit son espoir :

Va, tyran des mortels, dieu barbare et funeste,
Va faire retentir tes regrets loin de moi;
De tous les habitants de l'olympe céleste
Nul n'est à mes regards plus odieux que toi.

Tigre, à qui la pitié ne peut se faire entendre,
Tu n'aimes que le meurtre et les embrasements :
Les remparts abattus, les palais mis en cendre,
Sont de ta cruauté les plus doux monuments.

La frayeur et la mort vont sans cesse à ta suite,
Monstre nourri de sang, cœur abreuvé de fiel,
Plus digne de régner sur les bords du Cocyte,
Que de tenir ta place entre les dieux du ciel.

Ah ! lorsque ton orgueil languissoit dans les chaînes
Où les fils d'Aloüs [1] te faisoient soupirer,
Pourquoi, trop peu sensible aux misères humaines,
Mercure, malgré moi, vint-il t'en délivrer ?

La discorde dès-lors avec toi détrônée
Eût été pour toujours reléguée aux enfers ;
Et l'altière Bellone, au repos condamnée,
N'eût jamais exilé la Paix de l'univers.

La Paix, l'aimable Paix, fait bénir son empire ;
Le bien de ses sujets fait son soin le plus cher :
Et toi, fils de Junon, c'est elle qui t'inspire
La fureur de régner par la flamme et le fer.

Chaste Paix, c'est ainsi que le maître du monde
Du fier Mars et de toi sait discerner le prix :
Ton sceptre rend la terre en délices féconde ;
Le sien ne fait régner que les pleurs et les cris.

Pourquoi donc aux malheurs de la terre affligée
Refuser le secours de tes divines mains ?
Pourquoi, du roi des cieux chérie et protégée,
Céder à ton rival l'empire des humains ?

Je t'entends : c'est en vain que nos vœux unanimes

[1] Les géants qui entreprirent de détrôner Jupiter.

De l'olympe irrité conjurent le courroux;
Avant que sa justice ait expié nos crimes,
Il ne t'est pas permis d'habiter parmi nous.

Et quel siécle jamais mérita mieux sa haine?
Quel âge plus fécond en Titans orgueilleux?
En quel temps a-t-on vu l'impiété hautaine
Lever contre le ciel un front plus sourcilleux?

La peur de ses arrêts n'es tplus qu'une foiblesse :
Le blasphème s'érige en noble liberté;
La fraude au double front, en prudente sagesse;
Et le mépris des lois, en magnanimité.

Voilà, peuples, voilà ce qui sur vos provinces
Du ciel inexorable attire la rigueur;
Voilà le dieu fatal qui met à tant de princes
La foudre dans les mains, la haine dans le cœur.

Des douceurs de la paix, des horreurs de la guerre,
Un ordre indépendant détermine le choix :
C'est le courroux des rois qui fait armer la terre;
C'est le courroux des dieux qui fait armer les rois.

C'est par eux que sur nous la suprême vengeance
Exerce les fléaux de sa sévérité,
Lorsque après une longue et stérile indulgence
Nos crimes ont du ciel épuisé la bonté.

Grands dieux, si la rigueur de vos coups légitimes
N'est point encor lassée après tant de malheurs;
Si tant de sang versé, tant d'illustres victimes,
N'ont point fait de nos yeux couler assez de pleurs;

Inspirez-nous du moins ce repentir sincère,
Cette douleur soumise, et ces humbles regrets,
Dont l'hommage peut seul, en ces temps de colère,
Fléchir l'austérité de vos justes décrets.

Échauffez notre zéle, attendrissez nos ames,
Élevez nos esprits au céleste séjour;
Et remplissez nos cœurs de ces ardentes flammes
Qu'allument le devoir, le respect, et l'amour.

Un monarque vainqueur, arbitre de la guerre,
Arbitre du destin de ses plus fiers rivaux,
N'attend que ce moment pour poser son tonnerre,
Et pour faire cesser la rigueur de nos maux.

Que dis-je? ce moment de jour en jour s'avance:
Les dieux sont adoucis, nos vœux sont exaucés:
D'un ministre adoré [1] l'heureuse providence
Veille à notre salut: il vit; c'en est assez.

Peuples, c'est par lui seul que Bellone asservie

---

[1] Le cardinal de Fleury.

16.

Va se voir enchaîner d'un éternel lien :
C'est à votre bonheur qu'il consacre sa vie ;
C'est à votre repos qu'il immole le sien.

Reviens donc, il est temps que son vœu se consomme,
Reviens, divine Paix, en recueillir le fruit ;
Sur ton char lumineux fais monter ce grand homme ;
Et laisse-toi conduire au dieu qui le conduit.

Ainsi, du ciel calmé rappelant la tendresse,
Puissions-nous voir changer par ses dons souverains
Nos peines en plaisirs, nos pleurs en alégresse,
Et nos obscures nuits en jours purs et sereins !

ODE IX.

A M. LE COMTE DE LANNOI,

gouverneur de Bruxelles,

*sur une maladie de l'auteur, causée par une attaque
de paralysie, en 1738.*

Celui qui des cœurs sensibles
Cherche à devenir vainqueur
Doit, pour les rendre flexibles,
Consulter son propre cœur ;

C'est notre plus sûr arbitre :
Les dieux ne sont qu'à ce titre
De nos offrandes jaloux ;
Si Jupiter veut qu'on l'aime,
C'est qu'il nous prévient lui-même
Par l'amour qu'il a pour nous.

C'est cette noble industrie,
Comte, qui, par tant de nœuds,
T'attache dans ta patrie
Tous les cœurs et tous les vœux :
Rappelle dans ta pensée,
A la nouvelle annoncée
Du dernier prix de ta foi,
Tous ces torrents de tendresse
Dont la publique alégresse
Signala son feu pour toi.

En moi-même, ô preuve insigne !
Jusqu'où n'a point éclaté
D'un caractère si digne
L'intarissable bonté !
Dans le calme, dans l'orage,
Tonjours même témoignage,
Sur-tout dans ces tristes jours,
Dont la lumière effacée
De ma planéte éclipsée
Me fait sentir le décours.

Malheureux l'homme qui fonde
L'avenir sur le présent,
Et qu'endort au sein de l'onde
Un zéphire séduisant !
Jamais l'adverse fortune,
Ma surveillante importune,
Ne parut plus loin de moi;
Et jamais aux doux mensonges
Des plus agréables songes
Je ne prêtai tant de foi.

C'est dans ces routes fleuries
Où mes volages esprits
Promenoient leurs rêveries,
D'un charme trompeur épris,
Que, contre moi révoltée,
L'impatiente Adrastée [1],
Némésis, avoit caché,
Vengeresse impitoyable,
Le précipice effroyable
Où mes pas ont trébuché.

Tel qu'un arbre stable et ferme,
Quand l'hiver par sa rigueur
De la séve qu'il renferme
A refroidi la vigueur,

---

[1] Adrastée ou Némésis, la vengeance céleste personnifiée.

S'il perd l'utile assistance
Des appuis dont la constance
Soutient ses bras relâchés,
Sa tête altière et hautaine
Cachera bientôt l'arène
Sous ses rameaux desséchés :

Tel, quand le secours robuste
Dont mon corps est étayé
En laisse à mon sang aduste
Régir la foible moitié,
L'autre moitié qui succombe
Hésite, chancelle, tombe,
Et sent que, malgré l'effort
Que sa vertu fait renaître,
Le plus foible est toujours maître,
Et triomphe du plus fort.

Par mes desirs prévenue,
Près de mon lit douloureux
Déja la mort est venue
Asseoir son squelette affreux;
Et le regard homicide
De son cortége perfide
Porte à son dernier degré
L'excès toujours plus terrible
D'un accablement horrible
Par l'insomnie ulcéré.

Quelle vapeur vous enivre,
Mortels qui, chéris du sort,
Ne desirez que de vivre,
Et ne craignez que la mort?
Souvent, malgré leurs promesses,
Vos dignités, vos richesses,
Affligent leurs possesseurs :
Pour les ames généreuses,
Du vrai bonheur amoureuses,
La mort même a ses douceurs.

On a beau se plaindre d'elle;
Quelque horreur que l'on en ait,
Les guerriers la trouvent belle,
Quand elle vient d'un seul trait
Les frapper à l'improviste :
Mais, juste ciel! qu'elle est triste,
Et quel rigoureux travail,
Quand ses approches moins vives
Par des pertes successives
Nous détruisent en détail !

Près de ma dernière aurore,
En vain dit-on que les cieux
De quelques beaux jours encore
Pourront éclairer mes yeux :
O promesse imaginaire !
Quel emploi pourrois-je faire,

Soleil, céleste flambeau ,,
De ta lumière suprême,
Quand la moitié de moi-même
Est déja dans le tombeau?

Achéve donc ton ouvrage,
Viens, ô favorable mort,
De ce caduc assemblage
Rompre le fragile accord :
Par ce coup où je t'invite
Permets que mon corps s'acquitte
De ce qu'il doit au cercueil,
Et que mon ame y révoque
Cette constance équivoque
Dont la douleur est l'écueil.

Ainsi, parmi les ténébres
Les yeux vainement fermés,
Dans mille pensers funébres
Mes sens étoient abymés;
Lorsque d'une voix amie
Mon oreille raffermie
Crut reconnoître les sons :
C'étoit l'ombre de Malherbe,
Qui sur sa lyre superbe
Vint m'adresser ces leçons :

Sous quelles inquiétudes,

Ami, te vois-je abattu ?
Que t'ont servi nos études ?
Qu'as-tu fait de ta vertu,
Toi qui, disciple d'Horace,
Par les nymphes du Parnasse
Dès ton jeune âge nourri,
Semblois sur ces espérances
Contre toutes les souffrances
T'être fait un sûr abri ?

Ignores-tu donc encore
Que tous les fléaux tirés
De la boîte de Pandore
Se sont du monde emparés ;
Que l'ordre de la nature
Soumet la pourpre et la bure
Aux mêmes sujets de pleurs ;
Et que, tout fiers que nous sommes,
Nous naissons tous, foibles hommes,
Tributaires des douleurs ?

Prétendois-tu que les Parques
Dussent, filant tes instants,
Signaler des mêmes marques
Ton hiver et ton printemps ?
Quel dieu te rend si plausible
La jouissance impossible
D'un privilége inouï,

Réservé pour l'empyrée,
Et dont pendant leur durée
Jamais mortels n'out joni?

En recevant l'existence
Que le ciel nous daigne offrir,
Nous recevons la sentence
Qui nous condamne à souffrir :
A sa vigueur naturelle
En vain notre corps appelle
De ce décret hasardeux ;
Notre ame subordonnée,
Par les soucis dominée,
Paie assez pour tous les deux.

Quelle fiévre plus cruelle
Que ses mortels déplaisirs,
Quand la fortune infidéle
Vient traverser ses desirs ?
En tout pays, à tout âge,
La douleur est son partage
Jusqu'à l'heure du trépas :
Dans le sein des grandeurs même,
Le sceptre et le diadème
Ne l'en affranchissent pas.

Que dirai-je du supplice
Où l'exposent tous les jours

L'imposture et la malice
Que farde l'art du discours,
Quand elle voit à sa place
L'hypocrisie et l'audace
Triompher de leurs larcins,
Et la timide innocence,
Sans ressource et sans défense,
Livrée à ses assassins?

Si donc par des lois certaines
L'ame et le corps son rempart
Ont leurs plaisirs et leurs peines,
Leurs biens et leurs maux à part;
N'est-ce pas une fortune,
Quand d'une charge commune
Deux moitiés portent le faix,
Que la moindre le réclame,
Et que du bonheur de l'ame
Le corps seul fasse les frais?

L'espérance consolante
D'un plus heureux avenir
De ta douleur accablante
Doit chasser le souvenir:
C'étoit le dernier désastre
Que de ton malheureux astre
Exigeoit l'inimitié:
Calme ton ame inquiéte;

Némésis est satisfaite,
Et ton tribut est payé.

ODE X.

A LA POSTÉRITÉ.

Déesse des héros, qu'adorent en idée
Tant d'illustres amants dont l'ardeur hasardée
Ne consacre qu'à toi ses vœux et ses efforts ;
Toi qu'ils ne verront point, qué nul n'a jamais vue,
Et dont pour les vivants la faveur suspendue
      Ne s'accorde qu'aux morts ;

Vierge non encor née, en qui tout doit renaître
Quand le temps dévoilé viendra te donner l'être,
Laisse-moi dans ces vers te tracer mes malheurs;
Et ne refuse pas, arbitre vénérable,
Un regard généreux au récit déplorable
      De mes longues douleurs.

Le ciel, qui me créa sous le plus dur auspice,
Me donna pour tout bien l'amour de la justice,
Un génie ennemi de tout art suborneur,
Une pauvreté fière, une mâle franchise,

Instruite à détester toute fortune acquise
    Aux dépens de l'honneur.

Infortuné trésor ! importune largesse !
Sans le superbe appui de l'heureuse richesse
Quel cœur impunément peut naître généreux ?
Et l'aride vertu, limitée en soi-même,
Que sert-elle, qu'à rendre un malheureux qui l'aime
    Encor plus malheureux ?

Craintive, dépendante, et toujours poursuivie
Par la malignité, l'intérêt, et l'envie,
Quel espoir de bonheur lui peut être permis,
Si, pour avoir la paix, il faut qu'elle s'abaisse
A toujours se contraindre, et courtiser sans cesse
    Jusqu'à ses ennemis !

Je n'ai que trop appris qu'en ce monde où nous sommes
Pour souverain mérite on ne demande aux hommes
Qu'un vice complaisant de graces revêtu ;
Et que des ennemis que l'amour-propre inspire
Les plus envenimés sont ceux que nous attire
    L'inflexible vertu.

C'est cet amour du vrai, ce zéle antipathique
Contre tout faux brillant, tout éclat sophistique,
Où l'orgueil frauduleux va chercher ses atours,
Qui lui seul suscita cette foule perverse

D'ennemis forcenés dont la rage traverse
      Le repos de mes jours.

Écartons, ont-ils dit, ce censeur intraitable
Que des plus beaux dehors l'attrait inévitable
Ne fit jamais gauchir contre la vérité ;
Détruisons un témoin qu'on ne sauroit séduire :
Et, pour la garantir, perdons ce qui peut nuire
      A notre vanité.

Inventons un venin dont la vapeur infame,
En soulevant l'esprit, pénétre jusqu'à l'ame;
Et sous son nom connu répandons ce poison :
N'épargnons contre lui mensonge ni parjure;
Chez le peuple troublé, la fureur et l'injure
      Tiendront lieu de raison.

Imposteurs effrontés, c'est par cette souplesse
Que j'ai vu tant de fois votre scélératesse
Jusque chez mes amis me chercher des censeurs,
Et, des yeux les plus purs bravant le témoignage,
Défigurer mes traits, et souiller mon visage
      De vos propres noirceurs.

Toutefois, au milieu de l'horrible tempête
Dont, malgré ma candeur, pour écraser ma tête,
L'autorité séduite arma leurs passions,
La chaste vérité prit en main ma défense,

Et fit luire en tout temps sur ma foible innocence
    L'éclat de ses rayons.

Aussi, marchant toujours sur mes antiques traces,
Combien n'ai-je pas vu dans mes longues disgraces
D'illustres amitiés consoler mes ennuis,
Constamment honoré de leur noble suffrage,
Sans employer d'autre art que le fidéle usage
    D'être ce que je suis !

Telle est sur nous du ciel la sage providence,
Qui, bornant à ces traits l'effet de sa vengeance,
D'un plus âpre tourment m'épargnoit les horreurs :
Pouvoit-elle acquitter par une moindre voie
La dette des excès d'une jeunesse en proie
    A mes folles erreurs ?

Objets de sa bonté, même dans sa colère,
Enfants toujours chéris de cette tendre mère,
Ce qui nous semble un fruit de son inimitié
N'est en nous que le prix d'une vie infidéle,
Châtiment maternel, qui n'est jamais en elle
    Qu'un effet de pitié.

Révérons sa justice ; adorons sa clémence,
Qui, jusque dans les maux que sa main nous dispense,
Nous présente un moyen d'expier nos forfaits,
Et qui, nous imposant ces peines salutaires,

Nous donne en même temps les secours nécessaires
      Pour en porter le faix.

Juste postérité, qui me feras connoître,
Si mon nom vit encor quand tu viendras à naître,
Donne-moi pour exemple à l'homme infortuné
Qui, courbé sous le poids de son malheur extrême,
Pour asile dernier n'a que l'asile même
      Dont il fut détourné.

Dis-lui qu'en mes écrits il contemple l'image
D'un mortel qui, du monde embrassant l'esclavage,
Trouva, cherchant le bien, le mal qu'il haïssoit,
Et qui, dans ce trompeur et fatal labyrinthe,
De son miel le plus pur vit composer l'absinthe
      Que l'erreur lui versoit.

Heureux encor pourtant, même dans son naufrage,
Que le ciel l'ait toujours assisté d'un courage
Qui de son seul devoir fit sa suprême loi,
Des vils tempéraments combattant la mollesse,
Sans s'exposer jamais par la moindre foiblesse
      A rougir devant toi !

Voilà quel fut celui qui t'adresse sa plainte,
Victime abandonnée à l'envieuse feinte,
De sa seule innocence en vain accompagné,
Toujours persécuté, mais toujours calme et ferme,

Et, surchargé de jours, n'aspirant plus qu'au terme
    A leur nombre assigné.

Le pinceau de Zeuxis, rival de la nature,
A souvent de ses traits ébauché la peinture [1];
Mais du sage lecteur les équitables yeux,
Libres de préjugés, de colère, et d'envie,
Verront que ses écrits, vrai tableau de sa vie,
    Le peignent encor mieux.

[1] J. A. J. Aved, ami de Rousseau, a fait de lui un portrait estimé, que la gravure a souvent reproduit.

FIN DES ODES.

ODES EN MUSIQUE,

ou

CANTATES ALLÉGORIQUES.

CANTATES.

`

CANTATE I.

DIANE.

A peine le soleil au fond des autres sombres
Avoit du haut des cieux précipité les ombres,
Quand la chaste Diane, à travers les forêts,
    Aperçut un lieu solitaire
Où le fils de Vénus et les dieux de Cythère
    Dormoient sous un ombrage frais :
Surprise, elle s'arrête; et sa prompte colère
S'exhale en ce discours qu'elle adresse tout bas
A ces dieux endormis, qui ne l'entendent pas :

    Vous, par qui tant de misérables
    Gémissent sous d'indignes fers,
    Dormez, Amours inexorables,
    Laissez respirer l'univers.

    Profitons de la nuit profonde
    Dont le sommeil couvre leurs yeux;
    Assurons le repos au monde
    En brisant leurs traits odieux.

Vous, par qui tant de misérables
Gémissent sous d'indignes fers,
Dormez, Amours inexorables,
Laissez respirer l'univers.

A ces mots elle approche ; et ses nymphes timides,
Portant sans bruit leurs pas vers ces dieux homicides,
D'une tremblante main saisissent leurs carquois,
Et bientôt du débris de leurs flèches perfides
    Sément les plaines et les bois.
Tous les dieux des forêts, des fleuves, des montagnes,
Viennent féliciter leurs heureuses compagnes ;
Et, de leurs ennemis bravant les vains efforts,
    Expriment ainsi leurs transports :

    Quel bonheur ! quelle victoire !
    Quel triomphe ! quelle gloire !
    Les Amours sont désarmés.

    Jeunes cœurs, rompez vos chaînes :
    Cessons de craindre les peines
    Dont nous étions alarmés.

    Quel bonheur ! quelle victoire !
    Quel triomphe ! quelle gloire !
    Les Amours sont désarmés.

L'Amour s'éveille au bruit de ces chants d'alégresse ;

Mais quels objets lui sont offerts !

Quel réveil ! dieux ! quelle tristesse,

Quand de ses dards brisés il voit les champs couverts

Un trait me reste encor dans ce désordre extrême ;

Perfides, votre exemple instruira l'univers.

Il parle ; le trait vole, et, traversant les airs,

Va percer Diane elle-même :

Juste mais trop cruel revers,

Qui signale, grand dieu, ta vengeance suprême !

Respectons l'Amour

Tandis qu'il sommeille,

Et craignons qu'un jour

Ce dieu ne s'éveille.

En vain nous romprons

Tous les traits qu'il darde,

Si nous ignorons

Le trait qu'il nous garde.

Respectons l'Amour

Tandis qu'il sommeille,

Et craignons qu'un jour

Ce dieu ne s'éveille.

CANTATE II.

ADONIS.

Le dieu Mars et Vénus, blessés des mêmes traits,
    Goûtoient les biens les plus parfaits
Qu'aux cœurs bien enflammés le tendre Amour apprête ;
    Mais ce dieu superbe et jaloux,
D'un œil de conquérant regardant sa conquête,
Fit bientôt aux plaisirs succéder les dégoûts.

    Un cœur jaloux ne fait paroître
    Que des feux qui le font haïr ;
    Et, pour être toujours le maître,
    L'amant doit toujours obéir.

    L'Amour ne va point sans les Graces ;
    On n'arrache point ses faveurs :
    L'emportement ni les menaces
    Ne font point le lien des cœurs.

    Un cœur jaloux ne fait paroître
    Que des feux qui le font haïr ;
    Et, pour être toujours le maître,
    L'amant doit toujours obéir.

La déesse déja ne craint plus son absence,
Et, cessant de l'aimer sans s'en apercevoir,
Fait atteler son char, pleine d'impatience,
Et vole vers les bords soumis à son pouvoir.
    Là ses jours couloient sans alarmes,
Lorsqu'un jeune chasseur se présente à ses yeux :
Elle croit voir son fils; il en a tous les charmes;
Jamais rien de plus beau ne parut sous les cieux;
Et le vainqueur de l'Inde [1] étoit moins gracieux
Le jour que d'Ariane il vint sécher les larmes.

        La froide Naïade
        Sort pour l'admirer;
        La jeune Dryade
        Cherche à l'attirer;
        Faune d'un sourire
        Approuve leur choix;
        Le jaloux Satyre
        Fuit au fond des bois;
        Et Pan, qui soupire,
        Brise son hautbois.

Il aborde en tremblant la charmante déesse;
Sa timide pudeur relève ses appas :
    Les Graces, les Ris, la Jeunesse,
    Marchent au-devant de ses pas;

[1] Bacchus.

Et du plus haut des airs l'Amour avec adresse
Fait partir à l'instant le trait dont il les blesse.
    Que désormais Mars en fureur
    Gronde, menace, tonne, éclate;
Amants, profitez tous de sa jalouse erreur:
Des feux trop violents font souvent une ingrate;
On oublie aisément un amour qui fait peur,
    En faveur d'un amour qui flatte.

      Que le soin de charmer
      Soit votre unique affaire;
      Songez que l'art d'aimer
      N'est que celui de plaire.

      Voulez-vous dans vos feux
      Trouver des biens durables,
      Soyez moins amoureux,
      Devenez plus aimables.

      Que le soin de charmer
      Soit votre unique affaire;
      Songez que l'art d'aimer
      N'est que celui de plaire.

CANTATE III.

LE TRIOMPHE DE L'AMOUR.

Filles du dieu de l'univers,
Muses, que je me plais dans vos douces retraites!
Que ces rivages frais, que ces bois toujours verts,
Sont propres à charmer les ames inquiétes!
    Quel cœur n'oublieroit ses tourments
Au murmure flatteur de cette onde tranquille?
Qui pourroit résister aux doux ravissements
        Qu'excite votre voix fertile?
        Non, ce n'est qu'en ces lieux charmants
Que le parfait bonheur a choisi son asile.

        Heureux qui de vos doux plaisirs
        Goûte la douceur toujours pure!
        Il triomphe des vains desirs,
        Et n'obéit qu'à la nature.

        Il partage avec les héros
        La gloire qui les environne;
        Et le puissant dieu de Délos
        D'un même laurier les couronne.

Heureux qui de vos doux plaisirs
Goûte la douceur toujours pure!
Il triomphe des vains desirs,
Et n'obéit qu'à la nature.

Mais que vois-je, grands dieux! quels magiques efforts
     Changent la face de ces bords!
Quelles danses! quels jeux! quels concerts d'alégresse!
Les Graces, les Plaisirs, les Ris, et la Jeunesse,
     Se rassemblent de toutes parts.
Quel songe me transporte au-dessus du tonnerre?
     Je ne reconnois point la terre
Au spectacle enchanteur qui frappe mes regards.

     Est-ce la cour suprême
     Du souverain des dieux?
     Ou Vénus elle-même
     Descend-elle des cieux?

     Les compagnes de Flore
     Parfument ces coteaux;
     Une nouvelle Aurore
     Semble sortir des eaux;
     Et l'olympe se dore
     De ses feux les plus beaux.

     Est-ce la cour suprême
     Du souverain des dieux?

Ou Vénus elle-même
Descend-elle des cieux?

Nymphes, quel est ce dieu qui reçoit votre hommage,
    Pourquoi cet arc et ce bandeau?
Quel charme en le voyant, quel prodige nouveau
De mes sens interdits me dérobe l'usage?
Il s'approche; il me tend une innocente main:
    Venez, cher tyran de mon ame,
    Venez, je vous fuirois en vain;
Et je vous reconnois à ces traits pleins de flamme
    Que vous allumez dans mon sein.

Adieu, Muses, adieu; je renonce à l'envie
De mériter les biens dont vous m'avez flatté;
    Je renonce à ma liberté:
Sous de trop douces lois mon ame est asservie;
Et je suis plus heureux dans ma captivité,
    Que je ne le fus de ma vie
Dans le triste bonheur dont j'étois enchanté.

CANTATE IV.

L'HYMEN.

Ce fut vers cette rive [1] où Junon adorée
Des peuples de Sidon reçoit les vœux offerts
    Que la divine Cythérée
Pour la première fois parut dans l'univers.
    Jamais beauté plus admirée
    Ne brilla sur les vastes mers :
Les Tritons, rassemblés de mille endroits divers,
Autour d'elle flottoient sur l'onde tempérée;
    Et les filles du vieux Nérée
Faisoient devant son char retentir ces concerts :

    Qu'Éole en ses gouffres enchaîne
    Les vents, ennemis des beaux jours;
    Qu'il dompte leur bruyante haleine,
    Et ne permette qu'aux Amours
    De voler sur l'humide plaine.

    Dieux du ciel, venez en ces lieux
    Admirer un objet si rare :

[1] En Phénicie.

Avouez que, même à vos yeux,
Les beautés dont la mer se pare
Effacent les beautés des cieux.

Qu'Éole en ses gouffres enchaîne
Les vents, ennemis des beaux jours;
Qu'il dompte leur bruyante haleine,
Et ne permette qu'aux Amours
De voler sur l'humide plaine.

Jalouse de l'éclat de ces honneurs nouveaux,
Amphitrite se cache au plus profond des eaux.
Cependant Palémon conduisoit l'immortelle
Vers cette île enchantée où tendoient ses souhaits;
Et c'est là que la terre, à sa gloire fidéle,
Met le comble aux honneurs qu'ont reçus ses attraits.

L'amant de l'Aurore [1]
Des yeux qu'il adore
Perd le souvenir:
La timide Flore
Craint de perdre encore
Son jeune Zéphyr:
De sa grace extrême
Minerve elle-même
Reconnoît le prix;

[1] Céphale.

Et par sa surprise
Junon autorise
Le choix de Pâris.

Frappés de l'éclat de ses yeux,
Neptune, Jupiter, que dis-je? tous les dieux
En font l'objet de leurs conquêtes;
Ils vont tous de l'Hymen implorer les faveurs.
Les faveurs de l'Hymen! aveugles que vous êtes!
L'Hymen est-il donc fait pour assortir les cœurs?
Jupiter étoit roi du monde;
Neptune commandoit sur l'onde,
Mars avoit pour partage un courage indompté;
Mercure la jeunesse, Apollon la beauté.

Si de ces dieux l'Amour eût été le refuge,
Entre eux du moins son choix se seroit déclaré;
Mais ils prirent l'Hymen pour juge,
Et Vulcain se vit préféré.

Hymen, quand le sort t'outrage,
Ne t'en prends point à l'Amour:
De son plus doux héritage
Tu t'enrichis chaque jour;
Souffre que de ton partage
Il s'enrichisse à son tour.

Souvent par un juste échange

Il t'enléve tes sujets :
Tu lui fais un crime étrange
De quelques larcins secrets ;
Mais c'est ainsi qu'il se venge
Des larcins que tu lui fais.

CANTATE V.

AMYMONE.

Sur les rives d'Argos, près de ces bords arides
Où la mer vient briser ses flots impérieux,
  La plus Jeune des Danaïdes,
Amymone, imploroit l'assistance des dieux ;
Un Faune poursuivoit cette belle craintive :
  Et, levant ses mains vers les cieux,
Neptune, disoit-elle, entends ma voix plaintive,
Sauve-moi des transports d'un amant furieux :

  A l'innocence poursuivie,
  Grand dieu, daigne offrir ton secours ;
  Protége ma gloire et ma vie
  Contre de coupables amours.

  Hélas ! ma prière inutile
  Se perdra-t-elle dans les airs ?

Ne me reste-t-il plus d'asile
Que le vaste abyme des mers?

A l'innocence poursuivie,
Grand dieu, daigne offrir ton secours;
Protége ma gloire et ma vie
Contre de coupables amours.

La Danaïde en pleurs faisoit ainsi sa plainte,
Lorsque le dieu des eaux vint dissiper sa crainte.
Il s'avance entouré d'une superbe cour :
Tel jadis il parut aux regards d'Amphitrite,
Quand il fit marcher à sa suite
L'Hyménée et le dieu d'amour.
Le Faune à son aspect s'éloigne du rivage;
Et Neptune, enchanté, surpris,
L'amour peint dans les yeux, adresse ce langage
A l'objet dont il est épris :

Triomphez, belle princesse,
Des amants audacieux :
Ne cédez qu'à la tendresse
De qui sait aimer le mieux.

Heureux le cœur qui vous aime,
S'il étoit aimé de vous !
Dans les bras de Vénus même
Mars en deviendroit jaloux.

Triomphez, belle princesse,
Des amants audacieux :
Ne cédez qu'à la tendresse
De qui sait aimer le mieux.

Qu'il est facile aux dieux de séduire une belle !
Tout parloit en faveur de Neptune amoureux,
    L'éclat d'une cour immortelle,
Le mérite récent d'un secours généreux.
Dieux ! quel secours ! Amour, ce sont là de tes jeux :
Quel Satyre eût été plus à craindre pour elle ?
Thétis, en rougissant, détourna ses regards :
Doris se replongea dans ses grottes humides,
Et par cette leçon apprit aux Néréides
    A fuir de semblables hasards.

    Tous les amants savent feindre ;
    Nymphes, craignez leurs appas :
    Le péril le plus à craindre
    Est celui qu'on ne craint pas.

    L'audace d'un téméraire
    Est aisée à surmonter :
    C'est l'amant qui sait nous plaire
    Que nous devons redouter.

Tous les amants savent feindre ;
Nymphes, craignez leurs appas :

Le péril le plus à craindre
Est celui qu'on ne craint pas.

CANTATE VI.

THÉTIS.

Près de l'humide empire où Vénus prit naissance,
Dans un bois consacré par le malheur d'Atys,
Le Sommeil et l'Amour, tous deux d'intelligence,
A l'amoureux Pélée avoient livré Thétis [1].
Qu'eût fait Minerve même en cet état réduite?
Mais, dans l'art de Protée en sa jeunesse instruite,
Elle sut éluder un amant furieux :
D'une ardente lionne elle prend l'apparence.
Il s'èment; et, tandis qu'il songe à sa défense,
La nymphe, en rugissant, se dérobe à ses yeux.

Où fuyez-vous, déesse inexorable,
Cruel lion de carnage altéré?
Que craignez-vous d'un amant misérable
Que vos rigueurs ont déja déchiré?

[1] Jupiter et Neptune, tous deux épris d'amour pour Thétis, la cédèrent à Pélée après qu'un oracle eut déclaré qu'il naîtroit d'elle un fils qui surpasseroit son père.

Il ne craint point une mort rigoureuse;
Il s'offre à vous sans armes, sans secours;
Et votre fuite est pour lui plus affreuse
Que les lions, les tigres, et les ours.

Où fuyez-vous, déesse inexorable,
Cruel lion de carnage altéré?
Que craignez-vous d'un amant misérable
Que vos rigueurs ont déja déchiré?

Ce héros malheureux exprimoit en ces mots
  Sa honte et sa douleur extrême,
  Quand tout-à-coup du fond des flots
  Protée apparoissant lui-même:
Que fais-tu, lui dit-il, foible et timide amant?
Pourquoi troubler les airs de plaintes éternelles?
  Est-ce d'aujourd'hui que les belles
  Ont recours au déguisement?
Répare ton erreur: la nymphe qui te charme
  Va rentrer dans le sein des mers:
Attends-la sur ces bords; mais que rien ne t'alarme;
Et songe que tu dois Achille à l'univers.

  Le guerrier qui délibère
  Fait mal sa cour au dieu Mars:
  L'amant ne triomphe guère
  S'il n'affronte les hasards.

Quand le péril nous étonne,
N'importunons point les dieux :
Vénus, ainsi que Bellone,
Aime les audacieux.

Le guerrier qui délibère
Fait mal sa cour au dieu Mars :
L'amant ne triomphe guère
S'il n'affronte les hasards.

Pélée, à ce discours, portant au loin sa vue,
Voit paroître l'objet qui le tient sous ses lois ;
Heureux que pour lui seul l'occasion perdue
Renaisse une seconde fois !
Le cœur plein d'une noble audace,
Il vole à la déesse, il l'approche, il l'embrasse.
Thétis veut se défendre, et, d'un prompt changement
Employant la ruse ordinaire,
Redevient à ses yeux lion, tigre, panthère ;
Vains objets qui ne font qu'irriter son amant.

Ses desirs ont vaincu sa crainte ;
Il la retient tonjours d'un bras victorieux ;
Et, lasse de combattre, elle est enfin contrainte
De reprendre sa forme, et d'obéir aux dieux.

Amants, si jamais quelque belle,
Changée en lionne cruelle,

S'efforce à vous faire trembler,
Moquez-vous d'une image feinte;
C'est un fantôme que sa crainte
Vous présente pour vous troubler.

Elle peut, en prenant l'image
D'un tigre ou d'un lion sauvage,
Effrayer les jeunes Amours ;
Mais, après un effort extrême,
Elle redevient elle-même,
Et ces dieux triomphent tonjours.

CANTATE VII.

CIRCÉ.

Sur un rocher désert, l'effroi de la nature,
Dont l'aride sommet semble toucher les cieux,
Circé, pâle, interdite, et la mort dans les yeux,
	Pleuroit sa funeste aventure.
	Là ses yeux, errant sur les flots,
D'Ulysse fugitif sembloient suivre la trace.
Elle croit voir encor son volage héros;
Et, cette illusion soulageant sa disgrace,
	Elle le rappelle en ces mots,
Qu'interrompent cent fois ses pleurs et ses sanglots:

Cruel auteur des troubles de mon ame,
Que la pitié retarde un peu tes pas :
Tourne un moment tes yeux sur ces climats;
Et, si ce n'est pour partager ma flamme,
Reviens du moins pour hâter mon trépas.

Ce triste cœur, devenu ta victime,
Chérit encor l'amour qui l'a surpris :
Amour fatal! ta haine en est le prix.
Tant de tendresse, ô dieux! est-elle un crime,
Pour mériter de si cruels mépris?

Cruel auteur des troubles de mon ame,
Que la pitié retarde un peu tes pas :
Tourne un moment tes yeux sur ces climats;
Et, si ce n'est pour partager ma flamme,
Reviens du moins pour hâter mon trépas.

C'est ainsi qu'en regrets sa douleur se déclare;
Mais bientôt, de son art employant le secours,
Pour rappeler l'objet de ses tristes amours,
Elle invoque à grands cris tous les dieux du Ténare,
Les Parques, Némésis, Cerbère, Phlégéton,
Et l'inflexible Hécate, et l'horrible Alecton.
Sur un autel sanglant l'affreux bûcher s'allume,
La foudre dévorante aussitôt le consume;
Mille noires vapeurs obscurcissent le jour;

Les astres de la nuit interrompent leur course;
Les fleuves étonnés remontent vers leur source;
Et Pluton même tremble en son obscur séjour.

> Sa voix redoutable
> Trouble les enfers;
> Un bruit formidable
> Gronde dans les airs;
> Un voile effroyable
> Couvre l'univers;
> La terre tremblante
> Frémit de terreur;
> L'onde turbulente
> Mugit de fureur;
> La lune sanglante
> Recule d'horreur.

Dans le sein de la mort ses noirs enchantements
   Vont troubler le repos des ombres:
Les mânes effrayés quittent leurs monuments;
L'air retentit au loin de leurs longs hurlements;
Et les vents, échappés de leurs cavernes sombres,
Mêlent à leurs clameurs d'horribles sifflements.
Inutiles efforts! amante infortunée,
D'un dieu plus fort que toi dépend ta destinée:
Tu peux faire trembler la terre sous tes pas,
Des enfers déchaînés allumer la colère;

Mais tes fureurs ne feront pas
Ce que tes attraits n'ont pu faire.

Ce n'est point par effort qu'on aime,
L'Amour est jaloux de ses droits;
Il ne dépend que de lui-même,
On ne l'obtient que par son choix.
Tout reconnoît sa loi suprême;
Lui seul ne connoît point de lois.

Dans les champs que l'hiver désole
Flore vient rétablir sa cour ;
L'alcyon fuit devant Éole;
Éole le fuit à son tour :
Mais sitôt que l'Amour s'envole,
Il ne connoît plus de retour.

CANTATE VIII.

CÉPHALE.

La nuit d'un voile obscur couvroit encor les airs,
Et la seule Diane éclairoit l'univers,
    Quand, de la rive orientale,
L'Aurore, dont l'Amour avance le réveil,
    'Vint trouver le jeune Céphale
Qui reposoit encor dans le sein du sommeil.
Elle approche, elle hésite, elle craint, elle admire;
    La surprise enchaîne ses sens;
Et l'amour du héros pour qui son cœur soupire
A sa timide voix arrache ces accents :

    Vous, qui parcourez cette plaine,
    Ruisseaux, coulez plus lentement;
    Oiseaux, chantez plus doucement;
    Zéphyrs, retenez votre haleine :

    Respectez un jeune chasseur
    Las d'une course violente,
    Et du doux repos qui l'enchante
    Laissez-lui goûter la douceur.

Vous, qui parcourez cette plaine,
Ruisseaux, coulez plus lentement;
Oiseaux, chantez plus doucement;
Zéphyrs, retenez votre haleine.

Mais que dis-je? où m'emporte une aveugle tendresse?
Lâche amant, est-ce là cette délicatesse
    Dont s'enorgueillit ton amour?
Viens-je donc en ces lieux te servir de trophée?
    Est-ce dans les bras de Morphée
Que l'on doit d'une amante attendre le retour?

        Il en est temps encore,
        Céphale, ouvre les yeux:
        Le jour plus radieux
        Va commencer d'éclore,
        Et le flambeau des cieux
        Va faire fuir l'aurore.
        Il en est temps encore,
        Céphale, ouvre les yeux.

Elle dit; et le dieu qui répand la lumière,
De son char argenté lançant les premiers feux,
Vint ouvrir, mais trop tard, la tranquille paupière
D'un amant à-la-fois heureux et malheureux.
Il s'éveille, il regarde, il la voit, il l'appelle;
    Mais, ô cris, ô pleurs superflus!
Elle fuit, et ne laisse à sa douleur mortelle

Que l'image d'un bien qu'il ne posséde plus.
Ainsi l'amour punit une froide indolence :
Méritons ses faveurs par notre vigilance.

N'attendons jamais le jour ;
Veillons quand l'Aurore veille : .
Le moment où l'on sommeille
N'est pas celui de l'amour.

Comme un Zéphyr qui s'envole,
L'heure de Vénus s'enfuit,
Et ne laisse pour tout fruit
Qu'un regret triste et frivole.

N'attendons jamais le jour ;
Veillons quand l'Aurore veille :
Le moment où l'on sommeille
N'est pas celui de l'amour.

CANTATE IX.

BACCHUS.

C'est toi, divin Bacchus, dont je chante la gloire :
Nymphes, faites silence, écoutez mes concerts.
    Qu'un autre apprenne à l'univers
Du fier vainqueur d'Hector [1] la glorieuse histoire;
    Qu'il ressuscite dans ses vers
Des enfants de Pélops [2] l'odieuse mémoire :
Puissant dieu des raisins, digne objet de nos vœux,
    C'est à toi seul que je me livre;
De pampres, de festons, couronnant més cheveux,
    En tous lieux je prétends te suivre;
    C'est pour toi seul que je veux vivre
    Parmi les festins et les jeux.

    Des dons les plus rares
    Tu combles les cieux,
    C'est toi qui prépares
    Le nectar des dieux.

    La céleste troupe

[1] Achille. — [2] Atrée et Thieste.

Dans ce jus vanté,
Boit à pleine coupe
L'immortalité.

Tu prêtes des armes
Au dieu des combats;
Vénus sans tes charmes
Perdroit ses appas.

Du fier Polyphême
Tu domptes les sens;
Et Phébus lui-même
Te doit ses accents.

Mais quels transports involontaires
Saisissent tout-à-coup mon esprit agité?
Sur quel vallon sacré, dans quels bois solitaires
    Suis-je en ce moment transporté?
Bacchus à mes regards dévoile ses mystères.
Un mouvement confus de joie et de terreur
    M'échauffe d'une sainte audace;
    Et les Ménades en fureur
N'out rien vu de pareil dans les autres de Thrace.

Descendez, mère d'Amour,
Venez embellir la fête
Du dieu qui fit la conquête
Des climats où naît le jour.

Descendez, mère d'Amour;
Mars trop long-temps vous arrête.

Déja le jeune Sylvain,
Ivre d'amour et de vin,
Poursuit Doris dans la plaine;
Et les nymphes des forêts
D'un jus pétillant et frais
Arrosent le vieux Silène.

Descendez, mère d'Amour,
Venez embellir la fête
Du dieu qui fit la conquête
Des climats où naît le jour.
Descendez, mère d'Amour;
Mars trop long-temps vous arrête.

Profanes, fuyez de ces lieux;
Je cède aux mouvements que ce grand jour m'inspire.
Fidèles sectateurs du plus charmant des dieux,
Ordonnez le festin, apportez-moi ma lyre;
Célébrons entre nous un jour si glorieux.
Mais, parmi les transports d'un aimable délire,
Éloignons loin d'ici ces bruits séditieux
Qu'une aveugle vapeur attire:
Laissons aux Scythes inhumains
Mêler dans leurs banquets le meurtre et le carnage;
Les dards du Centaure sauvage

Ne doivent point souiller nos innocentes mains.

Bannissons l'affreuse Bellone
De l'innocence des repas :
Les Satyres, Bacchus, et Faune,
Détestent l'horreur des combats.

Malheur aux mortels sanguinaires
Qui, par de tragiques forfaits,
Ensanglantent les doux mystères
D'un dieu qui préside à la paix !

Bannissons l'affreuse Bellone
De l'innocence des repas :
Les Satyres, Bacchus, et Faune,
Détestent l'horreur des combats.

Veut-on que je fasse la guerre ?
Suivez-moi, mes amis; accourez, combattez.
Emplissons cette coupe, entourons-nous de lierre.
Bacchantes, prêtez-moi vos thyrses redoutés.
Que d'athlètes soumis ! que de rivaux par terre !
O fils de Jupiter, nous ressentons enfin
Ton assistance souveraine.
Je ne vois que buveurs étendus sur l'arène,
Qui nagent dans des flots de vin.

Triomphe ! victoire !

Honneur à Bacchus !
Publions sa gloire.
Triomphe ! victoire !
Buvons aux vaincus.

Bruyante trompette,
Secondez nos voix,
Sonnez leur défaite.
Bruyante trompette,
Chantez nos exploits.

Triomphe ! victoire !
Honneur à Bacchus !
Publions sa gloire.
Triomphe ! victoire !
Buvons aux vaincus.

CANTATE X.

LES FORGES DE LEMNOS.

Dans ces antres fameux où Vulcain nuit et jour
Forge de Jupiter les foudroyantes armes,
Vénus faisoit remplir le carquois de l'Amour ;
Les Graces, les Plaisirs lui prêtoient tous leurs charmes ;
Et son époux, couvert de feux étincelants,

Animoit en ces mots les Cyclopes brûlants :

Travaillons, Vénus nous l'ordonne ;
Excitons ces feux allumés ;
Déchaînons ces vents enfermés ;
Que la flamme nous environne :

Que l'airain écume et bouillonne,
Que mille dards en soient formés ;
Que sous nos marteaux enflammés
A grand bruit l'enclume résonne.

Travaillons, Vénus nous l'ordonne ;
Excitons ces feux allumés ;
Déchaînons ces vents enfermés ;
Que la flamme nous environne.

C'est ainsi que Vulcain, par l'amour excité,
Armoit contre lui-même une épouse volage ;
Quand le dieu Mars, encor tout fumant de carnage,
Arrive, l'œil en feu, le bras ensanglanté.
Que faites-vous, dit-il, de ces armes fragiles,
Fils de Junon, et vous, Chalybes assemblés ?
Est-ce pour amuser des enfants inutiles
Que cet antre gémit de vos coups redoublés ?

Hâtez-vous de réduire en poudre
Ce fruit de vos travaux honteux :

Renoncez à forger la foudre,
Ou quittez ces frivoles jeux.

Mais, tandis qu'il s'emporte en des fureurs si vaines,
Il se sent tout-à-coup frappé d'un trait vengeur.
Quel changement! quel feu répandu dans ses veines
Couvre son front guerrier de honte et de rougeur!
Il veut parler; sa voix sur ses lèvres expire:
Il lève au ciel les yeux, il se trouble, il soupire;
Toute sa fierté cède; et ses regards confus,
Par les yeux de l'Amour arrêtés au passage,
     Achèvent de faire naufrage
     Contre un sourire de Vénus.

     Fiers vainqueurs de la terre,
     Cédez à votre tour:
     Le vrai dieu de la guerre
     Est le dieu de l'amour.

     N'offensez point sa gloire;
     Gardez de l'irriter:
     C'est perdre la victoire
     Que de la disputer.

     Fiers vainqueurs de la terre,
     Cédez à votre tour:
     Le vrai dieu de la guerre
     Est le dieu de l'amour.

CANTATE XI.

LES FILETS DE VULCAIN.

Le Soleil adoroit la reine de Paphos,
Et disputoit à Mars le cœur de l'immortelle;
Lorsqu'un coup du destin, fatal à son repos,
Du bonheur d'un rival le fit témoin fidèle.

    Confus, désespéré, jaloux,
Il court pour se venger d'un si cruel outrage;
    Mais au milieu de son courroux
Une secrète voix lui tenoit ce langage :

        Où portes-tu tes pas?
        Étouffe ta colère;
        Et né t'aveugle pas
        Quand la raison t'éclaire.

        Tous ces efforts jaloux
        Qu'excite une infidèle
        La vengent mieux de nous
        Qu'ils ne nous vengent d'elle.

        Ainsi, loin de punir

L'ingrate qui t'offense,
Tâche d'en obtenir
Le prix de ton silence.

Fais-lui payer ta foi;
Presse, prie, intimide :
L'amour sera pour toi,
Si la raison te guide.

Foible raison, hélas ! le dieu, plein de fureur,
Chez l'époux de Vénus va souffler la terreur.
Dans un réduit obscur, ignoré, solitaire,
Ses yeux, ses yeux ont vu.., ce qu'il ne peut plus taire.
A ce discours Vulcain, de rage possédé,
N'aspire qu'à confondre une épouse perfide.
Malheureux ! mais l'hymen fut toujours mal guidé ,
    Quand il prit le courroux pour guide.
    Autour de ce réduit heureux ,
Théâtre où les Amours célébrent leur victoire,
Il dispose avec art d'imperceptibles nœuds,
Piége où doit expirer leur honneur, et sa gloire.

Craignez, amants trop heureux,
Votre félicité même :
Plus un bonheur est extrême,
Et plus il est dangereux.

Le dieu qui vous fait aimer

Vous enivre de ses charmes;
Mais d'un amour sans alarmes
On doit toujours s'alarmer.

Craignez, amants trop heureux,
Votre félicité même :
Plus un bonheur est extrême,
Et plus il est dangereux.

Victimes de leur négligence,
Mars et Vénus surpris sont la fable des cieux.
Déja, tout fier de sa vengeance,
Vulcain à ce spectacle appelle tous les dieux;
Déja sur cet objet leur troupe se partage;
Quand tout-à-coup Momus court à ce dieu peu sage,
Et d'un laurier burlesque orne son triste front.
Tout l'Olympe éclata de rire;
Et Vulcain, essuyant mille traits de satire,
S'enfuit, et dans Lemnos fut cacher son affront.

Heureux qui se rend maître
D'un stérile courroux !
C'est être heureux époux
Que de feindre de l'être;
Et plus on est jaloux,
Moins on doit le paroître.

Vénus sait se contraindre;

Elle fuit le grand jour :
De sa paisible cour
L'Hymen doit peu se plaindre ;
Et ce n'est point l'Amour,
C'est Momus qu'il doit craindre.

CANTATE XII.

LES BAINS DE TOMERI [1].

Pour S. A. S. madame la duchesse douairière.

Quel spectacle pompeux orne ce bord tranquille !
    Diane, avec toute sa cour,
    Vient-elle y chercher un asile
    Contre les feux du dieu du jour ?
    Pour voir ces déités nouvelles,
Le soleil tient encor ses coursiers arrêtés :
La nymphe qui préside à ces bords enchantés
    Épuise ses regards sur elles,
Et rassemble en ces mots ses compagnes fidèles,
    Pour rendre hommage à leurs beautés :

    Venez voir votre souveraine ;

[1] Village sur la Seine, à deux lieues de Fontainebleau.

Nymphes, sortez de vos roseaux :
C'est Thétis qui vient sur la Seine
Goûter la fraîcheur de mes eaux.

Coulez, coulez, eaux fugitives :
Et vous, oiseaux, quittez les bois ;
Chantez sur ces aimables rives,
Chantez l'honneur que je reçois.

Venez voir votre souveraine,
Nymphes, sortez de vos roseaux ;
C'est Thétis qui vient sur la Seine
Goûter la fraîcheur de mes eaux.

Nouvelles déités qui flottez sur mes ondes,
Que d'attraits inconnus vous offrez à mes yeux !
Jamais dans ses grottes profondes
Amphitrite n'a vu rien de si précieux.
Mais n'en rougissez pas, dans cette cour charmante,
La déesse qui vous conduit
Brille comme au milieu des astres de la nuit
Du jeune Endymion on voit briller l'amante.
Quel cœur résisteroit à des attraits si doux ?
Naïades, approchez ; Tritons, éloignez-vous.

Vous qui rendez Flore immortelle,
Rassemblez-vous, tendres Zéphyrs :

Une divinité nouvelle [1]
Est réservée à vos soupirs.

Venez sur mes humides plaines
Caresser ces jeunes beautés;
Venez de vos douces baleines.
Échauffer mes flots argentés.

Vous qui rendez Flore immortelle,
Rassemblez-vous, tendres Zéphyrs :
Une divinité nouvelle
Est réservée à vos soupirs.

Et vous, dont le pouvoir s'étend sur tout le monde,
Amours, si les attraits de la fille des mers
    Ont pu vous attirer sur l'onde,
Accourez sur ma rive, et traversez les airs;
Une Vénus nouvelle exige votre hommage :
Et bientôt vous verrez que celle de Paphos
    Lui céde autant que mon rivage
Le céde aux vastes bords de l'empire des flots.

Tendres amours, accourez tous;
Venez, volez, troupe immortelle :
La beauté languiroit sans vous,
Et vous expireriez sans elle.

---

[1] Var. Une divinité plus belle

S'il est vrai que le dieu d'amour
A la beauté doit sa naissance,
La beauté, par un doux retour,
Doit à l'Amour seul sa puissance.

Tendres Amours, accourez tous;
Venez, volez, troupe immortelle :
La beauté languiroit sans vous,
Et vous expireriez sans elle.

CANTATE XIII.

CONTRE L'HIVER.

Arbres dépouillés de verdure,
Malheureux cadavres des bois,
Que devient aujourd'hui cette riche parure
Dont je fus charmé tant de fois?
Je cherche vainement, dans cette triste plaine,
Les oiseaux, les zéphyrs, les ruisseaux argentés :
Les oiseaux sont sans voix, les zéphyrs sans haleine,
Et les ruisseaux dans leur cours arrêtés.
Les aquilons fougueux régnent seuls sur la terre,
Et mille horribles sifflements
Sont les trompettes de la guerre

Que leur fureur déclare à tous les éléments.

Le soleil, qui voit l'insolence
De ces tyrans audacieux,
N'ose étaler en leur présence
L'or de ses rayons précieux.

La crainte a glacé son courage,
Il est sans force et sans vigueur;
Et la pâleur sur son visage
Peint sa tristesse et sa langueur.

Le soleil, qui voit l'insolence
De ces tyrans audacieux,
N'ose étaler en leur présence
L'or de ses rayons précieux.

Du tribut que la mer reçoit de nos fontaines
Indignés et jaloux, leur souffle mutiné
Tient les fleuves chargés de chaînes,
Et soulève contre eux l'océan déchaîné.
L'orme est brisé, le cèdre tombe,
Le chêne le plus dur succombe
Sous leurs efforts impérieux :
Et les saules couchés, étalant leurs ruines,
Semblent baisser leur tête et lever leurs racines
Pour implorer la vengeance des cieux.

Bois paisibles et sombres,
Qui prodiguiez vos ombres
Aux larcins amoureux,
Expiez tous vos crimes,
Malheureuses victimes
D'un hiver rigoureux;

Tandis qu'assis à table,
Dans un réduit aimable,
Sans soins et sans amour,
Près d'un ami fidèle,
De la saison nouvelle
J'attendrai le retour.

CANTATE XIV.

POUR L'HIVER.

Vous dont le pinceau téméraire
Représente l'hiver sous l'image vulgaire
D'un vieillard foible et languissant,
Peintres injurieux, redoutez la colère
De ce dieu terrible et puissant :
Sa vengeance est inexorable,
Son pouvoir jusqu'aux cieux sait porter la terreur;

Les efforts des Titans n'ont rien de comparable
 Au moindre effet de sa fureur.

 Plus fort que le fils d'Alcméne [1],
 Il met les fleuves aux fers :
 Le seul vent de son haleine
 Fait trembler tout l'univers.

 Il déchaîne sur la terre
 Les aquilons furieux :
 Il arrête le tonnerre
 Dans la main du roi des dieux.

 Plus fort que le fils d'Alcméne,
 Il met les fleuves aux fers :
 Le seul vent de son haleine
 Fait trembler tout l'univers.

 Mais si sa force est redoutable,
 Sa joie est encor plus aimable :
 C'est le père des doux loisirs ;
Il réunit les cœurs, il bannit les soupirs,
Il invite aux festins, il anime la scène :
Les plus belles saisons sont des saisons de peine ;
 La sienne est celle des plaisirs.
Flore peut se vanter des fleurs qu'elle nous donne,

[1] Hercule.

Cérès des biens qu'elle produit;
Bacchus peut s'applaudir des trésors de l'automne :
Mais l'hiver, l'hiver seul en recueille le fruit.

Les dieux du ciel et de l'onde,
Le soleil, la terre, et l'air,
Toùt travaille dans le monde
Au triomphe de l'hiver.

C'est son pouvoir qui rassemble
Bacchus, l'Amour, et les Jeux :
Ces dieux ne régnent ensemble
Que quand il régne avec eux.

Les dieux du ciel et de l'onde,
Le soleil, la terre, et l'air,
Tout travaille dans le monde
Au triomphe de l'hiver.

CANTATE XV.

CALISTO.

Déesse des forêts, à vos pieds je m'engage
A mépriser l'amour, à détester ses feux :

Puissé-je devenir, si je trahis mes vœux,
Des objets de ces bois l'objet le plus sauvage !
Calisto, ce fut là ton serment ; mais hélas !
Ta fatale beauté ne le confirmoit pas.

O beauté, partage funeste,
A tous les autres préféré,
Vous êtes du courroux céleste
Le gage le plus assuré !

Mille embûches toujours certaines
Semblent conjurer vos malheurs :
La volupté forme vos chaînes,
Votre orgueil les couvre de fleurs.

O beauté, partage funeste,
A tous les autres préféré,
Vous êtes du courroux céleste
Le gage le plus assuré !

En vain mille mortels avoient brûlé pour elle,
Sa constante vertu lui fut toujours fidèle.
Mais qui peut, dieux cruels ! braver votre pouvoir ?
Jupiter, sous les traits de Diane elle-même,
Séduit enfin cette nymphe qu'il aime,
Et la force à trahir ses vœux et son devoir.

Feux illégitimes,

Trompeuse douceur,
Dans quels noirs abymes
Plongez-vous mon cœur?

La sombre tristesse
Toujours me poursuit;
La crainte me presse,
Le repos me fuit.

Feux illégitimes,
Trompeuse douceur,
Dans quels noirs abymes
Plongez-vous mon cœur?

C'en est fait; et déja la sévère Diane
A reconnu le fruit d'un malheureux amour.
Sors de mes yeux, objet profane,
Ne souille plus, dit-elle, un si chaste séjour;
Transformée en ourse effroyable,
Va cacher dans les bois ta honte et tes plaisirs :
Sous cette forme épouvantable,
Que Jupiter, s'il veut, t'offre encor ses soupirs.

Vous qui dans l'esclavage
Tenez le cœur des dieux,
Craignez toujours l'hommage
Qu'ils rendent à vos yeux.

Aux douceurs du mystère
Le calme est attaché :
Ce que la gloire éclaire
N'est pas long-temps caché.

Vous qui dans l'esclavage
Tenez le cœur des dieux,
Craignez toujours l'hommage
Qu'ils rendent à vos yeux.

CANTATE XVI.

Jeune et tendre arbrisseau, l'espoir de mon verger,
Fertile nourrisson de Vertumne et de Flore,
Des faveurs de l'hiver redoutez le danger,
Et retenez vos fleurs qui se pressent d'éclore,
Séduites par l'éclat d'un beau Jour passager.

Imitez la sage anémone,
Craignez Borée et ses retours ;
Attendez que Flore et Pomone
Vous puissent prêter leur secours.

Philomèle est toujours muette,

Progné craint de nouveaux frissons;
Et la timide violette
Se cache encor sous les gazons.

Imitez la sage anémone,
Craignez Borée et ses retours;
Attendez que Flore et Pomone
Vous puissent prêter leur secours.

Soleil, père de la nature,
Viens répandre en ces lieux tes fécondes chaleurs;
Dissipe les frimas, écarte la froidure
    Qui brûle nos fruits et nos fleurs:
    Cérès, pleine d'impatience,
N'attend que ton retour pour enrichir nos bords;
    Et sur ta fertile présence
Bacchus fonde l'espoir de ses nouveaux trésors.

Les lieux d'où tu prends ta course
Virent ses premiers combats;
Mais loin des climats de l'ourse
Il porta toujours ses pas.

'Quand les Amours favorables
Voulurent le rendre heureux,
Ce fut sur des bords aimables
Qu'échauffoient tes plus doux feux.

Les lieux d'où tu prends ta course
Virent ses premiers combats;
Mais loin des climats de l'ourse
Il porta toujours ses pas.

CANTATE XVII,

à deux voix.

EUROPE.

EUROPE.

Quel prodige mystérieux !
O ciel ! qu'est devenu ce monstre audacieux
Dont le perfide effort en ce lieu m'a conduite ?
Un mortel s'offre seul à ma vue interdite.
Mais que dis-je, un mortel ? Europe, ouvre les yeux :
Au changement soudain que tu vois en ces lieux,
A l'éclat qui te frappe, au trouble qui t'agite,
Peux-tu méconnoître les dieux ?

JUPITER.

Rendez le calme, Europe, à votre ame étonnée;
Oui, le maître des dieux vient s'offrir à vos fers;
De vous seule aujourd'hui dépend la destinée

Du dieu de qui dépend celle de l'univers.

    Partagez les feux et la gloire

    D'un cœur charmé de vos beautés ;

    Que le dieu que vous soumettez

    Applaudisse à votre victoire.

EUROPE.

O gloire qui m'alarme autant qu'elle m'enchante !

Gloire qui fait déja trembler mon cœur jaloux !

Plus votre rang m'éléve, et plus il m'épouvante.

Ah ! les dieux sont-ils faits pour aimer comme nous ?

    Faut-il que la crainte me glace,

    Lorsque l'amour veut m'enflammer ?

    Mon cœur est fait pour vous aimer,

    Mais votre grandeur l'embarrasse.

    Lorsque l'amour veut m'enflammer,

    Faut-il que la crainte me glace ?

JUPITER.

Quoi ! victime d'un rang que le sort m'a donné,

A vivre sans desirs je serois condamné ?

J'ignorerois l'amour et ses vives tendresses ?

Laissez aux dieux du moins la sensibilité :

L'honneur d'être immortel seroit trop acheté,

    S'il nous défendoit les foiblesses.

EUROPE.

Auprès des dieux, hélas ! quel moyen d'arriver

A cette égalité qui forme un amour tendre ?

Un mortel jusqu'aux dieux ne sauroit s'élever ;

Un dieu jusqu'aux mortels veut rarement descendre.

JUPITER.

Non, non, ne craignez pas de vous laisser toucher;
L'amour fait disparoître une gloire importune.

(*Tous deux ensemble.*)

Non, non, ne craignez pas de vous laisser toucher,
L'amour fait disparoître une gloire importune;

 C'est à l'amour de rapprocher
 Ce que sépare la fortune.

JUPITER.

 Venez partager avec moi
Cet honneur qu'en naissant j'ai reçu de Cybéle;
 Pour premier gage de ma foi
Recevez aujourd'hui le titre d'immortelle.

EUROPE.

Ah! ne me privez point de l'unique secours
 Où je pourrois avoir recours,
Si votre cœur pour moi se lassoit d'être tendre.
Vous dire que je crains votre légèreté,
 N'est-ce pas assez faire entendre
 Que je crains l'immortalité?

JUPITER.

Non, rien n'affoiblira l'ardeur dont je vous aime;
J'en jure par l'Amour, j'en jure par vous-même.
 Puisse expirer l'astre brillant du jour
 Avant que ma tendresse expire!
 Puissé-je voir la fin de mon empire

Avant la fin de mon amour !
(*Tous deux.*)
Que de notre bonheur l'Amour seul soit le maître,
Qu'à jamais notre encens brûle sur ses autels !
Puissent nos feux être immortels
Comme le dieu qui les fit naître !

FIN DES CANTATES.

ÉPITRES.

PITRES.

ÉPITRES.

~~~~~~

LIVRE PREMIER.

—

ÉPITRE I.

AUX MUSES.

Filles du ciel, chastes et doctes fées,
Qui, des héros consacrant les trophées,
Garantissez'du naufrage des temps
Les noms fameux et les faits éclatants;
Des vrais lauriers sages dispensatrices,
Muses, jadis mes premières nourrices,
De qui le sein me fit presque en naissant
Téter un lait plus doux que nourrissant,
Je vous écris, non pour vous rendre hommage
D'un vain talent que dès mon plus jeune âge
A cultivé votre amour maternel,
Mais pour vous dire un adieu solennel.

 Quel compliment! quelle brusque incartade!
Me direz-vous: d'où vient cette boutade?
De quoi se plaint ton esprit ulcéré?
N'est-ce pas toi qui sur ce mont sacré,

Si périlleux à qui veut s'y produire,
Vins nous prier de vouloir te conduire,
Nous demander par des vœux assidus,
Des dons souvent sans succès attendus,
Et, loin encor des sommets du Parnasse,
Sur le coteau briguer une humble place?
Ton rang enfin y fut marqué par nous :
Et si ce rang à ton chagrin jaloux
Paroît trop bas près des places superbes
Des Sarrasins, des Racans, des Malherbes,
Contente-toi de médiocrité,
Et songe au moins au peu qu'il t'a coûté :
A peine encore as-tu compté six lustres.
Tâche à monter du moindre aux plus illustres :
Dans ton été ce n'est point un affront
D'être arrivé sur le penchant du mont;
Tandis qu'on voit tant d'aspirants timides,
Marchant toujours sans boussole et sans guides,
Par des sentiers durs, pénibles, et longs,
A soixante ans ramper dans les vallons.
Ose franchir des bornes importunes;
Va, cours tenter des routes moins communes;
Et cherche enfin par des travaux constants,
A mériter.... Muses, je vous entends.
Vous m'offririez le laurier d'Euripide;
Si, comme lui, dans quelque roche aride,
Pour recueillir mon esprit dissipé,
J'allois chercher un sépulcre escarpé;

Si je pouvois, sublime misanthrope,
Fuir les humains pour suivre Calliope,
A tous plaisirs constamment renoncer,
Le jour écrire, et la nuit effacer,
Sécher six mois sur les strophes d'une ode,
Et, de moi-même aristarque incommode,
A vous poursuivre épuiser mes chaleurs,
Pour vous ravir quelqu'une de ces fleurs
Qu'à pleines mains, pour tant d'autres avares,
Vous prodiguez aux Chaulieux, aux La Fares.
Non, non, jamais, de vos dons trop épris,
Je n'obtiendrai vos lauriers à ce prix :
J'abjurerois et Phébus et Minerve,
Si, possédé d'une importune verve,
Il me falloit, pour de douteux succès,
Passer ma vie en d'éternels.accès :
Toujours troublé de fureurs convulsives,
De mon plancher ébranler les solives;
Et, rejetant toute société,
Écrire en sage, et vivre en hébété.
Si quelquefois je cours chercher votre aide,
C'est moins par choix que ce n'est par remède.
La solitude est mon plus grand effroi :
Je crains l'ennui d'être seul avec moi;
Et j'ai trouvé ce foible stratagème
Pour m'éviter, fugitif de moi-même.
De là sont nés ces écrits bigarrés,
Fous, sérieux, profanes, et sacrés,

Où je dépeins, non des mœurs trop volages,
Mais seulement les diverses images
Qui m'ont frappé selon les temps divers
Où mou ennui m'a fait chercher des vers.
    Vous me direz qu'au moins pour ce service
A vos bienfaits je dois quelque justice;
Que c'est par vous qu'à vingt ans parvenu,
Né, comme Horace, aux hommes inconnu,
Bien moins que lui signalé sur la scène,
J'ai cependant trouvé plus d'un Mécène;
Que, par votre aide, à la cour moins caché,
Souffert des grands, quelquefois recherché,
J'ai par bonheur esquivé le naufrage.
Du ridicule où jette l'étalage
Du nom d'auteur, sur-tout en ce temps-ci.
Oui, j'en conviens : mais c'est par vous aussi
Que sont venus mes ennuis, mes tortures,
Tous ces complots, ces lâches impostures,
Ces noirs tissus que m'ont vingt fois tramés
De vils rimeurs contre moi gendarmés;
Car il n'est point de fou mélancolique
Plus effréné qu'un auteur famélique
Qui, sur les quais, sans avoir été lu,
Voit expirer son livre vermoulu;
Et par malheur si dans cette furie
A ses chagrins se joint la raillerie
De quelque auteur d'opprobres moins couvert,

Tout l'océan, cent vœux à saint Hubert[1],
Ne feroient rien sur la rage canine
Que ce mépris dans son cœur enracine.
Dès ce moment, par cent fausses rumeurs,
Son noir venin se répand sur vos mœurs.
Gardez-vous bien de cet homme caustique,
S'écriera-t-il ; fuyez ce frénétique :
Dans ses brocards aucun n'est ménagé ;
C'est un serpent, un diable, un enragé,
Que rien n'apaise, et qui dans ses blasphèmes
Déchire tout, jusqu'à ses amis mêmes ;
Vous allez être inondé de chansons :
Que je vous plains ! — Mais nous le connoissons ;
Ce n'est point là du tout son caractère :
Il est fidèle, équitable, sincère ;
De sa vertu Vauban même fait cas ;
Il s'y connoît. — Ne vous y fiez pas,
C'est un matois ; il fait le bon apôtre :
Il paroît doux et civil comme un autre ;
Mais dans le fond c'est le plus noir esprit...
　　Voilà comment sa haine vous flétrit ;
Voilà les coups que le traître vous porte.
Si par bonheur cette imposture avorte,
Bientôt son fiel, fécond en trahisons,
Fera courir de maisons en maisons

---

[1] Dans l'opinion du peuple, S. Hubert guérit de la rage ; et l'on attribue aux bains de mer beaucoup de vertu contre cette maladie.

Mille placards qui vous chargent de crimes,
Lettres d'avis, libelles anonymes;
Recours grossier et toujours sans effet,
Mais des brouillons l'ordinaire alphabet:
Et priez Dieu qu'il préserve la ville
De tout bon mot, satire ou vaudeville,
Et de tous vers, sous le manteau portés;
Car à coup sûr ils vous seront prêtés.
Si leur secours manque à votre adversaire,
Dans le besoin lui-même en saura faire,
Fabriquera vingt infames couplets,
Tels qu'au milieu des plus grossiers valets
A les chanter Linière [1] auroit eu honte,
Et qui seront écrits sur votre compte.
Dans les cafés, dans les plus vils réduits,
Il prendra soin de semer ses faux bruits,
Vous décriera comme un monstre indomptable,
Aux rois, aux grands, à l'état redoutable;
Et séduira peut-être en quelque point
Son sot ami qui ne vous connoît point.
    O fol amour d'une vaine fumée!
Fruit dangereux d'un peu de renommée!
Muses, voilà les chagrins, les dégoûts
Que vos présents... Alte-là, direz-vous:
Tous ces discours, ces cris que du Parnasse
Fait retentir l'obscure populace,

[1] Pajot de Linières, surnommé *l'Athée de Senlis*, et dont Boileau disoit qu'il n'avoit d'esprit que contre Dieu.

Dont sans raison tu conçois tant d'effroi,
Qui les excite ? Est-ce nous ? est-ce toi ?
C'est par nos soins que ton esprit docile,
Prenant pour guide et Térence et Virgile,
Dans leur école a de bonne heure appris
A distinguer des solides écrits
Ces vains amas d'antithèses pointues,
D'expressions flasques et rebattues,
Dont nous voyons tant d'auteurs admirés
Farcir leurs vers du badaud révérés :
Voilà tout l'art, voilà tous les mystères
Que t'ont appris nos leçons solitaires.
Mais ces leçons t'ont-elles engagé
A brocarder un auteur affligé,
Assez puni de l'orgueil qui l'enivre,
Et du malheur d'avoir fait un sot livre,
Par le chagrin d'entendre huer ses vers,
Et de se voir tout vif rongé des vers ?
Est-il permis de braver sur l'échelle
Un patient jugé par la Tournelle?
Laissons-le pendre au moins sans l'insulter.

   Vous dites vrai ; mais comment l'éviter ?
Dès qu'un ouvrage a commencé de naître,
Soit qu'au théâtre il se soit fait connoître,
Soit que son titre orne les carrefours,
Chacun en parle, au moins deux ou trois jours.
Et si quelqu'un, sa sentence passée,
M'en vient à moi demander ma pensée :

Que dites-vous de ces vers chevillés,
De ces discours obscurs, entortillés?
Il faut parler. Que répondre? que faire?
Les admirer? Non. Et quoi donc? Te taire.
Fort bien : l'avis est sensé ; grand merci :
Je me tairai. Mais faites taire aussi
Paris, la cour, les loges, le parterre,
Tous ces sifflets plus craints que le tonnerre,
Ces cris enfin d'un peuple mutiné,
Dont mon vilain se voit assassiné.
Laisse crier, et retiens ta critique,
Répondez-vous : la censure publique
Peut sur un fat s'exercer tout au long;
Mais toi, sois sage, et te tais. Comment donc?
Quand de ses vers un grimaud nous poignarde,
Chacun pourra lui donner sa nasarde,
L'appeler buffle, et stupide achévé;
Et moi, pour être avec vous élevé,
Je ne pourrai, sans faire un sacrilége,
Me prévaloir d'un foible privilége
Que vous laissez aux derniers des humains?
S'il est ainsi, je vous baise les mains,
Muses; gardez vos faveurs pour quelque autre;
Ne perdons plus ni mon temps ni le vôtre
Dans ces débats où nous nous égayons.
Tenez, voilà vos pinceaux, vos crayons :
Reprenez tout, j'abandonne sans peine
Votre Hélicon, vos bois, votre Hippocrène,

Vos vains lauriers d'épine enveloppés,
Et que la foudre a si souvent frappés.
Car aussi bien quel est le grand salaire
D'un écrivain au-dessus du vulgaire?
Quel fruit revient aux plus rares esprits
De tant de soins à polir leurs écrits,
A rejeter les beautés hors de place,
Mettre d'accord la force avec la grace,
Trouver aux mots leur véritable tour,
D'un double sens démêler le faux jour,
Fuir les longueurs, éviter les redites,
Bannir enfin tous ces mots parasites
Qui, malgré vous, dans le style glissés,
Rentrent toujours, quoique toujours chassés?
Quel est le prix d'une étude si dure?
Le plus souvent une injuste censure,
Ou tout au plus quelque léger regard
D'un courtisan qui vous loue au hasard,
Et qui peut-être avec plus d'énergie.
S'en va prôner quelque fade élégie.
Et quel honneur peut espérer de moins
Un écrivain libre de tous ces soins,
Que rien n'arrête, et qui, sûr de se plaire,
Fait sans travail tous les vers qu'il veut faire?
Il est bien vrai qu'à l'oubli condamnés
Ses vers souvent sont des enfants mort-nés.
Mais chacun l'aime, et nul ne s'en défie;
A ses talents aucun ne porte envie;

Il a sa place entre les beaux esprits ;
Fait des sonnets, des bouquets pour Iris ;
Quelquefois même aux bons mots s'abandonne,
Mais doucement, et sans blesser personne ;
Toujours discret, et toujours bien disant,
Et sur le tout aux belles complaisant.
Que si jamais, pour faire une œuvre en forme,
Sur l'Hélicon Phébus permet qu'il dorme,
Voilà d'abord tous ses chers confidents,
De son mérite admirateurs ardents,
Qui, par cantons répandus dans la ville,
Pour l'élever dégraderont Virgile :
Car il n'est point d'auteur si désolé
Qui dans Paris n'ait un parti zélé ;
Tout se débite : *Un sot*, dit la satire,
Trouve toujours un plus sot qui l'admire [1].

A ce propos on raconte qu'un jour
Certain oison, gibier de basse-cour,
De son confrère exaltant le haut grade,
D'un ton flatteur lui disoit : Camarade,
Plus je vous vois, et plus je suis surpris
Que vos talents ne soient pas plus chéris ;
Et que le cygne, animal inutile,
Ait si long-temps charmé l'homme imbécile.
En vérité, c'est être bien Gaulois
De tant prôner sa ridicule voix :

---

[1] *Art poétique*, ch. I, 232.

Car, sans vouloir faire ici d'invective,
Si vous avez quelque prérogative,,
C'est l'art du chant dans lequel vous primez :
Je m'en rapporte à nos oisons charmés,
Quand sur le ton de Pindare et d'Horace
Votre gosier lyriquement croasse.
Laissons là l'homme et ses sottes raisons;
Mais croyons-en nos cousins les oisons :
Chantez un peu. Déja d'aise saisie,
La basse-cour se pâme et s'extasie.
A ce discours notre oiseau tout gaillard
Perce le ciel de son cri nasillard :
Et tout d'abord oubliant leur mangeaille,
Vous eussiez vu canards, dindons, poulaille,
De toutes parts accourir, l'entourer,
Battre de l'aile, applaudir, admirer,
Vanter la voix dont nature le doue,
Et faire nargue au cygne de Mantoue [1].
Le chant fini, le pindarique oison
Se rengorgeant rentre dans la maison,
Tout orgueilleux d'avoir, par son ramage,
Du poulailler mérité le suffrage [2].
    Ainsi souvent, par la brigue porté,
Un sot rimeur voit son nom exalté.
Je sais qu'enfin ses lauriers chimériques
Ont tôt ou tard leurs ans climatériques :

---

[1] Virgile. — [2] Ceci est dirigé contre La Motte.

La mode passe, et l'homme ouvre les yeux.
Mais supposons qu'un sort capricieux
Fasse tomber ses grandeurs ruinées,
Il a du moins joui quelques années
Du même honneur qu'avec un pareil art
Au bon vieux temps sut extorquer Ronsard :
Et quand la mort vient nous rendre visite,
Achille est-il plus heureux que Thersite ?
    Tous ces discours sont fort beaux, direz-vous.
Mais revenons. Parle : confesse-nous
Qu'en tes écrits un peu trop de licence
A certains bruits a pu donner naissance ;
Que ton courroux bien vite est allumé ;
Et que le ciel en naissant t'a formé,
Aux moindres traits que sur toi l'on décoche,
Un peu malin. Moi ! d'où vient ce reproche ?
Où sont-ils donc, puisqu'il faut tout peser,
Ces traits malins dont on peut m'accuser ?
Celui qui mord ses amis en cachette,
Qui rit tout bas des lardons qu'on leur jette,
Chez qui pour vrai le faux est publié,
Ou qui révèle un secret confié ;
Voilà votre homme ; et, c'est sans injustice
Que vous pouvez le taxer de malice ;
Car des noirceurs le sucre envenimé
D'un pareil nom doit être diffamé,
Et non le sel d'un riant badinage,
De la candeur ordinaire partage.

Si quelquefois, comme on voit tous les jours,
Un homme à table exerce ses discours
Sur quelque intrigue ou conte de la ville,
Qui, bien souvent, n'est pas mot d'évangile,
Et qui pourtant touche à l'honneur de gens
En cas pareil pour lui plus indulgents;
Pour peu qu'au gré de la troupe charmée
De quelque esprit l'histoire soit semée,
Notre conteur passera pour plaisant,
Pour galant homme, et point pour médisant:
Et moi, vexé par vingt bouches impures,
Je n'aurai pu repousser les injures
De deux ou trois que je n'ai point nommés,
Et qui, déja du public diffamés,
Sont reconnus à leur ignominie,
Plutôt qu'aux vers qu'enfanta mon génie!
Que si d'un seul légèrement frappé
En badinant le nom m'est échappé,
Est-ce un forfait à décrier ma veine?
Et dites-moi: quand jadis La Fontaine,
De son pays l'homme le moins mordant,
Et le plus doux, mais homme cependant,
De ses bons mots sur plus d'une matière,
Contre Lulli, Quinault, et Furetière,
Fit rejaillir l'enjouement bilieux,
Fut-il traité d'auteur calomnieux?
Tout vrai poëte est semblable à l'abeille:
C'est pour nous seuls que l'aurore l'éveille,

Et qu'elle amasse au milieu des chaleurs
Ce miel si doux tiré du suc des fleurs;
Mais la nature au moment qu'on l'offense,
Lui fit présent d'un dard pour sa défense,
D'un aiguillon qui, prompt à la venger,
Cuit plus d'un jour à qui l'ose outrager.

    J'entends d'ici, Muses, votre réponse.
Tous ces arrêts que la haine prononce,
Ces vains propos exhalés dans les airs,
Ne sont qu'un rien près d'un écrit en vers:
L'ouvrage reste, et le discours s'envole.
Plus d'une fois ta piquante hyperbole
A tes censeurs a su donner leur fait:
Mais contre toi, réponds-nous, qu'ont-ils fait?
Ce qu'ils ont fait? Demandez aux fruitières,
De leurs écrits prodigues héritières:
Oui, contre moi, vous qui me censurez,
Vous les avez mille fois inspirés.
Nous! Point du tout: à tort tu nous accuses.
Si contre toi, sans consulter les Muses,
Ils ont écrit quelques vers discourtois,
C'est malgré nous qu'ils sont faits. Je le crois:
Passons. Eh bien! si leur troupe futile
N'a contre toi qu'une rage inutile,
Poursuivez-vous, qu'un courroux sans pouvoir,
Que crains-tu tant? et que peux-tu prévoir?
Ce que je crains? vous allez le connoître
Dans un seul mot de Despréaux mon maître.

« Vos ennemis prônent de tous côtés,
Lui disoit-on, « que vous les redoutez;
« Que vous craignez leur vaste compagnie.
« Ils ont raison; je crains la calomnie, »
Répondit-il. Et quel ravage affreux
N'excite point ce monstre ténébreux,
A qui l'envie, au regard homicide,
Met dans les mains son flambeau parricide, .
Mais dont le front est peint avec tout l'art
Que peut fournir le mensonge et le fard?
Le faux soupçon lui consacrant ses veilles,
Pour l'écouter ouvre ses cent oreilles;
Et l'ignorance, avec des yeux distraits,
Sur son rapport prononce nos arrêts.
Voilà quels sont les infidéles juges
A qui la fraude, heureuse en subterfuges,
Fait avaler son poison infernal :
Et tous les jours devant leur tribunal
Par les cheveux l'innocence traînée
Sans se défendre est d'abord condamnée.
Votre ennemi passe en vain pour menteur.
« Messieurs, » disoit un fameux délateur
Aux courtisans de Philippe son maître,
« Quelque grossier qu'un mensonge puisse être,
« Ne craignez rien; calomniez toujours :
« Quand l'accusé confondroit vos discours,
« La plaie est faite; et, quoiqu'il en guérisse,
« On en verra du moins la cicatrice. »

Où donc aller? Quel mur, quel triple airain
Nous sauvera d'une invisible main?
Est-il mortel qui s'en puisse défendre?
Sans doute. Et qui? L'homme qui sait attendre,
Concluez-vous : vainement l'art obscur
Sur la vertu jette son voile impur ;
La vérité tôt ou tard se relève,
Le rayon perce, et le nuage crève.
Sois de toi-même un sévère inspecteur,
Et ne crains rien. Quant à ce peuple auteur
Dont tu n'as pu prévenir la disgrace,
Nous leur dirions, nous mettant à ta place :
Or çà, messieurs, plus d'animosité,
Faisons la paix, et signons un traité :
Depuis long-temps je souffre vos murmures,
Vos cris aigus, vos chaleurs, vos injures,
Sans qu'en mes vers nul de vous énoncé
Ait eu sujet de se croire offensé.
Je ferai plus : continuez d'écrire,
Je vous promets de ne vous jamais lire,
De n'outrager ni vous, ni votre esprit,
Et d'oublier que vous ayez écrit,
Pourvu qu'enfin plus modérés, plus sages,
A votre tour vous cessiez vos outrages;
Que vous daigniez parler, ou moins, ou mieux,
Des mœurs d'un homme éloigné de vos yeux,
Et n'insulter, épargnant ma personne,
Qu'à mes écrits, que je vous abandonne.

Cela s'entend, et c'est parler d'accord :
Y souscris-tu ? Muses, je le veux fort.
Dès ce moment j'approuve et ratifie
Ce grand traité, que je leur signifie.
Mais par hasard si ce palliatif
N'opère rien sur leur esprit rétif,
Si leur babil, si leur bruit continue ?...
Alors tu peux, sans plus de retenue,
Les démasquer, et rabattre leurs coups :
Et si tu crois avoir besoin de nous
·Pour réprimer leurs langues médisantes,
Nous t'aiderons. Tu peux par ces présentes
De notre part le leur faire savoir.
Suffit : adieu, Muses ; jusqu'au revoir.

ÉPITRE II.

SUR L'AMOUR.

A MADAME D'USSÉ.

Du faux encens dédaigneuse ennemie,
Qui, dans le vrai par l'exemple affermie,
Savez si bien de tout éloge plat
Distinguer l'art d'un pinceau délicat;
Sage Uranie, en qui le don de plaire

Est joint au don de haïr le vulgaire,
De démêler, libre en vos sentiments,
L'illusion de ses faux jugements,
Et d'abhorrer ces louanges guindées
Qui n'out d'appui que ses folles idées :
Si quelque auteur, pour vous faire sa cour,
S'imaginant avoir pris un beau tour,
Vous décrivoit dans ses peintures sèches
Le dieu d'amour, son carquois et ses flèches,
De la raison ennemi langoureux,
Et de nos sens enchanteur doucereux,
Vous déployant ces lieux communs postiches
Dont l'opéra brode ses hémistiches,
Sur ce tableau frivolement conçu,
Probablement il seroit mal reçu
De vous chanter en rimes indiscrètes,
« Que cet Amour ne se plaît qu'où vous êtes,
« Qu'il règne en vous, qu'il suit par-tout vos pas,
« Et qu'il languit où l'on ne vous voit pas. »
Mais si quelqu'un plus sage et plus habile
Vous dépeignoit d'un crayon moins stérile
Ce même Amour, non tel qu'on nous le feint,
Mais en effet tel qu'il doit être peint,
Tel qu'autrefois l'ont vu les premiers sages,
Lorsqu'au Parnasse attirant leurs hommages
Ce dieu par eux de guirlandes orné
Fut dans la Grèce en triomphe amené;
Si, poursuivant cette noble peinture,

Il vous traçoit d'une main libre et sûre
Ces vifs rayons, ces sublimes ardeurs,
Ce feu divin qu'il répand dans les cœurs,
Dont la splendeur les éclaire et les guide
Dans les sentiers de la gloire solide,
Vous faisant voir assis à son côté
L'honneur, la paix, la vertu, l'équité :
Peut-être alors, à le bannir moins prompte,
Vous souffririez, sans rongeur et sans honte,
Que ce dieu vînt embellir votre cour.

    Connoissez donc ce que c'est que l'Amour ;
Et désormais, l'ame débarrassée
Des préjugés d'une troupe insensée
Qui ne le peint que sous de faux portraits,
Gardons-nous bien d'en juger sur leurs traits,
De le confondre avec ce dieu frivole
De qui l'erreur nous a fait une idole,
Et qui n'épand que des feux criminels.
Ces deux rivaux ennemis éternels,
L'un fils du ciel, l'autre né de la terre,
Se font entre eux une immortelle guerre,
Plus signalés par leur division
Que les héros de Gréce et d'Ilion.

    Quelqu'un peut-être, à ce début mystique,
Va me traiter de cerveau fanatique ;
Et me voyant, monté sur ce haut ton,
Traiter l'amour en style de Platon,
M'objectera qu'une jeune héroïne

Mériteroit un peu moins de doctrine.
Mais, sans répondre à ce langage vain,
Laissons-le en paix son Cyrus [1] à la main,
De nos raisons l'ame peu combattue,
Du dieu d'Ovide encenser la statue;
Et poursuivons nos propos commencés.

  Jadis sans choix les humains dispersés,
Troupe féroce et nourrie au carnage,
Du seul instinct suivoient la loi sauvage,
Se renfermoient dans les autres cachés,
Et, de leurs trous par la faim arrachés,
Alloient errants au gré de la nature
Avec les ours disputer la pâture.
De ce chaos l'Amour réparateur
Fut de leurs lois le premier fondateur:
Il sut fléchir leurs humeurs indociles;
Les réunit dans l'enceinte des villes;
Des premiers arts leur donna les leçons;
Leur enseigna l'usage des moissons;
Chez eux logea l'amitié secourable,
Avec la paix, sa sœur inséparable;
Et devant tout dans les terrestres lieux
Fit respecter l'autorité des dieux.
Tel fut ici le siécle de Cybéle.
Mais à ce dieu la terre enfin rebelle

---

[1] *Artamène* ou *le grand Cyrus*, roman de mademoiselle de Scudéry.

Se rebuta d'une si douce loi,

Et de ses mains voulut se faire un roi.

Tout aussitôt évoqué par la haine

Sort de ses flancs un monstre à forme humaine,

Reste dernier de ces cruels Typhons

Jadis formés dans ses gouffres profonds.

D'un foible enfant il a le front timide :

Dans ses yeux brille une douceur perfide.

Nouveau Protée, à toute heure, en tous lieux,

Sous un faux masque il abuse nos yeux.

D'abord voilé d'une crainte ingénue,

Humble captif, il rampe, il s'insinue;

Puis tout-à-coup, impérieux vainqueur,

Porte le trouble et l'effroi dans le cœur.

Les trahisons, la noire tyrannie,

Le désespoir, la peur, l'ignominie,

Et le tumulte au regard effaré,

Suivent son char de soupçons entouré.

Ce fut sur lui que la terre ennemie

De sa révolte appuya l'infamie.

Bientôt séduits par ses trompeurs appas,

Des flots d'humains marchèrent sur ses pas.

L'Amour, par lui dépouillé de puissance,

Remonte au ciel, séjour de sa naissance;

Et las de voir l'homme sourd à sa voix,

Il l'abandonne à son malheureux choix.

Alors, enflé d'une nouvelle audace,

L'usurpateur prend son nom et sa place;

Et sous ce nom l'erreur de toutes parts
Fait ici-bas flotter ses étendards.
C'est de ce temps que nous vîmes éclore
Tous les malheurs imputés à Pandore.
La jalousie, allumant ses flambeaux,
Creusa dès-lors mille horribles tombeaux,
Et des forfaits de plus d'une Médée
Plus d'un climat vit sa rive inondée.
On vit régner les desirs effrénés,
Qui, secondés des plaisirs forcenés,
Mirent au jour monstres et Minotaures,
Satyres, Sphinx, Égipans, et Centaures.
Un siécle à l'autre enviant ses fureurs
Imagina de nouvelles horreurs.
Chaque âge vit augmenter nos misères;
Et nos aïeux, plus méchants que leurs pères,
Mirent au jour des fils plus méchants qu'eux,
Bientôt suivis par de pires neveux.
    Enfin le ciel, touché de nos disgraces,
Se résolut d'en effacer les traces;
Et tous les dieux convinrent que l'Amour
Fût renvoyé dans ce mortel séjour.
Chacun s'en forme un agréable augure.
Le seul Amour, l'Amour seul en murmure.
Qu'a-t-il commis? Pourquoi, seul immolé,
D'entre les dieux sera-t-il exilé?
Quittera-t-il ces demeures heureuses,
Ces régions pures et lumineuses,

Séjour brillant de gloire et de clarté,
Lieux consacrés à la félicité,
Aux doux plaisirs, enfants de l'innocence,
Plaisirs qu'échauffe et nourrit sa présence,
Vifs sans tumulte, éternels sans ennui,
Et que les dieux ne tiennent que de lui?
Quoi! disoit-il, de l'empire céleste
J'irai descendre en un séjour funeste,
Où l'injustice étale un front serein;
Où les mortels au visage d'airain,
De mon fantôme escortant les bannières,
De l'innocence ont rompu les barrières!
Et qui d'entre eux voudra suivre mes pas?
Amour, Amour, ne vous alarmez pas,
Venez à moi : je connois un asile
Dont les vertus ont fait leur domicile,
Un sûr rempart, un lieu de qui jamais
Vos ennemis ne troubleront la paix.
Celui qui régne en ce séjour propice
En a banni le coupable artifice,
La perfidie au coup d'œil concerté,
Et la malice au sourire emprunté.
Toujours du vrai sa bouche tributaire
De l'équité porta le caractère.
Nourri, formé par les neuf doctes Sœurs,
Ami des arts, épris de leurs douceurs,
Le dieu du Pinde et la sage Minerve
De leurs trésors l'ont comblé sans réserve.

Dans ce réduit des Muses habité
Préside encor une divinité;
Car la beauté dont les dieux l'ont ornée
D'un moindre nom seroit trop profanée.
Un doux accueil, un modeste enjouement
Prête à ses traits un nouvel agrément.
D'enfants ailés une troupe fidéle,
Plaisirs, Amours, voltigent autour d'elle,
Et, sans effort près d'elle retenus,
Pour la servir ont oublié Vénus.
Non, non, Amour, ce n'est point à Cythère,
Ni dans ces bois qu'Amathonte révère,
Qu'il faut chercher et les Jeux et les Ris:
Si vous voulez de vos frères chéris
Revoir un Jour la troupe réunie,
N'hésitez point, volez chez Uranie.
Mais à qui vais-je étaler ces propos?
Puis-je penser qu'un dieu qui du chaos
Débarrassa cette machine ronde,
Qui voit, qui meut tous les êtres du monde,
De ses ressorts et l'ame et l'instrument,
Puisse ignorer son plus riche ornement?
Déja porté sur les ailes d'Éole,
Du haut des cieux je le vois qui s'envole,
Plus glorieux d'obéir en sa cour,
Que de régner au céleste séjour.
Conservez bien, généreuse Uranie,
Ce dieu puissant, ce céleste génie,

Ame du monde, auteur de tous les biens,
Par qui brisant les terrestres liens
D'un vol hardi nos ames élancées
Jusques au ciel élèvent leurs pensées.
Sans sa beauté, sans ses dons précieux,
La vertu même est moins belle à nos yeux.
Il la produit sous d'heureux caractères,
La dépouillant de ces rides sévères
De qui l'aspect effrayant les mortels
Leur fait souvent déserter ses autels.
De son flambeau les flammes immortelles
Jettent en nous ces vives étincelles
Dont autrefois les héros embrasés
Malgré la mort se sont éternisés.
Cette chaleur si prompte et si rapide
Sut échauffer un Thésée, un Alcide;
Arma leurs bras pour cálmer l'univers,
Et pour venger l'équité mise aux fers.
Telle est l'ardeur dont ce dieu nous enflamme:
Tel est le feu qu'il alluma dans l'ame
De ce héros aux triomphes instruit
Dont vous tenez la clarté qui vous luit [1].
C'est cet Amour, ambitieux de gloire,
Qui tant de fois consacrant sa mémoire
Lui fit braver les feux et le trépas,
Lui fit chercher la guerre et les combats,

[1] Madame d'Ussé étoit fille du maréchal de Vauban.

De Jupiter conduisant le tonnerre,
Aux fiers géants faire mordre la terre,
Et, foudroyant leurs plus forts boulevards,
Les écraser sous leurs propres remparts.
Quelle plus noble et plus vaste industrie
Porta plus loin l'amour de la patrie !
Et quels travaux ont rendu plus parfaits
L'art de la guerre et les arts de la paix ?
Vous le savez, légions qu'il adore ;
Vous le saurez, peuples plus chers encore,
Si quelque jour un loisir plus heureux
Laisse un champ libre à ses plans généreux.
Puisse-t-il voir ses nombreuses années
Toujours de gloire et d'honneur couronnées,
Et, quand la paix reviendra parmi nous,
Se réserver à des travaux plus doux,
Non moins héros sous l'empire de Rhée,
Que quand la terre à Bellone est livrée !

~~~~~~

ÉPITRE III.

A CLÉMENT MAROT.

Ami Marot, l'honneur de mon pupitre,
Mon premier maître, acceptez cette épître
Que vous écrit un humble nourrisson
Qui sur Parnasse a pris votre écusson,
Et qui jadis, en maint genre d'escrime,
Vint chez vous seul étudier la rime.
Par vous, en France, épîtres, triolets,
Rondeaux, chansons, ballades, virelais,
Gente épigramme, et plaisante satire,
Ont pris naissance; en sorte qu'on peut dire :
De Prométhée hommes sont émanés,
Et de Marot joyeux contes sont nés.
Par quoi, sitôt qu'en mon adolescence
J'eus avec vous commencé connoissance,
Mon odorat, par vos vers éveillé,
Des autres vers plus ne fut chatouillé;
Et n'eus repos, jeunesse est téméraire,
Que ne m'eussiez adopté pour confrère.
Bien est-il vrai que, par le temps mûri,
D'autres leçons mon esprit s'est nourri;

22.

Écrits divers ont exercé ma plume.
Mais c'est tout un. Soit raison, soit coutume,
Mon nom par vous est encore connu,
Dont bien et mal m'est ensemble avenu :
Bien, par trouver l'art de m'ètre fait lire;
Mal, par avoir des sots excité l'ire [1],
L'ire des sots et des esprits malins;
Car qui dit sots, dit à malice enclins.
Et cherchez bien de Paris jusqu'à Rome,
Onc ne verrez sot qui soit honnête homme,
Je le soutiens : justice et vérité
N'habitent point en cerveau mal monté.
Du vieux Zénon l'antique confrérie
Disoit tout vice être issu d'ânerie :
Non que toujours sottise de son chef
Forme dessein de vous porter méchef [2];
Mais folle erreur, d'ignorance complice,
Fait même effet, et supplée à malice.
Bien le savez, Clément, mon ami cher,
Sotte ignorance et jugement léger
Vous ont jadis, on le voit par vos œuvres,
Fait avaler anguilles et couleuvres,
Des novateurs complice vous nommant,
Ou votre bonneur en public diffamant,
Soit par blasons [3] plus mordants que vipère,

---

[1] *Ire,* colère. — [2] *Méchef,* malheur.
[3] *Blason* signifie également *éloge* ou *blâme.*

Soit par mensonge, en vous faisant le père
De tous ces vers bâtards et supposés
Dont les parents sont toujours déguisés.
Et moi chétif, de vos suivants le moindre,
Combien de fois, las! me suis-je vu poindre
De traits pareils! Non qu'on m'ait imputé
D'avoir jamais nouveautés adopté.
Des gens dévots, que j'estime et respecte,
Ainsi que vous, je n'ai honni la secte
Qu'en général, sans aucun désigner :
Et fîtes mal de les égratigner,
Vous qui craigniez, disiez-vous, la bourrée[1];
Car ces menins de la cour éthérée
Sont tous doués d'un appétit strident
De se venger, quand ils sentent la dent :
Et fussiez-vous un saint plus angélique,
Plus éminent et plus apostolique
Que saint Thomas; s'ils en trouvent moyen,
Ils vous feront, le tout pour votre bien,
Comme autrefois au bon Savonarole[2],
Que pour le ciel la séraphique école
Fit griller vif en feu clair et vermeil,
Dont il mourut par faute d'appareil.
Eux exceptés, des bons esprits l'estime
M'a, comme vous, des sots rendu victime :

[1] Le bûcher.
[2] Moine italien, brûlé en 1498.

Car de quels noms plus doux et plus musqués
Puis-je appeler tant d'esprits disloqués?
Comment nommer la rampante vermine
Des chiffonniers de la double colline,
Qui tous les jours, en dépit d'Apollon,
Dans les bourbiers de son sacré vallon
Vont ramassant l'ordure la plus sale,
Pour en lever boutique de scandale
Contre tous ceux qui sont assez sensés
Pour mépriser leurs vers rapetassés?

    Tout beau, l'ami, ceci passe sottise,
Me direz-vous; et ta plume baptise
De noms trop doux gens de tel acabit:
Ce sont trop bien maroufles que Dieu fit.
Maroufles? Soit. Je ne veux vous dédire:
Passons le mot. Mais je soutiens mon dire:
C'est qu'en eux tous malice est seulement
Vice d'esprit et mauvais jugement.
De tout le bien sagesse est le principe;
De tout le mal sottise est le vrai type.
Et si parfois on vous dit qu'un vaurien
A de l'esprit, examinez-le bien;
Vous trouverez qu'il n'en a que le casque;
Et vous direz: C'est un sot sous le masque.
En fait d'esprit nous errons trop souvent:
De feu grégeois, de fumée, et de vent,
Presque tonjours l'homme se préoccupe,
Et sur ce point est imposteur, ou dupe.

Qu'ainsi ne soit. Un fat apprivoisé,
Dont l'éloquence est un babil aisé,
Et qui, doué du talent de Thersite,
Parle de tout, sûr de sa réussite,
Content, joyeux, bardi, sans jugement,
Fait du beau monde à Paris l'ornement :
Du plus sévère il réchauffe le flegme :
Ses quolibets passent pour apophthegme :
Ses lieux communs sont propos réfléchis.
S'il conte un fait, la dame du logis
De ses bons mots pâme sur son assiette;
Et le laquais en rit sous sa serviette.
Lors chacun crie : O l'esprit éminent !
Et moi, je dis : Peste l'impertinent !
Et ne me chaut que sa voix théâtrale
M'ait de Sénéque épuisé la morale :
A sa vertu je n'ai plus grande foi
Qu'à son esprit. Pourquoi cela? Pourquoi?
Qu'est-ce qu'esprit? Raison assaisonnée.
Par ce mot seul la dispute est bornée.
Qui dit esprit dit sel de la raison :
Donc sur deux points roule mon oraison :
Raison sans sel est fade nourriture;
Sel sans raison n'est solide pâture :
De tous les deux se forme esprit parfait,
De l'un sans l'autre un monstre contrefait.
Or quel vrai bien d'un monstre peut-il naître?
Sans la raison puis-je vertu connoître?

Et, sans le sel dont il faut l'appréter,
Puis-je vertu faire aux autres goûter?
Mais rarement à ces hautes matières
Le peuple ignare éléve ses lumières :
Fausse lueur ses foibles yeux déçoit,
Dont il avient que tous les jours on voit
Du nom d'esprit fatuité dotée,
Et de vertu sottise étiquetée.
Car, Dieu merci, dans ce siécle falot,
Nul n'est en tout si bien traité qu'un sot :
Peuple d'amis autour de lui fourmille,
Secrets, dépôts, intérêts de famille,
Tout se confie à ce génie exquis :
Son conseil même en affaire est requis :
Soupçons de lui seroient vrais sacriléges :
Bref, qui voudroit nombrer ses priviléges
Auroit plus tôt calculé tous les morts
Que dans Paris Finot [1] et ses consòrts,
Dont par respect je tais ici l'éloge,
Ont insérés dans leur martyrologe.
Mais un esprit solide, illuminé,
Du monde entier semble être ennemi né :
L'homme friand de haute renommée
Craint tout rieur qui pèse sa fumée;
Et, ne pouvant son foible vous cacher,
Le vôtre au moins il tâche d'éplucher.

---

[1] Finot, médecin de ce temps-là.

Pour décrier vos lumières suspectes,
Il vous suscite un tourbillon d'insectes,
Qui, pour vous mettre à leur petit niveau,
Vous font sur tout quelque procès nouveau.
Que si par vers et par joyeux langage
Votre Apollon s'est tiré hors de page;
Miséricorde! où fuir? où vous sauver?
Vous allez voir, en dussiez-vous crever,
Mille idiots, érigés en Saumaises, '
Vous faire auteur des plus viles fadaises.
Dès qu'en sa tête un stupide enjoué,
Ayant en vain son cerveau secoué
Pour dégourdir sa pesante Minerve,
Aura forgé quelques couplets sans verve,
Ou quelques vers platement effrontés;
Tout aussitôt ces subtils hébétés
Iront corner votre nom par la ville,
Disant: C'est lui, messieurs; voilà son style.
Et ce faux bruit, tant soit-il insensé,
Ne manquera d'être encor ressassé
Par cent grimauds rampant sur le Parnasse,
Peuple maudit et malheureuse race,
Que votre los ¹ fait dessécher d'ennui,
Et qui maigrit de l'embonpoint d'autrui.
O triste emploi que celui de la rime!
En tout autre art, même sans qu'on y prime,

---

¹ *Los*, louange, gloire, renom.

Devant ses pairs on est interrogé :
Par Cassini l'astronome est jugé :
Homberg peut seul évoquer le chimiste,
Et Duverney citer l'anatomiste.
Mais dans les vers tous s'estiment docteurs :
Bourgeois, pédants, écoliers, colporteurs,
Petits abbés qu'une verve insipide
Fait barboter dans l'onde aganippide,
Sont nos Varrons, nos Murets, nos Daciers,
Et d'Hélicon seigneurs hauts-justiciers.
Hé! mes amis, un peu moins de superbe !
Vous avez lu quelque ode de Malherbe ?
Soit. Richelet jadis en raccourci
Vous a de l'art les régles dégrossi ?
Je le veux bien. Vous avez sur la scène
En vers bouffis fait hurler Melpomène ?
C'est un grand point. Mais ce n'est pas assez :
Ce métier-ci n'est ce que vous pensez ;
Minerve à tous ne départ ses largesses ;
Tous savent l'art, peu savent ses finesses.
Et croyez-moi, je n'en parle à travers,
Le jeu d'échecs ressemble au jeu des vers :
Savoir la marche est chose très unie ;
Jouer le jeu, c'est le fruit du génie :
Je dis le fruit du génie achevé
Par longue étude et travail cultivé.
Donc si Phébus ses échecs vous adjuge,
Pour bien juger consultez tout bon juge ;

Pour bien jouer hantez les bons joueurs :
Sur-tout craignez le poison des loueurs ;
Accostez-vous de fidéles critiques ;
Fouillez, puisez dans les sources antiques :
Lisez les Grecs, savourez les Latins ;
Je ne dis tous, car Rome a ses Cotins ;
J'entends tous ceux qui, d'une aile assurée
Quittant la terre ont atteint l'empyrée.
Là trouverez en tout genre d'écrits
De quoi former vos goûts et vos esprits :
Car chacun d'eux a sa beauté précise
Qui le distingue et forme sa devise.
Le grand Virgile enseigne à ses bergers
L'art d'emboucher les chalumeaux légers ;
Au laboureur, par des leçons utiles,
Fait de Cérés hâter les dons fertiles ;
Puis tout-à-coup, la trompette à la main,
Dit les combats du fondateur romain,
Ses longs travaux couronnés de victoire,
Et des Césars prophétise la gloire.
Ovide, en vers doux et mélodieux,
Sut débrouiller l'histoire de ses dieux ;
Trop indulgent au feu de son génie,
Mais varié, tendre, plein d'harmonie,
Savant, utile, ingénieux, profond,
Riche, en un mot, s'il étoit moins fécond.
Non moins brillant, quoique sans étincelle,
Le seul Horace en tous genres excelle ;

De Cythérée exalte les faveurs;
Chante les dieux, les héros, les buveurs;
Des sots auteurs berne les vers ineptes,
Nous instruisant par gracieux préceptes,
Et par sermons de joie antidotés.
Catulle en grace et naïves beautés
Avant Marot mérita la couronne;
Et suis marri que le poivre assaisonne
Un peu trop fort ses petits madrigaux.
Tibulle enfin, sur patins inégaux
Faisant marcher la boiteuse Élégie,
De Cupidon traite à fond la magie.
Voilà les chefs qu'il vous faut consulter,
Lire, relire, apprendre, méditer:
Lors votre goût conduisant votre oreille
Ne prendra plus le bourdon pour l'abeille,
Ni les fredons du chantre cordouan [1]
Pour les vrais airs du cygne mantouan [2].
Ceci soit dit: fermons la parenthèse.
Or vous dirai, pour reprendre ma thèse,
Ami Marot, que je vous sais bon gré
D'avoir les sots en vos vers dénigré,
Et de n'y voir mis au-dessus des anges
Ceux qui pouvoient démentir vos louanges:
Car si quelqu'un chez vous est exalté,
Il l'est encor chez la postérité;

[1] Lucain. — [2] Virgile.

En quoi sur-tout a gagné mon suffrage
Votre haut sens et vertueux courage.
Et si d'ailleurs ne vous ai bien suivi,
En ce du moins votre amour m'a servi,
Que mes écrits, monuments de mon ame,
De lâcheté n'out encouru le blâme;
Que l'intérêt ne les a conseillés,
Ni moins encor le mensonge souillés.
Non qu'à louer gens de tout caractère
Je n'eusse pu prêter mon ministère,
Et comme un autre, adulateur soumis,
A prix d'honneur m'acquérir des amis :
Mais au vrai seul ma muse intéressée
N'a jamais pu rimer que ma pensée :
Puis mon Plutarque épluchant les héros
En fait souvent de si petits zéros,
Qu'en le lisant on perd presque l'envie
De les louer, du moins pendant leur vie;
Car fussent-ils en sagesse, en valeur,
Des demi-dieux, il ne faut qu'un malheur :
Tant que son ame à son corps est soumise,
Un demi-dieu peut faire une sottise,
Et tout d'un temps ses éloges vantés
Se convertir en contre-vérités :
Puis vous voilà, messieurs les faiseurs d'odes,
Jolis mignons ainsi que vos pagodes !
Quant est de moi, je n'ai pris tel essor;
J'ai peu loué. J'eusse mieux fait encor

De louer moins : non que pincer sans rire
Soit de mon goût; je tiens qu'en fait d'écrire
Le meilleur est de rire sans pincer.
Nous ne devons les vices caresser :
Mais d'autre part il ne faut les reprendre
Trop aigrement. Les hommes, à tout prendre,
Ne sont méchants que parcequ'ils sont fous;
Ce sont enfants moins dignes de courroux
Que de risée : aussi notre Uranie
N'est, grace au ciel, triste, ni rembrunie.
Je m'en rapporte à tout lecteur bénin :
Et gens sensés craindront plus le venin
D'un fade auteur qui dans ses vers en prose
A tous venants distille son eau-rose,
Toujours de sucre et d'anis saupoudré.
Fiez-vous-y ! ce rimeur si sucré
Devient amer, quand le cerveau lui tinte,
Plus qu'aloès ni jus de coloquinte.
Bref, je ne puis d'un babil importun
Flatter les gens. Mais, me dira quelqu'un,
Si flatterie en vos rimes n'éclate,
Ce n'est jeu sûr pour trouver qui vous flatte.
Soit : aussi bien je n'aime les flatteurs,
Ni n'écris point pour les admirateurs.
Puis, je ne sais, tous ces vers qu'on admire
Ont un malheur : c'est qu'on ne les peut lire :
Et franchement, quoique plus censuré,
J'aime encor mieux être lu qu'admiré.

ÉPITRE IV.

A M. LE COMTE D*. C*.

Comte pour qui, terminant tous délais,
Avec vertu fortune a fait la paix,
Jaçoit[1] qu'en vous gloire et haute naissance
Soit alliée à titres et puissance,
Que de splendeur et d'honneurs mérités
Votre maison luise de tous côtés;
Si toutefois ne sont-ce ces bluettes
Qui vous ont mis en l'estime où vous êtes :
Car ce n'est pas l'or qui sur nous reluit
Qui nous acquiert renommée et bon bruit.
Que j'aie un livre ou semblable écriture,
Il ne me chaut de belle couverture,
Riches fermoirs et dehors non communs,
Si le dedans sont discours importuns,
Vieux pot-pourri de prose délabrée,
Vers de ruelle, ou telle autre denrée.
Donc, qui met l'homme en estime et crédit?
Richesse d'ame, et culture d'esprit.

[1] *Jaçoit*, quoique.

Puis joignez-y revenus honorables,
Biens de fortune, et titres desirables;
Je le veux bien? cela n'y fait nul mal:
Mais le premier est le point capital,
C'est lui sans plus, et c'est par là, beau sire,
Que moi chétif vous prise et vous admire.
En vous ai vu, par un merveilleux cas,
Unis et joints Virgile et Mécénas:
De l'un avez la grace et la faconde;
De l'autre, accueil et douceur sans seconde:
En prose et vers êtes passé docteur,
Et récitez trop mieux ¹ qu'un orateur.
Ce n'est le tout: car en chant harmonique
Non moins primez qu'en rime poétique;
Et s'avez los de bon poétiqueur,
Aussi l'avez de bon harmoniqueur.
Toujours chez vous abonde compagnie
D'esprits divins, de suivants d'Uranie:
Toujours y sont cistres mélodieux,
Gentils harpeurs et ménestrels joyeux;
Et de leur art bien savez les rubriques:
Même on m'a dit qu'aux rives séquaniques '
N'a pas long-temps sonniez télle chanson,
Qu'hôtes des bois accoururent au son;
Si qu'eussiez vu sauter jeunes Dryades
Et de leur lit sortir blanches Naïades;

---

¹ *Trop mieux*, beaucoup mieux.

Et se disoient : O qu'il chansonne bien !
Seroit-ce point Apollon delphien ?
Venez, voyez, tant a beau le visage,
Doux le regard, et noble le corsage !
C'est il [1], sans faute, et nymphes d'admirer,
Et les Sylvains entre eux de murmurer.
Cettui-ci vient pour nos nymphes séduire,
Se disoient-ils, et les pourroit induire
A quelque mal, avec son chant mignon :
Frères, jetons en l'eau le compagnon.
Lors le dieu Pan, remuant les narines,
Cria tout haut des montagnes voisines,
De son ami voyant le mauvais pas :
Ventre de bouc ! qu'ai-je entendu là-bas ?
Rentrez, coquins ! Les forêts en tremblèrent,
Faunes cornus vers leurs troncs s'envolèrent,
Où tout craintifs furent se retirer,
Et du depuis n'ont osé se montrer.
Voilà comment le bon fils de Mercure
Vous préserva de sinistre aventure.
Nymphes et dieux sur vous veillent ici :
Bien savent-ils, et le savons aussi,
Que votre vie acquise et conservée
Est pour le bien des mortels réservée,
Non de mortels de mérite indigents,
Mais de mortels de vertus réfulgents [2].

[1] *C'est il*, c'est lui.
[2] *Réfulgents*, brillants.

Or remplissez vos hautes destinées :
Que tous vos ans soient brillantes années :
Et cependant nous autres gens de bien
A notre emploi ne manquerons en rien,
Vous admirant, non pas dans le silence,
Mais par beaux vers et pièces d'éloquence;
Tant que puissions une œuvre concevoir
Digne de vous et de notre vouloir.

ÉPITRE V.

A M. LE COMTE DU LUC,

alors ambassadeur du roi en Suisse.

Ministre né pour soutenir la gloire
Du plus grand roi que vante notre histoire,
Et pour transmettre aux yeux des nations
De sa vertu les plus nobles rayons,
Depuis long-temps sur ce bord helvétique
J'admire en vous le pouvoir sympathique
De la raison, lorsque la dignité
Sait de ses traits tempérer la fierté,
Et retenir par la douceur des charmes,
Les cœurs conquis par la force des armes :
Car, après tout, c'est peu de posséder

L'art de convaincre; il faut persuader.
Le cœur encor saignant de ses blessures,
Dans vos discours, même dans vos censures,
Un peuple fier[1] chérit tout à-la-fois
Sa liberté, sa patrie, et ses lois :
Et de là vient que son ame attentive
Vole au-devant du joug qui la captive;
Et que l'esprit, adorant son vainqueur,
Prévient en eux les révoltes du cœur.

Mais croyez-vous, pour quitter le haut style,
Qu'à vos leçons il soit aussi facile
De réveiller dans son obscurité
L'esprit quinteux d'un rimeur dérouté,
Qui du sommeil d'une oisive sagesse
Depuis trois ans goûte en paix la mollesse,
Et, détrompé des frivoles douceurs
Dont on s'enivre en suivant les neuf sœurs,
Conçoit enfin que le seul bien suprême
Est de tout fuir pour se chercher soi-même?
Oui, dites-vous : un ténébreux oubli
Est du néant le portrait accompli.
Sur le sommet d'une montagne aride
Est un vieux temple, où la gloire solide
Tient son séjour; et par divers chemins
Vers ce seul but tendent tous les humains :
En tout pays, en tout siécle, à tout âge,

[1] **Les Suisses.**

Du plus haut rang jusqu'au plus bas étage,
Princes, guerriers; ministres, courtisans,
Prélats, docteurs, gens de robe, artisans,
Chacun, dans l'ordre où le destin le range,
Veut du public mériter la louange :
Tout homme enfin brûle d'être estimé,
Et n'est heureux qu'autant qu'il est aimé.
   Fort bien : je sais que ce desir frivole
De notre vie est la grande boussole,
Et que souvent nous faisons tous nos soins
De plaire à ceux que nous prisons le moins.
Mais, sans chercher si le devoir du sage
Est de combattre ou de suivre l'usage,
Vous êtes-vous, seigneur, imaginé,
Le cœur humain de près examiné,
En y portant le compas et l'équerre,
Que l'amitié par l'estime s'acquière?
De grands talents font tonjours un grand nom.
Oui, j'y consens. Mais beaucoup d'amis? Non.
De sa grandeur César fut la victime.
Et pour trouver Tendresse sur Estime [1],
Il faut chercher, au pays des romans,
Un lieu proscrit même chez les amants.
Je dis bien plus : aux vertus de Socrate
Réunissez les dons de Mithridate;

[1] La carte du pays de *Tendre*, dans le roman de *Clélie*, offre trois rivières, appelées *Estime*, *Inclination*, et *Reconnoissance*, sur chacune desquelles est une ville nommée *Tendre*.

Soyez orné de cent talents divers;
De vos hauts faits remplissez l'univers;
Ayèz vingt fois armé pour la patrie,
Fait en vous seul admirer l'industrie,
L'art, la valeur d'un parfait général;
D'un vrai héros, sage, heureux, libéral,
Ajoutez-y l'air, le port, la démarche,
Et des aïeux célébres depuis l'arche;
Plus vous croirez pouvoir à si haut prix
Vous acquérir les cœurs et les esprits,
Plus vous aurez à combattre la rage
De cent rivaux que votre gloire outrage,
Et qui, toujours vous trouvant sur leurs pas,
Craignent en vous les vertus qu'ils n'ont pas.
Telle est du cœur la perverse nature.
« Je ne hais point ces gens, » disoit Voiture
Sur le propos d'un fameux cardinal,
« Dont par le monde on dit un peu de mal :
« Si sur la terre aucun ne vous croit digne
« D'étre haï, c'est un fort mauvais signe. »
    Mais, dira-t-on, n'est-il point de vertu
Franche d'atteinte en ce siécle tortu,
Point de talent à couvert de l'envie?
Pardonnez-moi : j'en connois dans la vie
Un qui met l'homme en pleine sûreté.
Et quel est-il? La médiocrité.
Quelque pétri que l'on soit de malice,
On veut paroître ami de la justice;

Et pour montrer qu'on a le sens commun,
Eucor faut-il qu'on approuve quelqu'un :
Joint à cela que la simple machine
Vers quelque objet tonjours nous détermine.
Mais, pour jouir d'un caprice si doux,
Faites si bien qu'on ne remarque en vous
Que ce qu'il faut pour donner le courage
De vous louer, et non pour faire ombrage ;
Ou tenez-vous parfaitement certain
D'avoir affaire à tout le genre humain.

   C'est bien avant pousser le paradoxe ;
Et ce discours seroit plus orthodóxe,
Je l'avouerai, si mes réflexions
Se renfermoient dans les professions.
Le trop d'éclat peut blesser l'œil superbe
D'un concurrent. Et c'est le vieux proverbe
Le forgeron médit du forgeron :
L'homme de cœur est haï du poltron :
Flore[1] déplaît à la vieille coquette :
Et le rimeur porte envie au poëte.
Mais voilà tout : et sans être insensé,
Me direz-vous, on n'a jamais pensé
Que, par exemple, un barbet d'Hippocrène
Puisse envier Alexandre ou Turenne.
Excepté ceux qui font même métier,
Chez tout le reste on trouve bon quartier.

[1] Courtisane fameuse dans l'ancienne Rome.

Ainsi je veux qu'en faisant sa carrière
Notre vertu trouve quelque barrière :
Ce sont peut-être un, deux, ou trois rivaux,
Importunés de nos heureux travaux ;
Tandis qu'en nous un juge incontestable
Sait respecter la gloire véritable :
Car le public... Le public, dites-vous ?
Oui, le public, en dépit des jaloux,
Hausse la voix, et venge le mérite
Des attentats de l'envie hypocrite.
Bon, justement : c'est sur de tels discours
Que les plus fins s'embarquent tous les jours.
Mais ce public, l'objet de leurs caresses,
Les pousse-t-il aux honneurs, aux richesses ?
Sur cet appui sont-ils bien affermis
Contre les traits de leurs fiers ennemis ?
« Je ne crains point leur haine conjurée :
« La voix du peuple est pour moi déclarée ;
« Je le sers bien. » C'est parler comme il faut.
Dormez en paix : vous apprendrez bientôt
Ce que l'on gagne à servir un tel maître :
Et l'inconstant vous punira peut-être
Avant six mois, si ce n'est aujourd'hui,
De tout le bien que vous faites pour lui.
« Quiconque a mis, dit [1] un auteur antique,
« Son seul espoir dans l'amitié publique

---

[1] Pausanias, *Attique*, ch. VIII.

« Vit rarement sans trouble et sans chagrin,
« Et n'a jamais fait une heureuse fin. »
Non qu'à ses yeux on soit sûr de déplaire
Dès qu'on est né vertueux. Au contraire.
Mais que lui sert de trouver des appas
Dans la vertu, s'il ne la connoît pas;
Si tous les jours son aveugle ignorance
Lui fait quitter le vrai pour l'apparence;
Et si son zéle, indiscret, éventé,
Fait pis encor que la malignité?
Examinons dans les plus grandes choses
Ses mouvements, leurs effets, et leurs causes.
Un moine vain, factieux, impudent [1],
Sort de son cloître, et, d'un faux zéle ardent,
Déja s'apprête à duper cent provinces.
Il monte en chaire : écoutons. « Tremblez, princes;
« Tremblez, chrétiens : depuis douze cents ans
« Vous n'avez eu foi, piété, ni sens:
« Dieu n'a pour vous pris une chair fragile,
« Et de son sang scellé son évangile,
« Qu'afin de tendre en ces siécles troublés
« Un nouveau piége aux hommes aveuglés:
« Et de l'église, en tout ce long espace,
« Il n'est resté ni vestige ni trace.
« Suivez-moi donc; et, pour la relever,
« Pour la servir, enfin pour vous sauver,

---

[1] Luther.

« Portez par-tout vos fureurs téméraires;

« Abreuvez-vous dans le sang de vos frères,

« Faites trembler le trône de vos rois;

« Foulez aux pieds la nature, les lois,

« La piété, le devoir, la patrie.

« Allez. » Il dit: tout s'èment, tout s'écrie:

Le peuple court aux armes, aux flambeaux ·

Temples, autels, simulacres, tombeaux,

En un instant tout n'est plus dans les villes

Qu'un vain monceau de pierres inutiles,

Tristes témoins des brutales fureurs

Dont ce discours a rempli tous les cœurs.

En peu de mots, voilà le protocole

De ce public, notre superbe idole.

Veut-on encor quelque autre échantillon

De ce droit sens qui lui sert d'aiguillon?

Faut-il ici, rappelant tous ses crimes,

Lui confronter cent héros magnanimes

Qu'a su noircir son souffle venimeux,

Des rois puissants, des ministres fameux,

Dont à jamais le temps et la mémoire

Consacreront les vertus et la gloire?

Mais à quoi bon retracer dans mes vers

Le déshonneur de nos aïeux pervers?

Laissons périr dans une nuit profonde

Ces noms affreux et de ligue et de fronde,

Qu'a replongés dans l'oubli ténébreux

L'ange d'un prince aussi sage qu'heureux.

Parlons-en mieux : ces horreurs excitées
Ne peuvent être au public imputées :
La seule voix de cinq ou six mutins
Entretenoit nos troubles intestins,
Et rassembloit sous ces odieux titres
Un noir concours d'implacables bélîtres,
Parmi lesquels se trouvoient, j'en conviens,
Enveloppés quelques vrais citoyens
Qui navigeoient sur cette mer profane
Au gré des flots et de la tramontane.
Oui, je sais bien qu'on peut le disculper
Sur son penchant à se laisser tromper ;
Qu'il fut toujours la dupe des rebelles ;
Et que, malgré tant d'épreuves cruelles,
Il ne lui faut qu'un chétif mandarin
Pour faire encor crier : Au Mazarin[1] !
Mais c'est de là que je tiens pour maxime
Que qui bâtit sur sa volage estime
Sa sûreté, son bonheur, son appui,
Est, s'il se peut, encor plus fou que lui ;
Et qu'un troisième enfin qui ne s'applique
Qu'à consulter l'autorité publique,
Et qui prétend que tout est éclairci
Quand il a dit, « Le public juge ainsi,
« Je crois en lui comme à tous les apôtres, »
Est de beaucoup plus fou que les deux autres.

---

[1] C'étoit le cri de guerre des Frondeurs.

Car de quel droit à ses vains jugements
Prétendroit-on lier mes sentiments,
Si devant lui le merveilleux des fables
Tient toujours lieu des faits les plus palpables;
Et si sa haine ou ses affections
N'out pour garants que les impressions
Du premier grand qui, suivant son caprice,
Veut ou vous perdre, ou vous rendre service?
Un homme en place, et caractérisé
Par un pouvoir qui lui rend tout aisé,
Fait, au mépris de tous tant que nous sommes,
Son favori du plus affreux des hommes,
D'un imposteur, d'un fourbe invétéré.
C'en est assez: il faut, bon gré, mal gré,
Fût-il vingt fois plus larron que Sisyphe,
Et plus damné qu'Hérode ni Caïphe,
Le respecter comme un héros d'honneur,
Si l'on ne veut déplaire à monseigneur,
Et s'attirer la fureur inflexible
D'une cabale à qui tout est possible.
Non, non; qui veut sagement procéder,
Passé trente ans ne doit plus décider:
Car, en un mot, le vulgaire stupide
Ne suit jamais que le plus mauvais guide,
Et ne voit rien qu'à travers les faux jours
D'un verre obscur qui le trompe toujours.
D'un œil confus il cherche, il développe
Quelques objets: tournez le téléscope;

Ce qui d'abord lui parut un géant
Semble à ses yeux rentrer dans le néant.
Je conclus donc que notre vrai salaire
Doit se borner au plaisir de bien faire;
Et qu'à l'écart laissant là les humains,
Le sage doit se payer par ses mains.
Toute vertu qui veut être admirée
De quelque vice est toujours bigarrée;
Et quand par elle on songe à s'élever,
D'un peu de fard il faut l'enjoliver.
Sans vermillon, sans clinquant, sans affiche,
Le saint tout nu se morfond dans sa niche:
On veut le voir paré de ses habits,
Tout brillant d'or, tout chargé de rubis.
Du peuple alors le zéle s'évertue;
Mais il lui faut décorer sa statue:
Sans l'éblouir on ne peut l'éclairer;
Et qui l'instruit doit le savoir leurrer.
    Voulez-vous donc gagner sa bienveillance
Et dérober à la nuit du silence
Ces riches dons, ces talents précieux,
Dont en naissant vous ont doué les cieux?
Ce n'est pas tout de briller par vos œuvres;
Il faut encor des ressorts, des manœuvres,
Des partisans chez le sexe dévot,
Une cabale, un théâtre, en un mot
Tout l'attirail des petites adresses
Qui du public captivent les tendresses.

Alors par-tout vous verrez les mortels
Faire fumer l'encens sur vos autels,
Et, vous offrant leurs vœux et leurs hommages,
De fleurs sans nombre égayer vos images.
Mais, en échange, adieu tranquillité;
Adieu plaisirs, repos, et liberté.
C'est peu d'avoir illustré votre vie
Par le trépas du dragon de l'envie :
Nouveau Cadmus, il faut au champ de Mars
Attaquer seul cent escadrons épars
Que contre vous la terre fait éclore...
Ce n'est pas tout : il faut combattre encore
Mille ennemis, invisibles, cachés,
A votre char en public attachés,
Mais en secret armés pour votre perte;
Et qui, brûlant d'une rage couverte,
Creusent sous main le gouffre ténébreux
Qui doit bientôt, sous des débris affreux,
Ensevelir jusqu'à vos derniers restes :
Monstres cruels, et d'autant plus funestes
Qu'il n'est poison souvent moins redouté
Que le venin d'un fourbe velouté,
Qui, vous cachant sa malice imprévue,
Et d'un faux zèle offusquant votre vue,
Du voile obscur d'une paisible nuit
Couvre l'abyme où sa main vous conduit.
O Jupiter, écarte ce nuage,
Et daigne au moins éclairer mon naufrage!

Mes ennemis ne me font point de peur :
Je ne crains rien que mon ami trompeur.
    Mais quoi ! faut-il qu'une crainte futile
Rende le sage à son siécle inutile?
On sait assez les contre-temps divers
Que la vertu souffre en cet univers :
Des imposteurs on connoît la souplesse,
Et du public la maligne foiblesse,
Qui, sur les mers où vous vous engagez
Faisant siffler le vent des préjugés,
Voit sans pitié flotter votre fortune
A la merci d'Éole et de Neptune.
Mais quand ces dieux armeroient contre vous
L'onde, la terre, et les cieux en courroux;
Il est des dieux plus doux, plus équitables,
Qui, vous sauvant de leurs mains redoutables,
Sauront pourvoir à votre sûreté
Contre les flots de la malignité.
Soit : je veux bien en accepter l'augure ;
Et j'avouerai, pour parler sans figure,
Que par hasard nous voyons quelquefois
Les gens de bien faire entendre leur voix,
Quand du public les fougues méprisées
Sont par le temps à-peu-près apaisées.
Mais s'il s'agit de tenter quelque effort,
De partager vos périls, votre sort,
De repousser la brigue par la brigue,
Ou de forger les ressorts d'une intrigue;

Cherchez ailleurs. Le plus petit vaurien
En fera plus que tous vos gens de bien :
Son zéle actif peut vous rendre service ;
La vigilance est la vertu du vice :
Au lieu souvent que vos amis discrets
Pour vous servir n'ont que de vains regrets.
Rendez leur donc un devoir légitime,
Efforcez-vous d'acquérir leur estime,
Immolez tout à leur noble amitié,
Afin qu'un jour leur oisive pitié
Par les douceurs d'une tendre homélie
Puisse enchanter votre mélancolie.
Mais toutefois, illustres mécontents,
En déclamant contre les mœurs du temps,
Souvenez-vous que c'est une sottise
De trop parler des honneurs qu'on méprise ;
Que qui s'érige en censeur de la cour
Doit, avant tout, la quitter sans retour ;
Et qu'il n'est point de spectacle plus fade
Que les éclats d'un chagrin rétrograde.
Ce mot d'avis peut, je crois, terminer
Le long sermon que je viens d'entonner ;
Et, pour quitter la morgue cathédrale [1],
Souffrez, seigneur, qu'ici de ma morale
J'ose égayer la séche vérité
D'un dernier trait de la fable emprunté.

[1] Le ton pédantesque d'un professeur dans sa chaire.

Aux premiers temps de sa métamorphose,
Pour Philoméle, à peine encore éclose,
Les lieux déserts, les paisibles forêts,
Furent long-temps un séjour sans attraits ;
Et de sa sœur·non encor séparée,
Du sort d'Itys, des fureurs de Térée,
Par des accents du ciel même chéris,
Elle instruisoit les peuples attendris.
D'un monstre obscur le courroux indocile
Lui fit dit-on déserter cet asile.
Dans les horreurs d'une profonde nuit
Par l'imposture Ascalaphe [1] conduit
Vole, et bientôt de ses clameurs perfides
S'en va troubler les folles Piérides [2],
Peuple léger, inquiet, envieux,
Qu'un vain babil rend par-tout odieux.
Quoi ! vous dormez, troupe lâche et muette,
Et vous souffrez qu'une voix indiscréte
Au genre humain jusqu'ici dans l'erreur
De vos pareils découvre la fureur !
Le crime affreux d'un époux sanguinaire
Fait de ses chants le sujet ordinaire ;
Attendez-vous que les mêmes concerts
De vos forfaits instruisent l'univers ?
Ces mots hurlés par le monstre nocturne

[1] L'indiscret Ascalaphe, changé en hibou par Cérès.
[2] Les filles de Piérus, changées en pies, pour avoir disputé
aux Muses le prix du chant.

Font éclater leur dépit taciturne.
Déja l'Aurore au visage riant
Avoit rouvert les portes d'orient;
Et Philomèle, exerçant son ramage,
Au jour naissant venoit de rendre hommage;
Quand tout-à-coup mille cris menaçants
Glacent sa voix, intimident ses sens:
A chaque instant redoublent les injures,
Les aigres sons, les enroués murmures.
Point de secours à sa triste douleur.
Que faire? hélas ! en vain dans son malheur
Elle eut recours à la troupe mortelle:
Nul n'accourut. C'en est assez, dit-elle.
Adieu, cités; adieu, pompeuses cours;
Adieu, mortels. Je quitte pour toujours
Vos vains honneurs, vos plaisirs chimériques
Et loin de vous, chez les ours pacifiques,
Je vais chercher dans mon obscurité
Moins de grandeur, et plus de sûreté.

ÉPITRE VI.

A M. LE BARON DE BRETEUIL.

Illustre appui d'une muse agitée,
Morte trois ans, et puis ressuscitée
Par le pouvoir de ce sage enchanteur,
De mon naufrage heureux réparateur,
Par qui ma barque errante et vagabonde
Fut dérobée au caprice de l'onde;
Puisque sa loi, que je dois respecter,
Sur l'Hélicon m'oblige à remonter,
Daignez de grace à votre heure commode,
Vous qui vivez aux sources de la mode,
Me dire un mot du style et des écrits
Qui sont en vogue aujourd'hui dans Paris :
Car vous savez qu'un air de mode impose
A nos François plus que toute autre chose;
Et que par là le plus mince oripeau
Se vend parfois mieux que l'or le plus beau.
J'ai vu le temps; mais, Dieu merci, tout passe,
Que Calliope au sommet du Parnasse,
Chaperonnée en burlesque docteur,
Ne savoit plus qu'étourdir l'auditeur

D'un vain ramas de sentences usées,
Qui, de l'Olympe excitant les nausées,
Faisoient souvent,, en dépit de ses sœurs,
Transir de froid jusqu'aux applaudisseurs.
Nous avons vu presque durant deux lustres
Le Pinde en proie à de petits illustres,
Qui, traduisant Sénéque en madrigaux,
Et rebattant des sons toujours égaux,
Fous de sang froid, s'écrioient, « Je m'égare;
« Pardon, messieurs, j'imite trop Pindare [1] : »
Et supplioient le lecteur morfondu
De faire grace à leur feu prétendu.

Comme eux alors apprenti philosophe,
Sur le papier nivelant chaque strophe,
J'aurois bien pu du bonnet doctoral
Embéguiner mon Apollon moral,
Et rassembler, sous quelques jolis titres,
Mes froids dizains rédigés en chapitres;
Puis grain à grain tous mes vers enfilés,
Bien arrondis et bien intitulés,
Faire servir votre nom d'épisode,
Et vous offrir, sous le pompeux nom d'ode,
A la faveur d'un éloge écourté,
De mes sermons l'ennuyeuse beauté.
Mais mon génie a toujours, je l'avoue,
Fui ce faux air dont le bourgeois s'engoue;

[1] Allusion à l'ode de La Motte, intitulée l'Enthousiasme.

Et ne sait point, prêcheur fastidieux,
D'un sot lecteur éblouissant les yeux,
Analyser une vérité fade
Qui fait vomir ceux qu'elle persuade,
Et qui, traînant toujours le même accord,
Nous instruit moins qu'elle ne nous endort.
    Je sais que l'art doit pour fin générale
Se proposer l'instructive morale;
A ce précepte avec eux je me rends :
Mais je soutiens, et j'en ai pour garants
La Gréce entière et l'empire d'Auguste,
Que tout auteur mâle, hardi, robuste,
Doit de ses vers bannir l'instruction,
Ou comme Homère instruire en action.
Sur le Parnasse ainsi que dans la chaire,
C'est peu d'instruire, il doit instruire et plaire :
Remuer l'ame est son premier devoir;
Et l'art des vers n'est que l'art d'émouvoir.
Non que souvent on ne puisse avec grace,
En badinant, corriger comme Horace :
La vérité demande un peu de sel,
Et l'enjouement est son air naturel:
La joie au moins marque une ame sincère.
J'approuve même un style plus sévère,
Lorsque le choix d'un sujet important
Peut arrêter le lecteur inconstant.
Mais si jamais nulle ardeur pathétique
N'échauffe en vous le phlegme dogmatique,

Si votre feu sous la cendre enterré
Me montre un cœur foiblement pénétré
Des vérités que votre bouche exprime;
Vous avez beau forger rime sur rime,
Et m'étaler ces petits traits fleuris
Dont vous charmez les frivoles esprits;
Vous ne sauriez, avec ce beau système,
Me faire un cœur plus tendre que vous-même;
Et je ne vois, dans votre air emprunté,
Qu'un charlatan sur ses tréteaux monté,
Qui pour duper une foule grossière
Lui jette aux yeux une vaine poussière,
Et qui toujours, sans ame et sans vigueur,
Parle à l'esprit, et ne dit rien au cœur.

　　Vous donc qui, fiers de vos foibles trophées,
Croyez voler plus haut que les Orphées,
Qui disputez à l'Hercule gaulois [1]
L'art d'enchaîner les peuples et les rois;
Ce n'est pas tout d'agencer des paroles,
Et de souffler de froides hyperboles;
Il faut sentir, il faut vous élever
Aux vérités que vous voulez prouver:
Votre cœur seul doit être votre guide;
Ce n'est qu'en lui que notre esprit réside;
Et tout mortel qui porte un cœur gâté

[1] Les Gaulois figuroient l'éloquence d'Hercule en le représentant traînant après soi une multitude d'hommes qu'il tenoit attachés par les oreilles avec des chaînes d'or.

N'a jamais eu qu'un esprit frelaté.
De nos travaux c'est là tout le mystère;
Et tout lecteur à ce seul caractère
Distinguera, d'un fat présomptueux,
L'auteur solide et l'homme vertueux.

    Votre sagesse, encor mieux que mes rimes,
Depuis long-temps vous dicta ces maximes,
Illustre ami, dont le cœur épuré
S'est au vrai seul de tout temps consacré;
Et de qui l'œil perçant, inévitable,
Au faux brillant fut toujours redoutable.
Vous le savez; dès mes plus jeunes ans,
Quand ma raison, luttant contre mes sens,
Dans les éclairs de ma verve première
Faisoit à peine entrevoir sa lumière,
Sous vos drapeaux dans le monde enrôlé,
Des vieux auteurs admirateur zélé,
J'avois déja senti leur douce amorce;
Et j'essayois d'en pénétrer l'écorce,
De démêler leurs cœurs de leurs esprits,
Et de trouver l'auteur dans ses écrits :
Je vis bientôt, instruit par leur lecture,
Que tout leur art partoit de la nature;
Que ces beautés, ces charmes si touchants,
Dont le pouvoir m'attachoit à vos chants,
Venoient bien moins, héros que je respecte
Malgré l'orgueil de la moderne secte,
Des vérités que vous nous exprimez,

Que du beau feu dont vous les animez.
Je compris donc qu'aux œuvres de génie,
Où la raison s'unit à l'harmonie,
L'ame toujours a la première part,
Et que le cœur ne pense point par art;
Que tout auteur qui veut, sans perdre haleine,
Boire à longs traits aux sources d'Hippocrène,
Doit s'imposer l'indispensable loi
De s'éprouver, de descendre chez soi,
Et d'y chercher ces semences de flamme
Dont le vrai seul doit embraser notre ame;
Sans quoi jamais le plus fier écrivain
Ne peut atteindre à cet essor divin,
A ces transports, à cette noble ivresse
Des écrivains de la savante Gréce.
Je sais combien mes débiles talents
Sont au-dessous de leurs dons excellents :
Mais si l'ardeur d'entrer dans leur carrière
M'a du Parnasse entr'ouvert la barrière,
Si quelquefois à leurs sons ravissants
J'ai su mêler mes timides accents;
Ma muse au moins d'elle-même excitée
Avec mon cœur fut toujours concertée;
L'amour du vrai me fit lui seul auteur,
Et la vertu fut mon premier docteur.
Car par ce mot, expliquons-nous de grace,
Je n'entends point l'extatique grimace
D'un faux béat, qui, le front vers les cieux,

Aux chérubins fait par-tout les doux yeux,
Et, presque sûr d'être le saint qu'il joue,
Ne parle à Dieu qu'en lui faisant la moue.
A cette bouche, à ces yeux contrefaits,
De la vertu je connois peu les traits,
Encore moins à la fausse encolure
De ce pédant forcé dans son allure,
Chez qui l'honneur tout fier d'un faux dehors
N'est qu'une étude, un mystère du corps,
Et dont la morgue en douceur travestie
Prend chez l'orgueil toute sa modestie :
Vous le verriez bientôt se démasquer,
Si l'amour-propre en lui pouvoit manquer.
L'humble vertu n'est point ce qui l'enchante ;
D'un vain parfum c'est l'odeur qui le tente :
Mais la vertu, souveraine des sens,
Ne cherche point les parfums ni l'encens ;
Et cet orgueil, cet ami des louanges,
Antique auteur de la chute des Anges,
Né dans le sein de leur frère insensé
Long-temps avant l'univers commencé, ,
Donna naissance à tous les autres vices,
Et fut lui seul père de ses complices.
    Où donc est-elle, où faut-il la chercher,
Cette vertu qui semble se cacher,
Cette vertu franche de tout sophisme,
Fille du ciel, mère de l'héroïsme,
Qui dans le cœur fait germer les esprits,

Et donne l'ame aux sublimes écrits?

Sans nous tracer des routes incertaines,

Nous l'apprendrons de l'oracle [1] d'Athènes.

Son vrai séjour est chez la vérité.

Nul n'est sur terre exempt d'infirmité.

Un hypocrite, honnête homme à sa guise,

D'un faux vernis la farde et la déguise :

Mais l'homme épris du véritable honneur

N'emprunte rien d'un éclat suborneur,

Et, peu content d'une vaine fumée,

Veut de lui seul tenir sa renommée.

Il ne sait point, par un manége bas,

Faire admirer en lui ce qu'il n'a pas :

Ami du jour, c'est sa clarté qu'il aime;

Rien ne le couvre; et ses foiblesses même

(Car chacun porte avec soi son levain)

De ses vertus sont un gage certain.

D'extérieur, il est vrai, dépourvue,

Sa probité frappera peu la vue.

Toute blancheur céde à l'éclat du fard,

Et la nature éblouit moins que l'art.

Les yeux sur-tout du vulgaire imbécile

Sont peu touchés d'un air simple et facile.

Près d'un tartufe arrogant, fastueux,

L'homme sincère, uniment vertueux,

Ne paroîtra, quelque ardeur qui l'inspire,

[1] Socrate. Platon, Rép. l. 6. Sénèque, Ép. 71.

Qu'nn indévot, un mondain, c'est tout dire,
De qui le cœur est fort mal dirigé,
Et le salut grandement négligé.
Mais celui-là porte un air bien plus sage :
Sa gravité, ses gestes, son visage,
Tout marque en lui la perle des Catons :
Il ne rit point; il pèse tous ses tons :
Il parle peu, mais il dit des miracles;
Ses préjugés sont presque des oracles :
Aussi jamais il ne douta de rien.
Et c'est pourquoi ce grand homme de bien
Est toujours juste; il le fait bien paroître.
Comment? Comment? c'est qu'il décide en maître.
Bien répondu; rien n'est mieux discuté,
Mais attendons le jour de vérité,
Lorsque celui qui juge les justices
Viendra compter nos vertus et nos vices :
La brigue alors, le crédit, les égards,
Disparoîtront au feu de ses regards;
Et sa justice, incorruptible et prompte,
Nous fera voir, peut-être à notre honte,
Cet homme libre au rang de ses élus,
Et ce dévot de leur partage exclus.
C'est en ce jour que la vertu ternie
Pourra sans peur citer la calomnie,
Et que mes yeux par les siens affermis
Feront trembler mes lâches ennemis.
Heureux pourtant, heureux à son approche,

Si je pouvois me cacher le reproche
D'avoir moi-même été jusqu'aujourd'hui
Juste envers eux, criminel envers lui,
Et plus sensible au desir de leur plaire
En faisant bien, qu'au plaisir de bien faire!
Car, je l'avoue, et j'en suis bien payé,
J'ai des humains trop chéri l'amitié :
Long-temps séduit par de vains artifices,
A cette idole offrant mes sacrifices,
Je crus pouvoir, trop prompt à me flatter,
Trouver en eux de quoi les respecter.
Mais, de plus près observant leurs vestiges,
Je sus enfin démêler les prestiges
Dont l'amour-propre, en eux toujours vainqueur,
Surprend les yeux pour imposer au cœur.
Peu m'ont donné le plaisir équitable
D'aimer en eux la vertu véritable :
Peu m'ont aussi vu briguer la faveur
Qu'obtient des grands une aveugle ferveur.
Leur bonté seule éveilla ma paresse;
Et, courtisan de ma seule tendresse,
Sans intérêt, j'ai cherché, j'ai trouvé,
Ce peu d'amis dont le cœur éprouvé,
Malgré l'effort de la jalouse envie,
Fera toujours le charme de ma vie.

Que n'ai-je pu, de vos plaisirs épris,
Tendre amitié, dont je sens tout le prix,
Dans une joie et si douce et si pure

Vivre oubĺé de toute la nature !
Mais, malgré moi trop et trop peu connu,
J'ai cru du moins, de mes mœurs soutenu,
Entre vos bras conjurer la tempête
Que l'imposture élevoit sur ma tête :
Foible rempart, abri tonjours peu sûr
Pour tout esprit, libre, sincère, et pur,
Qui ne, sait point amadouer le crime,
Et racheter par une feinte estime
Les trahisons qu'au vice provoqué
Dicte la peur de se voir démasqué !
Car tout l'enfer n'égale point la rage
D'un furieux que la crainte encouragé,
Et dont les yeux, inquiets, alarmés,
Veillent toujours tandis que vous dormez.
« Je puis dormir avec toute licence, »
Dit la tranquille et sincère innocence :
« J'ai des amis sages, dignes de foi,
« Dont l'équité peut répondre pour moi :
« Leur amitié, que l'honneur seül enflamme,
« A toujours lu dans le fond de mon ame;
« Jamais près d'eux je ne me suis contraint.
« Qui craindre donc ? » Qui? celui qui vous craint,
Ce noir brigand, ce corsaire farouche
Dont le portrait souilleroit votre bouche,
Cet imposteur honteux même à nommer,
Que par mépris vous n'osez diffamer.
Vous prétendez couler des jours paisibles,

Et prévenir tous ces traits invisibles
Qui, contre vous, lancés à tous propos,
Ont si long-temps troublé votre repos :
Commencez donc par changer votre style;
Et, sans offrir un hommage inutile
A des amis trop doux, trop généreux
Pour devenir ennemis dangereux,
Attachez-vous à ceux dont la furie
D'aucun remords ne peut être attendrie,
A ces vautours de la société,
Qui, comme l'eau, boivent l'iniquité,
Et dont le cœur farouche, atrabilaire,
Immole tout au plaisir de mal faire;
Monstres pétris et de boue et de sang,
Que Tisiphone a nourris dans son flanc;
Dont la malice injuste et forcenée
Se fait un jeu de notre destinée;
Du monde entier en secret abhorrés,
Mais en public par crainte révérés;
Et de qui l'œil, digne de Polyphême,
Fait frissonner, fait fuir la vertu même.
Voilà les saints que vous devez aimer,
Craindre, servir, applaudir, réclamer,
Si vous voulez sans trouble et sans scandale
Jouir des droits acquis à leur cabale.
Quoi! direz-vous, pour ces hommes de fer
Abandonner ce qu'on a de plus cher?
A l'intérêt immoler la justice,

Et renier la vertu pour le vice ?
Non, je ne puis aux démons odieux
Offrir l'encens que je ne dois qu'aux dieux.
Vous ne pouvez ? Faites donc votre compte
De devenir bientôt, pour votre honte,
L'unique objet de toutes leurs noirceurs.
Préparez-vous à voir ces oppresseurs,
Dans les accès de leur rage ennemie,
Vous barbouiller de leur propre infamie,
Et contre vous, par ce chemin tortu,
Intéresser le vice et la vertu.
Heureux encor si leur complot funeste,
Vous dépouillant du seul bien qui vous reste,
Ne force un jour vos asiles cachés ;
Et si vos dieux, par l'enfer débauchés,
Pleins des vapeurs dont l'erreur les enivre,
Ne prennent point leurs traits pour vous poursuivre !
Car le motif d'une aveugle équité
Jamais ne manque à l'infidélité ;
Et l'on sait trop jusqu'où va l'assurance
D'un zéle faux conduit par l'ignorance.
Mais je ne sais si les plus durs revers
Qui d'un mortel puissent être soufferts,
Si des destins la rigueur inflexible,
Si la mort même a rien de plus sensible
Que la douleur de se voir opprimé
D'un ennemi que nous avons aimé.

ÉPITRES.

LIVRE SECOND.

ÉPITRE I.

A M. LE COMTE DE ***.

Héros issu de l'illustre origine
De ces héros que dans la Palestine
On vit jadis sur les pas de nos rois
Faire arborer les étendards françois,
Descendu d'eux, si digne d'en descendre;
Quel noble goût, quel penchant doux et tendre,
Juge éclairé, protecteur glorieux,
Sur Apollon vous fait baisser les yeux,
Dans un pays, dans un temps où les Muses,
De tout accueil, de toute grace excluses,
Ne trouvent plus dans la fière grandeur
Qu'austérité, mépris, haine, ou froideur?
De cet amour qu'en vous elles font naître
Le vrai principe est facile à connoître :
Les cœurs vraiment par les Muses charmés
Furent toujours les cœurs vraiment formés

Pour s'illustrer, respectables modéles,
Par des vertus et des faits dignes d'elles.
Moi-même ici leur éléve imparfait,
Pour tout mérite abreuvé de leur lait,
De leurs leçons auditeur inutile,
Et de Malherbe imitateur futile,
Triste jouet et des ans et du sort,
Sans facultés, fortune, ni support,
Quel autre droit, quel titre légitime
Dans votre cœur m'eût acquis cette estime
Qu'une héroïque et sublime pitié
Daigne honorer du titre d'amitié?
Inestimable et charmante conquête,
Qui, me jetant au port par la tempête,
M'a fait trouver, dans mes adversités,
Repos, honneur, joie, et félicités!
Je sais qu'il est des bontés naturelles
Dont l'œil s'éveille au besoin qu'on a d'elles,
Et que chez vous tout mérite opprimé
Est assuré de plaire et d'être aimé.
Le plus beau droit des vertus malheureuses
Est la faveur des ames généreuses;
De l'amitié la noble impression
Y naît toujours de la compassion;
Mais, comme vous, quel cœur vraiment sensible
A la pitié veut se rendre accessible,
Et, pénétré d'un sentiment si beau,
De l'amitié s'imposer le fardeau?

Car à quels soins, à quels travaux austères
N'exposent point les devoirs volontaires
De l'amitié sacrée? Et quels liens
Sont plus pesants, plus étroits que les siens?
Que de vertus! quel pénible assemblage
D'activité, de sang-froid, de courage,
Dans un ami fidèle, intelligent,
Simple, modeste, et sans faste obligeant!
Mais, pour un seul d'une trempe si rare,
Combien, hélas! qui, d'un zéle bizarre
Pour vous d'abord follement embarqués,
Se font honneur de leurs succès manqués,
Et s'aveuglant sur leurs fautes extrêmes,
A vos dépens s'en consolent eux-mêmes!
Amis de Job; l'un, sur vos torts divers
Inépuisable en reproches amers,
Se met en frais, dogmatiste sévère,
De longs sermons dont vous n'avez que faire,
Substituant ce pédantesque soin
A ses secours dont vous auriez besoin;
L'autre, attentif à ne rien entreprendre
Où sa hauteur risque trop de descendre,
Soigneux sur-tout de ne point alarmer
Vos ennemis prompts à se gendarmer,
Entre eux et vous flottant dans le silence,
Maintient en paix sa discréte indolence,
Content de soi, s'il peut sur ses grands dieux
Vous protester qu'il n'a pu faire mieux:

25

Voilà quels sont vos protecteurs fidèles,.
De l'amitié vénérables modèles.
Il faut pourtant, le choix est délicat,
Être leur dupe, ou passer pour ingrat;
Tant l'amitié même la plus frivole
Fait respecter le beau nom qu'elle vole:
Que m'a servi d'aller chercher près d'eux
Sur leur parole un succès hasardeux?
Je n'ai trouvé que caresses trompeuses,
Illusions, apparences pompeuses,
Le vice orné d'un beau déguisement,
Et la vertu par-tout également
Hors de crédit, les petits dans leur sphère
Faisant le mal, les grands le laissant faire,
Assez de cœurs prodigues en bienfaits
Indifférents et loin de vos souhaits,
Prostitués à tous en tout rencontre,
Et généreux seulement pour la montre.
Impertinente et sotte humanité!
Zéle orgueilleux et sans réalité!
C'est peu pour moi de voir exempt de blâme
L'ami banal qui, pour vous tout de flamme,
Se met en quatre et tente tous moyens
Pour vous servir et vous plaire en des riens;
Mais dès qu'il faut en affaire réelle
Rompre la lance et signaler son zéle,
Au pied du mur ce don Quichotte altier,
Chancelle, hésite, et demande quartier.

Qu'il soit d'ailleurs doux, complaisant, facile;
Mais vertueux, non, s'il m'est inutile :
Ce n'est qu'un cœur, languissant, abattu,
Bon par foiblesse, et non point par vertu.

. . . .

. . . .

Mais s'il échoue, ou vous sert sottement,
Préparez-vous à le voir hautement,
Les yeux bouffis d'une fierté nouvelle,
S'en prendre à vous de son peu de cervelle,
Vous reléguer aux petites-maisons.
Et n'allez pas, rétif à ses raisons,
Vous aviser de ne point y souscrire;
Car quelle audace oseroit contredire,
Pour disculper l'ingrate vérité,
D'un riche sot l'infaillibilité?
La décisive et hautaine sagesse
Est annexée à la folle richesse :
Midas jugeant le frère des neuf Sœurs
Transmit son droit à tous ses successeurs.
Que si le ciel sur ces sujets indignes
Voulut verser ses dons les plus insignes,
Consolons-nous, le ciel fait toujours bien;
La raison veut que chacun ait le sien;
Et la fortune, exacte, impartiale,
En ce point seul tient sa balance égale,
Que ne pouvant rendre, selon ses vœux,
Un sot habile, elle le rend heureux.

. . . .
. . . .

Mais après tout, ô mon Mécène unique,
De cette gloire, aliment chimérique,
Honneur aride et toujours disputé,
Quel avantage aurois-je remporté,
Si d'un grand roi par vous la grace acquise
N'eût constaté cette gloire indécise,
Et décoré par ses dons glorieux
De mon exil le reproche odieux ?
En vous sans doute une si noble idée
Fut par le ciel produite et secondée,
Diroit ici, consacrant la grandeur
De vos pareils, cet ami [1] dont l'ardeur,
Rapporte au ciel tout acte méritoire,
Toute vertu, toute solide gloire.
Il parle à vous, grands hommes ; écoutez :
Dans vos bienfaits si justement vantés,
Si votre cœur ne consulte et n'écoute
Que son penchant, vous êtes grands, sans doute ;
Mais ce motif, grand et noble en effet,
Suppose encore un motif plus parfait :
Les actions par le ciel inspirées
Ne sont qu'au ciel dignement référées :
Le vrai grand homme est celui que je voi
De sa grandeur faire hommage à la foi.

[1] Rollin.

Le paganisme, à dire vrai, réclame
D'autres héros ; mais peut-être en leur ame
Par leurs vertus ces illustres païens
Sans le savoir étoient déja chrétiens.
Devant l'auteur du sincère héroïsme
Toute vertu tient au christianisme;
Toute vertu, par ses ordres constants,
Comme tout vice, est payée en son temps.
Et que sait-on si ces rayons de gloire
Dont les couvrit l'éclatante victoire,
Si ces lauriers à leur valeur acquis,
Si ces états par leurs armes conquis,
Dons où sur eux la divine sagesse
Fit éclater son immense largesse;
Ne furent pas le loyer mérité
D'un seul bienfait payé par sa bonté;
Prix temporel, récompense présente
D'une action pieuse, bienfaisante,
Au gré du ciel pratiquée, et souvent
Faite par eux vingt ans auparavant?
Ainsi, quand même à l'espoir du salaire
Nous bornerions tout motif de bien faire,
Faisons le bien par ce motif commun,
Sûrs du centuple et de mille pour un :
Rien ne se perd, toute œuvre fructifie,
Tout se retrouve en l'une ou l'autre vie,
Non toutefois qu'à ces félicités
Les dons du ciel se trouvent limités;

Qu'ainsi ne soit : leur salutaire usage
Du prix céleste est souvent le présage ;
Ces biens mortels, cette faveur du sort,
Sont un zéphyr qui nous conduit au port.
L'ami du ciel, en terre heureux d'avance,
Ne doit qu'au ciel horner sa récompense ;
Mais ce ciel même, objet de ses desirs,
Ne l'exclut pas des vertueux plaisirs :
Et pourroit-il dans son pèlerinage
Se proposer un plus noble partage
Que le bonheur de devenir l'appui
De ceux qui font le voyage avec lui ?
A quelle enseigne, à quelle auguste marque
Distingue-t-on la grandeur d'un monarque ?
Est-ce à l'éclat de son front radieux ?
Est-ce aux éclairs qui partent de ses yeux ?
Est-ce au pouvoir de désoler la terre
Par le ravage et les feux de la guerre ?
Non, ce n'est point à ces traits dangereux,
Mais au pouvoir de faire des heureux.
C'est par cet art qu'un citoyen paisible,
Qu'un cœur humain, généreux et sensible,
Par les bienfaits qui partent de ses mains
Se rend sans crime égal aux souverains,
Et, sur les cœurs dont sa bonté sublime
Fit la conquête et captiva l'estime,
Peut établir par une douce loi
Sa monarchie, et dire, je suis roi.

Vivez, régnez sur tout ce qui vous aime;
Et, dans ce régne avoué du ciel même,
Aimez toujours, monarque florissant,
De vos sujets le plus obéissant.

~~~~~~

ÉPITRE II.

AU R. P. BRUMOY,

auteur du Théâtre des Grecs.

Oui, cher Brumoy, ton immortel ouvrage
Va désormais dissiper le nuage
Où parmi nous le théâtre avili
Depuis trente ans semble être enseveli,
Et, l'éclairant de ta propre lumière,
Lui rendre enfin sa dignité première.
De ses débris zélé restaurateur,
Et chez les Grecs hardi navigateur,
Toi seul as su, dans ta pénible course,
De ses beautés nous déterrer la source,
Et démêler les détours sinueux
De ce dédale oblique et tortueux,
Ouvert jadis par la sœur de Thalie
Aux seuls auteurs du Cid et d'Athalie;
Mais après eux, hélas! abandonné
Au goût pervers d'un siècle efféminé,

Qui, ne prenant pour conseil et pour guide
Que les leçons de Tibulle et d'Ovide,
Et n'estimant dignes d'être applaudis
Que des héros par l'amour affadis,
Nous a produit cette foule incommode
D'auteurs glacés qui, séduits par la mode,
N'exposent plus à nos yeux fatigués
Que des romans en vers dialogués,
Et d'un fatras de rimes accolées
Assaisonnant leurs fadeurs ampoulées,
Semblent vouloir, par d'immuables lois,
Borner tout l'art du théâtre françois
A commenter dans leurs scènes dolentes
Du doux Quinault les pandectes galantes.
　　Mais de ce style efflanqué, sans vigueur,
J'aime encor mieux l'insipide langueur
Que l'emphatique et burlesque étalage
D'un faux sublime enté sur l'assemblage
De ces grands mots, clinquant de l'oraison,
Enflés de vent et vides de raison,
Dont le concours discordant et barbare
N'est qu'un vain bruit, une sotte fanfare,
Et qui, par force et sans choix enrôlés,
Hurlent d'effroi de se voir accouplés.
Ce n'est pourtant que sur ces balivernes
Qu'nn fol essaim d'Euripides modernes,
Creux au-dedans, boursouflés au-dehors,
S'est mis en droit, prodiguant ses accords,

D'importuner de sa voix imbécile
Et le théâtre, et la cour, et la ville [1]
　Quoi! diras-tu, ce privilége exquis
D'un vœu commun leur seroit-il acquis?
Le goût public auroit-il par mégarde
Reçu sa loi du leur? Dieu nous en garde!
Il est encor des juges éclairés,
Des esprits sains, et des yeux épurés,
Pour discerner, par un choix équitable,
L'or de billon d'avec l'or véritable;
N'en doutons point: mais, à parler sans fárd,
Leur petit nombre extrait et mis à part,
Que reste-t-il? qu'un tas de vains critiques,
D'esprits légers, de cerveaux fantastiques,
Du faux mérite orateurs dominants,
Fades loueurs, censeurs impertinents,
Comptant pour rien justesse, ordre, harmonie,
Et confondant sous le nom de génie
Tout mot nouveau, tout trait alambiqué,
Tout sentiment abstrait, sophistiqué,
Toute morale insipide et glacée,
Toute subtile et frivole pensée;
Du sens commun déclarés ennemis,
Et de l'esprit adorateurs soumis:
Car c'est l'esprit qui sur-tout ensorcelle
Nos raisonneurs à petite cervelle,

[1] Ceci s'adresse particulièrement à Voltaire.

Lynx dans le rien, taupes dans le réel;
Dont l'œil aïgu, perçant, surnaturel,
Voyant à plein mille taches pour une
Dans le soleil, n'en voit point dans la lune.
Voilà quel est le tribunal prudent
De nos prevôts du Pinde. Cependant
Si, devant eux commençant sa carrière,
D'un jeune auteur la muse aventurière
Vient à s'ouvrir quelque obligeant accès,
Et peut enfin par un heureux succès,
Dans les rayons de ces grands météores
Faire briller ses débiles phosphores,
Dieu sait l'orgueil où, prompt à se flatter,
Notre étourdi va se précipiter.
C'étoit d'abord un aspirant timide;
C'est maintenant un docteur intrépide:
Et, non content d'inonder tout Paris
D'un océan de perfides écrits,
Et d'étouffer ses libraires crédules
Sous des monceaux de papiers ridicules,
Tels qu'on pourroit, si la cour des neuf Sœurs
Pour la police avoit ses assesseurs,
Ses sanhédrins, et ses aréopages,
Le brûler vif dans ses propres ouvrages;
En ses accès, je ne vous réponds pas
Qu'ayant déja mis le bon sens à bas,
Il n'entreprenne avec la même audace
De renverser tout l'ordre du Parnasse,

Et que la rime attaquée en son fort
De la raison n'éprouve aussi le sort.
Et pourquoi non? N'a-t-il pas ses Alcides?
Et, sans compter tant d'illustres stupides,
Tant d'aigrefins sur le Parnasse errants,
Et tant d'abbés doctement ignorants,
Pour s'épauler d'un garant moins indigne,
Ne peut-il pas citer l'exemple insigne
D'un nourrisson du Parnasse avoué,
Qui quelquefois dans son style enjoué
Sut accorder, quoique avec retenue,
Quelque licence à sa muse ingénue?
Oui, j'en conviens: mais, pour t'humilier,
Apprends de moi, sourcilleux écolier,
Que ce qu'on souffre, encore qu'avec peine,
Dans un Voiture ou dans un La Fontaine,
Ne peut passer, malgré tes beaux discours,
Dans les essais d'un rimeur de deux jours;
Que la licence, humble, abjecte, et soumise,
Au rang des lois ne sauroit être admise;
Qu'un sage auteur qui veut se faire un nom
Peut en user, mais en abuser, non;
Et que jamais, quelque appui qu'on lui prête,
Mauvais rimeur n'a fait un bon poëte.
Que La Fontaine ait donc, je le veux bien,
De quelque régle étendu le lien;
Pour abolir toute loi prononcée,
En est-ce assez de l'avoir transgressée?

Et puis, d'ailleurs, par où t'es-tu flatté
Qu'en l'imitant par son mauvais côté
Tu tireras de ta chétive muse
Tout l'excellent qui lui tient lieu d'excuse?
Trouveras-tu, raisonnons de sang-froid,
Dans les tiroirs de ton génie étroit
Ces grands pinceaux dont sa main toujours sûre
Peignit si bien les traits de la nature?
Sauras-tu, dis-je, ayant bien consulté
Son coloris et sa naïveté,
Dans tes tableaux, sous cent nouvelles faces,
Nous présenter toujours les mêmes graces,
Et comme lui, par cet art enchanteur,
Trouver la clef de l'ame du lecteur?
Bon, dira-t-il, le plaisant parallèle!
Le bel emploi pour ma lyre immortelle!
Outre qu'il est d'un maître tel que moi
De ne connoître autre guide que soi,
De s'éloigner des rontes anciennes,
Et de n'avoir de régles que les siènnes,
J'ai pris un vol qui m'élève au-dessus
De la nature et des communs abus;
Et le bon sens, la justesse, et la rime,
Dégraderoient mon tragique sublime.
Si ce n'est là sa réponse, du moins
C'est sa pensée; et j'en ai pour témoins
Ces vers bouffis où sa muse hydropique
Nous développe en style magnifique

Tout le phébus qu'on reproche à Brébeuf,
Enguenillé des rimes du Pont-Neuf,
Déja tout fier de son propre suffrage,
En plein théâtre étalant son plumage,
Il se panade, et voit le ciel ouvert
Dans son azur au grand jour découvert.
Et par hasard si quelque astre propice
Vient s'en mêler, et fait entrer en lice,
Pour l'appuyer, quelque étourneau titré,
Quelque veau d'or par Plutus illustré,
Ou quelque fée, autrefois sœur professe
Dans Amathonte, aujourd'hui mère abbesse;
Incontinent vous l'allez voir s'enfler
De tout le vent que peut faire souffler
Dans les fourneaux d'une tête échauffée
Fatuité sur sottise greffée.
Ouvrez les yeux, ignorants sectateurs
De mes grossiers et vils compétiteurs.
Ils tirent tous leur lumière débile
Des vains secours d'une étude stérile.
Pour moi, l'éclat dont je brille aujourd'hui
Vient de moi seul; je ne tiens rien d'autrui :
Mon Apollon ne régle point sa note
Sur le clavier d'Horace et d'Aristote :
Sophocle, Eschyle, Homère, ni Platon,
Ne m'ont jamais rien appris. Vraiment non;
On le voit bien : mais ce qu'on voit encore,
C'est que vos fleurs n'ont vécu qu'une aurore;

Que votre éclat n'est qu'un feu de la nuit,
Qui disparoît dès que le soleil luit;
Et qu'un seul jour, détruisant vos chimères,
Détruit aussi vos lauriers éphémères.
Car si jamais, de ses erreurs absous,
L'œil du public vient à s'ouvrir sur vous,
Tel, dont jadis les faveurs obtenues
Par vanité vous portoient jusqu'aux nues,
Par vanité mettra tous ses ébats
A vous coiffer du bonnet de Midas,
Et devant lui votre gloire ternie
Ne sera plus qu'un objet d'ironie.
Voilà le sort et le fatal écueil
Où tôt ou tard vient échouer l'orgueil
De tous ces nains, petits géants précoces
Que leurs flatteurs érigent en colosses,
Mais qu'à la fin le bon sens fait rentrer
Dans le néant dont on les sut tirer.
Dans le néant? dira quelqu'un peut-être:
Pourquoi vouloir anéantir leur être?
Lorsqu'un auteur, du public abjuré,
Voit contre lui tout bon vent déclaré,
Il peut, ailleurs dirigeant sa boussole,
Tenter encor le caprice d'Éole,
Dans la tribune achalander son art,
De la questure arborer l'étendard,
Ou chez un grand par qui tout se gouverne

Briguer le rang d'important subalterne.
Oui-dà : je sais qu'un mérite commun
Par cent moyens, si ce n'est assez d'un,
Peut s'élever au rang qu'on lui dénie.
Je sais de plus que le même génie
Qui dans un art sut nous faire exceller
Peut dans tout autre encor nous signaler.
Mais une fois que la fureur d'écrire
A par malheur établi son empire
Dans le cerveau d'un rimeur aveuglé,
Vide de sens, et de soi-même enflé,
C'est une gale, un ulcère tenace,
Qui de son sang corrompt toute la masse,
Endort son ame, et lui rend ennuyeux
Tout exercice honnête et sérieux.
Jonet oisif de son talent futile,
N'en attendez rien de bon et d'utile ;
Séduit sur-tout, et gâté chaque jour
Par l'amidon des parfumeurs de cour.
Car c'est vous seuls, excusez ma franchise,
Messieurs les grands, par qui s'immortalise
Dans son esprit l'incurable travers
Qui l'abrutit dans l'amour de ses vers.
A votre rang mesurant vos louanges,
Il croit parler la langue des archanges ;
Ce don céleste est un sacré dépôt
Dont il doit compte au public : et bientôt

Nous l'allons voir au sommet du Parnasse,
A chaque auteur distribuant sa place [1],
Dieter de là ses dogmes étourdis,
Et faire en loi passer tous ses édits,
Homologués selon sa fantaisie
Au tribunal de votre courtoisie.
Car pour le peu que quelque trait saillant,
Quelque antithèse, ou quelque mot brillant,
D'un vain éclat de lumière imprévue
Vienne éblouir votre débile vue,
C'en est assez; tout le reste va bien,
Le mot fait tout, la chose ne fait rien :
C'est un oracle, un héros, un modèle.
Modèle, soit : mais le public rebelle,
Examinant votre petit héros
Sur son mérite, et non sur vos grands mots,
Dévoile enfin tout son charlatanisme;
Et ce public, fléau du pédantisme,
N'épargne pas, quand l'écrit est jugé,
Le protecteur plus que le protégé.
Il vous apprend qu'un ignorant suffrage
N'est pas moins sot qu'un ignorant ouvrage;
Que les grands airs et le ton emphasé
Au sens commun n'ont jamais imposé;
Qu'un courtisan, qu'un magistrat habile,
Qu'un guerrier même, un Hector, un Achille,

---

[1] Allusion au *Temple du Goût.*

En fait de goût n'est pas plus compétent
Qu'en fait de guerre un auteur éclatant :
Mais que l'orgueil ; qu'un mérite suprême
Peut excuser, devient la fadeur même
Dans le babil d'un petit triolet
De marmousets, pédants à poil follet,
Qui, sans savoir, sans régles, sans principes,
Du bel esprit se font les prototypes,
Tranchent sur tout, et veulent à tout prix
Nous enseigner ce qu'ils n'ont point appris.
C'est la leçon que vous fait la critique.
Et pour vous faire un tableau dramatique
Des contre-temps et du sort déplaisant
A quoi s'expose un esprit suffisant,
Qui, soutenu du vent de sa chimère,
Pour s'élever sort de son atmosphère,
Je finirai ce propos ingénu
Par le récit d'un conte assez connu,
Qu'au bon vieux temps, d'un crayon moins profane,
Maître Louis mit en rime toscane [1].

　　Un noble fut dans Venise estimé,
Qui, général de l'état proclamé,
Abandonnant et gondole et chaloupe,
En terre ferme alla joindre sa troupe,
Et fièrement sur un cheval danois
Se fit grimper pour la première fois.

[1] L'Arioste, sat. IV.

A peine assis sur le coursier sublime,
Des éperons coup sur coup il s'escrime;
Puis, le voyant saillir un peu trop fort,
Retire à lui la bride avec effort.
Dans ce conflit, sans ralentir son zéle,
Notre écuyer voltigeoit sur la selle,
Faisant servir à ses vœux incertains
Tantôt la botte, et tantôt les deux mains;
Tant qu'à la fin l'affligé Bucéphale,
Qui, saccadé par la bride fatale,
Se sent encor diffamer les côtés
Par deux talons de pointes ergotés,
Las de porter un si rude Alexandre,
Et ne sachant des deux auquel entendre,
De l'éperon qui le presse d'aller,
Ou du bridon qui le fait reculer,
Prend son parti, saute, bondit, s'anime,
Se dresse, et jette à bas l'illustrissime,
Homme et cheval roulant sur les cailloux,
Cheval dessus, et monseigneur dessous.
Ah! dit-il lors, mon malheur sert d'école
A tout galant qui, né pour la gondole,
S'expose à mettre un pied dans l'étrier:
Chacun doit faire ici-bas son métier.

ÉPITRE III.

A THALIE.

Si je voulois, ambitieux critique,
Réduire en art la comédie antique,
Et débrouiller ses mystères divers,
J'adresserois ma prière et mes vers
A ce génie autrefois par Térence
Émancipé non loin de son enfance,
Puis tout-à-coup de son domaine exclus,
Évanoui trois cents lustres et plus.
Mais aujourd'hui que l'art d'un nouveau maître [1],
Le plus fameux que la scène ait vu naître,
De ce génie abattu de langueur
A rajeuni la force et la vigueur;
Pour expliquer les lois qu'il a tracées,
Par-tout, hélas! déja presque effacées,
Et, pour venger leur empire abjuré,
De quel flambeau pourrois-je être éclairé
Que des rayons de la muse elle-même
Qui de son art lui traça le système,
Et l'inspirant lui sut tout à-la-fois

---

[1] Molière.

Faire connoître et pratiquer ses lois?
C'est donc à vous, ô divine Thalie !
A m'enseigner comment s'est rétablie,
Sous un mortel guidé par votre main,
L'intégrité du théâtre romain,
Et par quel sort jaloux de notre gloire,
De vos leçons bannissant la mémoire,
Tout de nouveau nous le faisons rentrer
Dans le chaos dont il sut se tirer.
De ce progrès, de cette décadence,
L'effet certain s'offre avec évidence.
Tâchons ici d'en marquer, s'il se peut,
Le vrai principe et l'invisible nœud.

    Tout institut, tout art, toute police
Subordonnée au pouvoir du caprice,
Doit être aussi conséquemment pour tous
Subordonnée à nos différents goûts.
Mais de ces goûts la dissemblance extrême,
A le bien prendre est un foible problème :
Et, quoi qu'on dise, on n'en sauroit Jamais
Compter que deux; l'un bon, l'autre mauvais.
Par des talents que le travail cultive,
A ce premier pas à pas on arrive;
Et le public, que sa bonté prévient,
Pour quelque temps s'y fixe et s'y maintient :
Mais éblouis enfin par l'étincelle
De quelque mode inconnue et nouvelle,
L'ennui du beau nous fait aimer le laid,

Et préférer le moindre au plus parfait.

Par les Romains, chez les Grecs empruntée,
L'architecture au plus haut point portée
Fait admirer eucor dans ses débris
Son goût docile à ses maîtres chéris :
Elle sût même enchérir sur leurs graces ;
Mais ce ne fut qu'en marchant sur leurs traces,
Et sans risquer ses pas aventurés
Dans des sentiers de leur route égarés.
Ainsi par eux s'élevant sur eux-même,
Elle eût toujours joui du rang suprême
Et des honneurs à ses travaux acquis,
Si ce fléau des arts les plus exquis,
Ce corrupteur des sages disciplines,
Cet ennemi des plus pures doctrines,
L'orgueil aveugle, et l'amour entêté
Du changement et de la nouveauté,
Lui présentant ses perfides amorces,
N'eût par degrés miné toutes ses forces,
Et d'un corps mâle et d'embonpoint orné
Fait un squelette aride et décharné.
On vit dès-lors son arrogance énorme
Fronder le goût de l'antique uniforme,
Toujours même art, mêmes dimensions,
Mêmes contours, mêmes proportions ;
Temples, palais, places, maisons privées,
Frises, frontons, colonnes élevées
Sur même plan et sur même niveau ;

Et nul dessin, nul agrément nouveau.
Affranchissons de cette tyrannie,
Il en est temps, notre libre génie.
Cette façade, y compris chaque flanc,
A, dites-vous, cent colonnes de rang?
Varions-la : distinguons-les entre elles
Par cent hauteurs, par cent formes nouvelles.
Ce grand portail, d'ornements dégarni,
Plus ouvragé paroîtra moins uni.
Cet ordre est simple et tout d'une parure?
Entassons-y figure sur figure.
Ce mur avance? Il le faut enfoncer.
Ce toit s'éléve? Il le faut rabaisser.
Il faut enfin dans sa pédanterie
Laisser vieillir la froide symétrie.
Par ce moyen, loin d'être imitateurs,
Nous deviendrons d'illustres inventeurs.
  Cette peinture est l'image historique
Des changements de la muse comique :
Telle, en ce siécle aux nouveautés enclin,
Fut sa fortune, et tel est son déclin.
De son génie éteint avec les graces
Il ne restoit ni vestiges ni traces,
Avant qu'Armand ¹, heureux à tout tenter,
Eût entrepris de le ressusciter.
Mais ce génie, alors en son enfance,

---

¹ Le cardinal de Richelieu.

Dans son berceau dépourvu d'assistance,
Faute d'un maître habile à l'essayer,
N'avoit encor appris qu'à bégayer;
Lorsque assisté de Térence et de Plaute,
Molière vint, dont la voix ferme et haute
Lui fit d'abord, par de justes leçons,
Articuler et distinguer ses sons.
Bientôt après, sur ses avis fidéles,
S'apprivoisant avec ces grands modéles,
Et dans leur lice instruit à s'exercer,
Il apprit d'eux l'art de les devancer.
Sous ce grand homme enfin la comédie
Sut arriver, justement applaudie,
A ce point fixe où l'art doit aboutir,
Et dont sans risque il ne peut plus sortir.
Ce fut alors que la scène féconde
Devint l'école et le miroir du monde;
Et que chacun, loin d'en être choqué,
Fit son plaisir de s'y voir démasqué.
Là le marquis, figuré sans emblème,
Fut le premier à rire de lui-même;
Et le bourgeois apprit, sans nul regret,
A se moquer de son propre portrait.
Le sot savant, la docte extravagante,
La précieuse, et la prude arrogante,
Le faux dévot, l'avare, le jaloux,
Le médecin, le malade, enfin tous
Chez une muse en passe-temps fertile

Vinrent chercher un passe-temps utile :
Les beaux discours, les grands raisonnements,
Les lieux communs, et les beaux sentiments,
Furent bannis de son joyeux domaine,
Et renvoyés à sa sœur Melpomène :
Bref, sur un trône au seul rire affecté
Le rire seul eut droit d'être exalté.
C'est par cet art qu'elle charma la ville,
Et que, toujours renfermée en son style,
A la cour même, où sur-tout elle plut,
Elle atteignit son véritable but : .
Quand tout-à-coup la licence fantasque,
Levant sur elle un poignard bergamasque,
Vint à nos yeux de ses membres hachés
Éparpiller les lambeaux détachés,
Et sur la scène, ô honte du Parnasse!
Ressusciter le vieux monstre d'Horace.
Mais non : la muse étoit en sûreté ;
Et son nom seul pouvoit être insulté.
Que peut contre elle un fantôme stérile,
De l'Italie engeance puérile?
Ce n'est pas lui de qui l'effort jaloux,
Nymphe immortelle, est à craindre pour vous :
Ce que je crains, c'est ce funeste guide,
Cet enchanteur de nouveautés avide,
Qui, ne pensant qu'à vous assassiner,
Du grand chemin cherche à vous détourner,
Et vous conduit à votre sépulture

Par des sentiers de fleurs et de verdure.
C'est lui qui masque et déguise en phébus
Vos traits naïfs et vos vrais attributs.
C'est lui chez qui votre joie ingénue
Languit captive et presque méconnue
Dans ces atours recherchés et fleuris
Qui semblent faits pour les seuls beaux esprits,
Et dont tout l'art, qu'en bâillant on admire,
Arrache à peine un froid et vain sourire.
Enfin c'est lui qui de veut vous nourrit,
Et qui toujours courant après l'esprit,
De Malebranche élève fanatique,
Met en crédit ce jargon dogmatique,
Ces arguments, ces doctes rituels,
Ces entretiens fins et spirituels,
Ces sentiments que la muse tragique
Non sans raison réclame et revendique,
Et dans lesquels un acteur charlatan
Du cœur humain nous décrit le roman.
Hé ventrebleu! pédagogue infidèle,
Décris-nous-en l'histoire naturelle,
Diroit celui par qui l'homme au sonnet [1]
Est renvoyé tout plat au cabinet:
Expose-nous ses délires frivoles
En actions, et non pas en paroles;
Et ne viens plus m'embrouiller le cerveau

[1] Oronte, dans le *Misanthrope.*

De ton sublime aussi triste que beau.
L'art n'est point fait pour tracer des modéles,
Mais pour fournir des exemples fidéles
Du ridicule et des abus divers
Où tombe l'homme en proie à ses travers.
Quand tel qu'il est on me l'a fait paroître,
Je me figure assez quel je dois être,
Sans qu'il me faille affliger en public
D'un froid sermon passé par l'alambic.
Loin tout rimeur enflé de beaux passages,
Qui, sur lui seul moulant ses personnages,
Veut qu'ils aient tous autant d'esprit que lui,
Et ne nous peint que soi-même en autrui!
Je puis du moins admettre une folie
Qui sert de cure à ma mélancolie,
Et m'égayer dans le jeu naturel
D'un Trivelin [1] qui se donne pour tel:
Mais un bouffon qui, lorsque je veux rire,
Fait le sophiste, et prétend que j'admire
Son beau langage et sa subtilité;
A dire vrai, le bon sens révolté
Perd patience à ce babil mystique,
Et s'accommode encor moins d'un comique
Dont la froideur tient la joie en échec,
Que d'un tragique où l'œil demeure à sec.
    Quoi! dira-t-on, l'esprit, à votre compte,

[1] Trivelin, personnage bouffon de la comédie italienne.

Ne peut donc plus servir qu'à notre honte?
C'est un faussaire, un prévaricateur,
De toute régle éternel infracteur,
Et qu'Apollon, suivant votre hypothèse,
Ne peut trop tôt proscrire? A Dieu ne plaise!
Je sais trop bien qu'un si riche ornement
Est de notre art le premier instrument,
Et que l'esprit, l'esprit seul, peut sans doute
Aux grands succès se frayer une route :
Ce que j'attaque est l'emploi vicieux
Que nous faisons de ce présent des cieux.
Son plus beau feu se convertit en glace,
Dès qu'une fois il luit hors de sa place;
Et rien enfin n'est plus froid qu'un écrit
Où l'esprit brille aux dépens de l'esprit.
Au haut des airs le vol de ma pensée
Peut m'élever; mais, sans le caducée
De la raison, cet essor ne me sert
Qu'à prolonger une erreur qui me perd :
Comme un coursier que le voyageur ivre
A dérouté du chemin qu'il doit suivre;
Plus il est prompt, diligent et soudain,
Plus il s'éloigne et se fatigue en vain.
N'allons donc plus, déserteurs de nos pères,
Sacrifier à nos propres chimères ;
Et, sans risquer un honteux démenti,
Tenons-nous-en, c'est le plus sûr parti,
Au droit chemin tracé par nos ancêtres.

Tel, méprisant l'exemple de ses maîtres,
Dans son idée en croit être plus grand,
Qui dans le fond n'en est que différent.
Au suc exquis d'un aliment solide
Pourquoi mêler notre sel insipide?
Si le génie en nous se fait sentir,
Et de prison se prépare à sortir,
Laissons agir son naturel aimable,
Sans absorber ce qu'il a d'estimable
Dans une mer de frivoles langueurs,
Dans ce fatras de morale sans mœurs,
De vérités froides et déplacées,
De mots nouveaux, et de fades pensées,
Qui font briller tant d'auteurs importuns,
Toujours loués des connoisseurs communs,
Et, qui pis est, loués par l'endroit même
Qui du bon sens mérite l'anathème :
Car tout novice, en disant ce qu'il faut,
Ne croit jamais s'élever assez haut ;
C'est en disant ce qu'il ne doit pas dire
Qu'il s'éblouit, se délecte, et s'admire,
Dans ses écarts non moins présomptueux
Qu'un indigent superbe et fastueux,
Qui, se laissant manquer du nécessaire,
Du superflu fait son unique affaire.
A nos auteurs ce n'est point, entre nous,
L'esprit qui manque; ils en ont presque tous :
Mais je voudrois, dans ces nouveaux adeptes,

Voir une humeur moins rétive aux préceptes
Qui du théâtre ont établi la loi.

Ils en auroient mieux profité que moi;
Mais tout compté, je crois, Dieu me pardonne,
Que si j'étois pourvu, moi qui raisonne,
D'autant d'esprit qu'ils en ont en effet,
Je ferois mieux peut-être qu'ils n'ont fait.
Encore un mot à ces esprits sévères,
Qui, du beau style orateurs somnifères,
M'allégueront peut-être avec hauteur
L'autorité de cet illustre auteur
Qui *dans le sac où Scapin s'enveloppe*
Ne trouve plus l'auteur du Misanthrope[1].
Non, il ne put l'y trouver, j'en convieu:
Mais ce grand juge y retrouva fort bien
Le Grec fameux[2] qui sut en personnages
Faire jadis changer jusqu'aux nuages,
Un chœur d'oiseaux en peuple révéré,
Et Plutus même en Argus éclairé.
Aristophane, aussi bien que Ménandre,
Charmoit les Grecs assemblés pour l'entendre;
Et Raphaël peignit, sans déroger,
Plus d'une fois maint grotesque léger.
Ce n'est point là flétrir ses premiers rôles;
C'est de l'esprit embrasser les deux pôles;
Par deux chemins c'est tendre au même but,

[1] Boileau, *Art poétique*, III, 399. — [2] Aristophane.

Et s'illustrer par un double attribut.
Songez-y donc, chers enfants d'une muse
Qui cherche à rire, et que la joie amuse :
Depuis cent ans, deux théâtres chéris
Sont consacrés, l'un aux pleurs, l'autre aux ris :
Sans les confondre, il faut tâcher d'y plaire,
Si toutefois vous n'aimez pas mieux faire,
Pour distinguer votre savoir profond,
Rire au premier, et pleurer au second.

ÉPITRE IV.

A M. ROLLIN.

Docte héritier des trésors de la Gréce,
Qui, le premier, par une heureuse adresse,
Sus dans l'histoire associer le ton
De Thucydide à la voix de Platon,
Sage Rollin, quel esprit sympathique
T'a pu guider dans ce siécle critique,
Pour échapper à tant d'essaims divers
D'âpres censeurs qui peuplent l'univers ?
Toujours croissant de volume en volume,
Quel bon génie a dirigé ta plume ?
Par quel bonheur enfin, ou par quel art,

As-tu forcé le volage hasard,
L'aveugle erreur, la chicane insensée,
L'orgueil jaloux, l'envie intéressée,
De te laisser en pleine sûreté
Jouir vivant de ta postérité,
Et de changer, pour toi seul, sans mélange,
Leurs cris d'angoisse en concert de louange?
    Tout écrivain vulgaire ou non commun
N'a proprement que de deux objets l'un;
Ou d'éclairer par un travail utile,
Ou d'attacher par l'agrément du style :
Car sans cela quel auteur, quel écrit,
Peut par les yeux percer jusqu'à l'esprit?
Mais cet esprit lui-même en tant d'étages
Se subdivise à l'égard des ouvrages,
Que du public tel charme la moitié
Qui très souvent à l'autre fait pitié.
Du sénateur la gravité s'offense
D'un agrément dépourvu de substance;
Le courtisan se trouve effarouché
D'un sérieux d'agrément détaché :
Tous les lecteurs ont leurs goûts, leurs manies :
Quel auteur donc peut fixer leurs génies?
Celui-là seul qui, formant le projet
De réunir et l'un et l'autre objet,
Sait rendre à tous l'utile délectable,
Et l'attrayant utile et profitable :
Voilà le centre et l'immuable point

Où toute ligne aboutit et se joint.
Or ce grand but, ce point mathématique,
C'est le vrai seul, le vrai qui nous l'indique :
Tout, hors de lui, n'est que futilité,
Et tout en lui devient sublimité.
Sur cette régle, ami, le moindre OEdipe
Peut deviner la source et le principe
De ce succès qui pour toi parmi nous
Accorde, unit, et fixe tous les goûts.
La vérité simple, naïve, et pure,
Par-tout marquée au coin de la nature,
Dans ton histoire offre un sublime essai
Où tout est beau, parceque tout est vrai :
Non d'un vrai sec et crument historique;
Mais de ce vrai moral et théorique
Qui, nous montrant les hommes tels qu'ils sont,
De notre cœur nous découvre le fond,
Nous peint en eux nos propres injustices,
Et nous fait voir la vertu dans leurs vices.
C'est un théâtre, un spectacle nouveau,
Où tous les morts, sortant de leur tombeau,
Viennent encor sur une scène illustre
Se présenter à nous dans leur vrai lustre,
Et du public dépouillé d'intérêt,
Humbles acteurs, attendent leur arrêt :
Là, retraçant leurs foiblesses passées;
Leurs actions, leurs discours, leurs pensées,
A chaque état ils reviennent dicter

Ce qu'il faut fuir, ce qu'il faut imiter;
Ce que chacun, suivant ce qu'il peut être,
Doit pratiquer, voir, entendre, connoître :
Et leur exemple en diverses façons
Donnant à tous les plus nobles leçons,
Rois, magistrats, législateurs suprêmes,
Princes, guerriers, simples citoyens mêmes,
Dans ce sincère et fidèle miroir
Peuvent apprendre et lire leur devoir.
Ne pense pas pourtant qu'en ce langage
Je vienne ici, préconiseur peu sage,
Tenter ton zèle, humble, religieux,
Par un encens à toi-même odieux :
Rassure-toi : non, j'ose te le dire,
Ce n'est pas toi, cher Rollin, que j'admire;
J'admire en toi, plus justement épris,
L'auteur divin qui parle en tes écrits,
Qui, par ta main retraçant ses miracles,
Qui, par ta voix expliquant ses oracles,
T'a, librement et pour prix de ta foi,
Daigné choisir pour ce sublime emploi,
Mais qui pouvoit sur tout autre en ta place
Faire à son choix tomber la même grace,
Et jusqu'à moi la laisser parvenir,
S'il m'eût jugé digne de l'obtenir.
Il a voulu montrer, par le suffrage
Dont sa faveur couronne ton ouvrage,
Quelle distance il met entre celui

Qui, comme toi, ne se cherche qu'en lui,
Et tout esprit qu'aveugle la fumée
De ce grand rien qu'on nomme renommée,
Fantôme errant qui, nourri par le bruit,
Fuit qui le cherche, et cherche qui le fuit;
Mais qui, du sort enfant illégitime,
Et quelquefois misérable victime,
N'est rien en soi qu'un être mensonger,
Une ombre vaine, accident passager,
Qui suit le corps, bien souvent le précéde,
Et plus souvent l'accourcit ou l'excéde.
C'est lui pourtant, lui, dont tous les mortels
Viennent en foule encenser les autels :
C'est cette idole à qui tout sacrifie,
A qui, durant tout le cours de leur vie,
Grands et petits, follement empressés,
Offrent leurs vœux, souvent mal exaucés.
Non que l'espoir d'un succès équitable
Dans son objet ait rien de condamnable,
Ni que le cœur doive s'y refuser,
Quand le principe est de s'y proposer
Du roi des rois la gloire souveraine,
Ou du prochain l'utilité certaine.
Mais si l'amour d'un chatouilleux encens
Enivre seul notre esprit et nos sens;
Si, rejetant la véritable gloire,
Nous nous bornons à l'honneur illusoire
De fasciner par nos foibles clartés

D'un vain public les yeux débilités,
Sans consulter par d'utiles prières
L'unique auteur de toutes les lumières;
En quelque rang que le ciel nous ait mis,
Petits ou grands, ne soyons pas surpris
Qu'au lieu d'encens le dégoût populaire
De notre orgueil devienne le salaire,
Ou que du moins nos succès éclatants
Soient traversés par tous les contre-temps
Dont l'ignorance ou l'envie hypocrite
Troublent toujours tout aveugle mérite
Qui, n'écoutant, n'envisageant que soi,
Borne à lui seul son objet et sa loi.
C'est là peut-être, ami, je le confesse
(Car c'est ainsi que l'orgueil nous abaisse),
Ce qui, du ciel irritant le courroux,
M'a suscité tant d'ennemis jaloux,
Qu'une brutale et lâche calomnie
Acharne encor sur ma vertu ternie,
Et qui toujours dans leurs propres couleurs
Cherchent la mienne, et mes traits dans les leurs;
Triste loyer, châtiment lamentable
D'un amour-propre, il est vrai, plus traitable,
Et de vapeurs moins qu'un autre enivré,
Mais dans soi-même encor trop concentré,
Et ne cherchant dans ses vains exercices
Qu'à contenter ses volages caprices.
Quelques efforts qu'ait toutefois tenté

De leur courroux l'âpre malignité
Pour infecter l'air pur que je respire,
J'ai su tirer au moins, ou, pour mieux dire,
Le ciel m'a fait tirer par ses secours
Un double fruit de leurs affreux discours;
L'un d'entrevoir, que dis-je? de connoître
Dans ce fléau la justice d'un maître
Qui ne tolère en eux des traits si faux
Que pour punir en nous de vrais défauts;
L'autre, d'apprendre à ne leur plus répondre
Que par des mœurs dignes de les confondre,
A les laisser croupir dans le mépris
Dont le public les a déja flétris,
A fuir enfin toute escrime inégale
Qui d'eux à nous rempliroit l'intervalle :
Car le danger de se voir insulté
N'est pas restreint à la difficulté
De réfuter les fables romancières
De ces fripiers d'impostures grossières
Dont le venin non moins fade qu'amer
Se fait vomir comme l'eau de la mer.
Il est aisé d'arrêter leurs vacarmes,
Et de les vaincre avec leurs propres armes;
Ce n'est pas là le danger capital :
Le vrai péril est le piége fatal
Que leur noirceur tend à notre innocence
Pour l'engager dans la même licence,
Pour la changer en colère, en aigreur,

En médisance, en chicane, en fureur ;
Nous réduisant enfin, pour tout sommaire,
A n'avoir plus nul reproche à leur faire,
Dès qu'envers nous leurs crimes personnels
Nous ont rendus envers eux criminels.
Qu'arrive-t-il de ces lâches batailles,
De ces défis, embûches, représailles?
C'est qu'en croyant, par l'effort de nos coups,
Nous venger d'eux, nous les vengeons de nous ;
Qu'en travaillant sur de si faux modéles,
Nous devenons leurs copistes fidéles,
Donnant comme eux, ridicules héros,
A nos dépens la comédie aux sots,
Et leur montrant, bassement avilie,
Notre sagesse habillée en folie.
Le bel honneur d'attrouper les passants
Au bruit honteux de nos cris indécents !
Quelle pitié de prendre ainsi le change !
N'allons donc point, pour blâme ou pour louange,
Dépayser des talents estimés,
Et du public peut-être réclamés,
En détournant leur légitime usage
A des emplois indignes d'un vrai sage ;
Et, nous vengeant par de plus nobles traits,
Songeons au fruit qu'à de bien moindres frais
Peut retirer un solide mérite
Des ennemis que le sort lui suscite.
Tous ces travaux dont il est combattu

Sont l'aliment qui nourrit sa vertu :
Dans le repos elle s'endort sans peine ;
Mais les assauts la tiennent en haleine.
Un ennemi, dit un célébre auteur,
Est un soigneux et docte précepteur,
Fâcheux parfois, mais toujours salutaire,
Et qui nous sert sans gage ni salaire ;
Dans ses leçons plus utile cent fois.
Que ces amis dont la timide voix
Craint d'éveiller notre esprit qui sommeille,
Par des accents trop durs à notre oreille.
A qui des deux en effet m'adresser
Dans les besoins dont je me sens presser ?
Est-ce au flatteur qui me loue et m'encense ?
Est-ce à l'ami qui me tait ce qu'il pense ?
Par tous les deux séduit au même point,
Mon ennemi seul ne me trompe point.
Du foible ami dépouillant la mollesse,
Du vil flatteur dédaignant la souplesse,
Son émétique est un breuvage heureux,
Souvent utile, et jamais dangereux :
Car si celui dont la main le prépare
D'empoisonneur porte déja la tare,
Qu'ai-je à risquer de son venin chétif ?
Son venin même est le préservatif :
S'il m'a taxé d'une infirmité feinte,
La vérité, du même coup atteinte,
Saura bientôt trouver plus d'un moyen

Pour rétablir son crédit et le mien.

Mais, par malheur, si d'un mal véritable

Il trouve en moi le signe indubitable;

S'il m'avertit, par ses cris pointilleux,

D'un vrai levain, d'un ferment périlleux,

Qui de mon sang altère la substance;

Alors sa haine, et la noire constance

Dont me poursuit son courroux effronté,

Sans qu'il y songe avancent ma santé :

C'est une épée, un glaive favorable,

Qui, dans ses mains malgré lui secourable,

M'ouvrant le flanc pour abréger mon sort,

Perce l'abcès qui me donnoit la mort.

Si je guéris, l'intention contraire

De l'assassin ne fait rien à l'affaire :

De son forfait toute l'utilité

Reste à moi seul, à lui l'iniquité.

C'est donc à l'homme envers la Providence

Une bien folle et bien haute imprudence

D'attribuer à son inimitié

Ce qui souvent n'est dû qu'à sa pitié.

Ces contre-temps, ces tristes aventures

Sont bien plutôt d'heureuses conjonctures

Dont le concours l'assiste et le soutient,

Non comme il veut, mais comme il lui convient.

L'Être suprême en ses lois adorables,

Par des ressorts toujours impénétrables,

Fait, quand il veut, des maux les plus outrés

Naître les biens les plus inespérés.
A quel propos vouloir donc par caprice
Intervertir l'ordre de sa justice,
Et la tenter par d'aveugles regrets,
Ou par des vœux encor plus indiscrets?
O si du ciel la bonté légitime
Daignoit enfin du malheur qui m'opprime
Faire cesser le cours injurieux;
Si son flambeau dessillant tous les yeux,
A ma vertu si long-temps poursuivie
Rendoit l'éclat dont l'implacable envie,
Sous l'épaisseur de ses brouillards obscurs,
Offusque encor les rayons les plus purs !
Cette prière innocente et soumise,
Je l'avouerai; peut vous être permise:
Vous en avez légitimé l'ardeur
Par votre vie et par votre candeur;
Votre innocence inflexible et robuste
N'a point plié sous un pouvoir injuste :
Votre devoir est rempli; tout va bien :
Soyez en paix; le ciel fera le sien.
Il a voulu se réserver la gloire
De son triomphe et de votre victoire,
Et prévenir en vous la vanité
Qu'en votre cœur eût peut-être excité
Une facile et prompte réussite,
Attribuée à votre seul mérite,
Vous épargnant ainsi le dur fardeau

Et les rigueurs d'un châtiment nouveau.
Dans nos souhaits, aveugles que nous sommes,
Nous ignorons le vrai bonheur dés hommes :
Nous le bornons aux fragiles honneurs,
Aux vanités, aux plaisirs suborneurs,
A captiver l'estime populaire,
A rassembler tout ce qui peut nous plaire,
A nous tirer du rang de nos égaux,
A surmonter enfin tous nos rivaux.
Bonheur fatal, dangereuse fortune,
Et que le ciel, que souvent importune
L'avidité de nos trompeurs desirs,
Dans sa colère accorde à nos soupirs !
Ce n'est jamais qu'au moment de sa chute
Que notre orgueil voit du rang qu'il dispute
La redoutable et profonde hauteur.
Ce courtisan qu'enivre un vent flatteur
Vient d'obtenir, par sa brigue funeste,
La place due au mérite modeste :
Pour l'exalter tout semble réuni ;
Il est content. Dites qu'il est puni :
Il lui falloit cette place éclairée
Pour mettre en jour sa misère ignorée.
N'allons donc plus, par de folles ferveurs,
Prescrire au ciel ses dons et ses faveurs :
Demandons-lui la prudence équitable,
La piété sincère, charitable ;
Demandons-lui, sa grace, son amour :

Et s'il devoit nous arriver un jour
De fatiguer sa facile indulgence
Par d'autres vœux, pourvoyons-nous d'avance
D'assez de zéle et d'assez de vertus
Pour devenir dignes de ses refus.

ÉPITRE V.

A M. L. RACINE.

De nos erreurs, tu le sais, cher Racine,
La déplorable et funeste origine
N'est pas toujours, comme on veut l'assurer,
Dans notre esprit facile à s'égarer;
Et sa fierté, dépendante et captive,
N'en fut jamais la source primitive :
C'est le cœur seul, le cœur qui le conduit,
Et qui toujours l'éclaire, ou le séduit.
S'il prend son vol vers la céleste voûte,
L'esprit docile y vole sur sa route;
Si de la terre il suit les faux appas,
L'esprit servile y rampe sur ses pas.
L'esprit enfin, l'esprit, je le répéte,
N'est que du cœur l'esclave ou l'interpréte;
Et c'est pourquoi tes divins précurseurs,
De nos autels antiques défenseurs,

Sur lui toujours se sont fait une gloire
De signaler leur première victoire.
Oui, cher Racine, et, pour n'en point douter,
Chacun en soi n'a qu'à se consulter.
Celui qui veut de mon esprit rebelle
Dompter, comme eux, la révolte infidéle,
Pour parvenir à s'en rendre vainqueur,
Doit commencer par soumettre mon cœur,
Et, plein du feu de ton illustre père,
Me préparer un chemin nécessaire
Aux vérités qu'Esther va me tracer
Par les soupirs qu'elle me fait pousser.
C'est par cet art que l'auteur de la grace,
Versant sur toi sa lumière efficace,
Daigna d'abord, certain de son succès,
Toucher mon cœur dans tes premiers essais;
Et qu'aujourd'hui consommant son ouvrage,
Et secondant ta force et ton courage,
Il brise enfin le funeste cercueil
Où mon esprit retranchoit son orgueil,
Et grave en lui les derniers caractères
Qui de ma foi consacrent les mystères.
Quelle vertu, quels charmes tout puissants
A son empire asservissent mes sens?
Et quelle voix céleste et triomphante
Parle à mon cœur, le pénétre, l'enchante?
C'est Dieu, c'est lui, dont les traits glorieux
De leur éclat frappent enfin mes yeux.

Je vois, j'entends, je crois : ma raison même
N'écoute plus que l'oracle suprême.
Qu'attends-tu donc, toi dont l'œil éclairé·
Des vérités dont il m'a pénétré,
Toi dont les chants, non moins doux que sublimes,
Se sont ouvert tous les divins abymes
Où sa grandeur se plaît à se voiler ;
Qu'attends-tu, dis-je, à nous les révéler,
Ces vérités qui nous la font connoître ?
Et que sais-tu s'il ne te fit point naître
Pour ramener ses sujets non soumis,
Ou consoler du moins ses vrais amis ?
Dans quelle nuit, hélas ! plus déplorable
Pourroit briller sa lumière adorable,
Que dans ces jours où l'ange ténébreux
Offusque tout de ses brouillards affreux ;
Où, franchissant le stérile domaine
Donné pour borne à la sagesse humaine,
De vils mortels jusqu'au plus haut des cieux
Osent lever un front audacieux ;
Où nous voyons enfin, l'osé-je dire ?
La vérité soumise à leur empire,
Ses feux éteints dans leur sombre fanal,
Et Dieu cité devant leur tribunal ?
Car ce n'est plus le temps où la licence
Daignoit encor copier l'innocence,
Et nous voiler ses excès monstrueux·
Sous un bandeau modeste et vertueux.

Quelque mépris, quelque horreur que mérite
L'art séducteur de l'infame hypocrite,
Toujours pourtant du scandale ennemi,
Dans ses dehors il se montre affermi,
Et, plus prudent que souvent nous ne sommes,
S'il ne craint Dieu, respecte au moins les hommes.
Mais, en ce siécle à la révolte ouvert,
L'impiété marche à front découvert :
Rien ne l'étonne; et le crime rebelle
N'a point d'appui plus intrépide qu'elle.
Sous ses drapeaux, sous ses fiers étendards,
L'œil assuré, courent de toutes parts
Ces légions, ces bruyantes armées
D'esprits subtils, d'ingénieux pygmées,
Qui, sur des monts d'arguments entassés
Contre le ciel burlesquement haussés,
De jour en jour, superbes Encelades,
Vont redoublant leurs folles escalades;
Jusques au sein de la divinité
Portent la guerre avec impunité;
Viendront bientôt, sans scrupule et sans honte,
De ses arrêts lui faire rendre compte;
Et déja même, arbitres de sa loi,
Tiennent en main, pour écraser la foi,
De leur raison les foudres toutes prêtes.
Y songez-vous, insensés que vous êtes?
Votre raison, qui n'a jamais flotté
Que dans le trouble et dans l'obscurité,

Et qui, rampant à peine sur la terre,
Veut s'élever au-dessus du tonnerre,
Au moindre écueil qu'elle trouve ici-bas
Bronche, trébuche, et tombe à chaque pas :
Et vous voulez, fiers de cette étincelle,
Chicaner Dieu sur ce qu'il lui révéle !
Cessez, cessez, héritage des vers,
D'interroger l'auteur de l'univers :
Ne comptez plus avec ses lois suprêmes :
Comptez plutôt, comptez avec vous-mêmes;
Interrogez vos mœurs, vos passions;
Et feuilletons un peu vos actions.

    Chez des amis vantés pour leur sagesse
Avons-nous vu briller votre jeunesse ?
Vous a-t-on vus, dans leur choix enfermés,
Et de leurs mains à la vertu formés,
Chérir, comme eux, la paisible innocence,
Vaincre la haine, étouffer la vengeance;
Faire la guerre aux vices insensés,
A l'amour-propre, aux vœux intéressés;
Dompter l'orgueil, la colère, l'envie,
La volupté des repentirs suivie ?
Vous a-t-on vus, dans vos divers emplois,
Au taux marqué par l'équité des lois
De vos trésors mesurer la récolte,
Et de vos sens apaiser la réyolte ?
S'il est ainsi, parlez; je le veux bien.
Mais non : j'ai vu, ne dissimulons rien,

Dans votre vie au grand jour exposée,
Une conduite, hélas! bien opposée;
Une jeunesse en proie aux vains desirs,
Aux vanités, aux coupables plaisirs;
Au fol essaim de beautés effrénées,
A la mollesse, au luxe abandonnées.
De faux amis, d'insipides flatteurs,
Furent d'abord vos sages précepteurs :
Bientôt après, sur leurs doctes maximes,
En gentillesse érigeant tous les crimes,
Je vous ai vus, à titre de bel air,
Diviniser des idoles de chair,
Et mettre au rang des belles aventures
Sur leur pudeur vos victoires impures :
Je vous ai vus, esclaves de vos sens,
Fouler aux pieds les droits les plus puissants,
Compter pour rien toutes vos injustices;
Immoler tout à vos moindres caprices, .
A votre haine, à vos affections,
A la fureur de vos préventions;
Vouloir enfin, par vos désordres mêmes,
Justifier vos désordres extrêmes;
Et sans rougir, enflés par le succès,
Vous honorer de vos propres excès.
Mais, au milieu d'un si gracieux songe,
Ce ver caché, ce remords qui nous ronge,
Jusqu'au plus fort de vos déréglements
Vous exposoit à de trop durs tourments :

Il a fallu, parlons sans nulle feinte,
Pour l'étouffer, étouffer toute crainte,
Tout sentiment d'un fâcheux avenir;
D'un Dieu vengeur chasser le souvenir;
Poser en fait qu'au corps subordonnée
L'ame avec lui meurt ainsi qu'elle est née;
Passer enfin de l'endurcissement
De votre cœur au plein soulévement
De votre esprit : car tout libertinage
Marche avec ordre; et son vrai personnage
Est de glisser par degrés son poison
Des sens au cœur, du cœur à la raison.
De là sont nés, modernes Aristippes,
Ces merveilleux et commodes principes
Qui, vous bornant aux voluptés du corps,
Bornent aussi votre ame et ses efforts
A contenter l'agréable imposture
Des appétits qu'excite la nature.
De là sont nés, Épicures nouveaux,
Ces plans fameux, ces systèmes si beaux,
Qui, dirigeant sur votre prud'homie
Du monde entier toute l'économie,
Vous ont appris que ce grand univers
N'est composé que d'un concours divers
De corps muets, d'insensibles atomes,
Qui par leur choc forment tous ces fantômes
Que détermine et conduit le hasard,
Sans que le ciel y prenne aucune part.

Vous voilà donc rassurés et paisibles;
Et désormais, au trouble inaccessibles,
Vos jours sereins, tant qu'ils pourront durer,
A tous vos vœux n'ont plus qu'à se livrer.
Mais c'est trop peu. De si belles lumières
Luiroient en vain pour vos seules paupières;
Et vous devez, si ce n'est par bonté,
En faire part, du moins par vanité,
A ces amis si zélés, si dociles,
A ces beautés si tendres, si faciles,.
Dont les vertus, conformes à vos mœurs,
Vous ont d'avance assujetti les cœurs.
C'est devant eux que vos langues disertes
Pourront prêcher ces rares découvertes
Dont vous avez enrichi vos esprits :
C'est à leurs yeux que vos doctes écrits
Feront briller ces subtiles fadaises,
Ces arguments émaillés d'antithèses,
Ces riens pompeux avec art enchâssés
Dans d'autres riens fièrement énoncés,
Où la raison la plus spéculative
Non plus que vous, ne voit ni fond ni rive.
Que tardez-vous? ces tendres nourrissons
Déja du cœur dévorent vos leçons.
Ils comprendront d'abord, comme vous-mêmes,
Tous vos secrets, vos dogmes, vos problèmes,
Et, comme vous, bientôt même affermis
Dans la carrière où vous les aurez mis,

Vous les verrez, glorieux néophytes,
Faire à leur tour de nouveaux prosélytes;
Leur enseigner que l'esprit et le corps,
Bien qu'agités par différents ressorts,
Doivent pourtant toute leur harmonie
A la matière éternelle, infinie,
Dont s'est formé ce merveilleux essaim
D'êtres divers émanés de son sein;
Que ces grands mots d'ame, d'intelligence,
D'esprit céleste, et d'éternelle essence,
Sont de beaux noms forgés pour exprimer.
Ce qu'on ne peut comprendre ni nommer,
Et qu'en un mot notre pensée altière
N'est rien au fond que la seule matière
Organisée en nous pour concevoir,
Comme elle l'est pour sentir et pour voir :
D'où nous pouvons conclure, sans rien craindre,
Qu'au présent seul l'homme doit se restreindre;
Qu'il vit et meurt tout entier; et qu'enfin
Il est lui seul son principe et sa fin.
Voilà le terme où, sur votre parole,
Et sur la foi de votre illustre école,
Doit s'arrêter dans notre entendement
Toute recherche et tout raisonnement :
Car de vouloir combattre les mystères
Où notre foi puise ses caractères,
C'est, dites-vous, grêler sur les roseaux.
Est-il encor d'assez foibles cerveaux

Pour adopter ces contes apocryphes,
Du monachisme obscurs hiéroglyphes?
Tous ces objets de la crédulité
Dont s'infatue un mystique entêté
Pouvoient jadis abuser des Cyrilles,
Des Augustins, des Léons, des Basiles:
Mais quant à vous, grands hommes, grands esprits,
C'est par un noble et généreux mépris
Qu'il vous convient d'extirper ces chimères,
Épouvantail d'enfants et de grand'mères.
Car aussi bien par où se figurer,
Poursuivez-vous, de pouvoir pénétrer
Dans ce qui n'est à l'homme vénérable
Qu'à force d'être à l'homme impénétrable?
Quel fil nouveau, quel jour fidéle et súr
Nous guideroit dans ce dédale obscur?
Suivre à tâtons une si sombre route,
C'est s'égarer, c'est se perdre. Oui, sans doute,
C'est s'égarer, j'en conviens avec vous,
Que de prétendre, avec un cœur dissous
Dans le néant des vanités du monde,
Dans les faux biens dont sa misère abonde,
Dans la mollesse et la corruption,
Dans l'arrogance et la présomption,
Vous élever aux vérités sublimes
Qu'ont jusqu'ici démenti vos maximes.
Non, ce n'est point dans ces obscurités
Qu'on doit chercher les célestes clartés.

Mais voulez-vous par des routes plus sûres,
Vous élancer vers ces clartés si pures
Dont autrefois, dont encore aujourd'hui
Tant de héros, l'inébranlable appui
Des vérités par le ciel révélées,
Font adorer les traces dévoilées,
Et tous les jours, pleins d'une sainte ardeur,
Dans leurs écrits consacrent la splendeur?
Faites comme eux; commencez votre course
Par les chercher dans leur première source :
C'est la vertu dont le flambeau divin
Vous en peut seul indiquer le chemin.
Domptez vos cœurs, brisez vos nœuds funestes;
Devenez doux, simples, chastes, modestes;
Approchez-vous avec humilité
Du sanctuaire où gît la vérité;
C'est le trésor où votre espoir s'arrête.
Mais, croyez-moi, son heureuse conquête
N'est point le prix d'un travail orgueilleux,
Ni d'un savoir superbe et pointilleux.
Pour le trouver, ce trésor adorable,
Du vrai bonheur principe inséparable,
Il faut se mettre en règle, et commencer
Par asservir, détruire, terrasser
Dans notre cœur nos penchants indociles;
Par écarter ces recherches futiles
Où nous conduit l'attrait impérieux
De nos desirs follement curieux;

Par fuir enfin ces amorces perverses,
Ces amitiés, ces profanes commerces,
Ces doux liens que la vertu proscrit,
Charme du cœur, et poison de l'esprit.
Dès qu'une fois le zéle et la prière
Auront pour vous franchi cette barrière,
N'en doutez point, l'anguste vérité
Sur vous bientôt répandra sa clarté.
Mais, direz-vous, ce triomphe héroïque
N'est qu'une idée, un songe platonique.
Quoi! gourmander toutes nos voluptés?
Anéantir jusqu'à nos volontés?
Tyranniser des passions si belles?
Répudier des amis si fidéles?
Vouloir de l'homme un tel détachement,
C'est abolir en lui tout sentiment,
C'est condamner son ame à la torture,
C'est en un mot révolter la nature,
Et nous prescrire un effort incertain,
Supérieur à tout effort humain.
    Vous le croyez: mais malgré tant d'obstacles,
Dieu tous les jours fait de plus grands miracles;
Il peut changer nos glaçons en bûchers,
Briser la pierre, et fondre les rochers.
Tel aujourd'hui, dégagé de sa chaîne,
N'écoute plus que sa voix souveraine,
Et de lui seul faisant son entretien,
Voit tout en lui, hors de lui ne voit rien,

Qui, comme vous, commençant sa carrière,
Ferma long-temps les yeux à la lumière,
Et qui peut-être envers ce dieu jaloux
Fut autrefois plus coupable que vous.
    Pour toi, rempli de sa splendeur divine,
Toi qui, rival et fils du grand Racine,
As fait revivre en tes premiers élans
Sa piété non moins que ses talents,
Je l'avouerai; quelques rayons de flamme
Que par avance eût versés dans mon ame
La vérité qui brille en tes écrits,
J'en eusse été peut-être moins épris,
Si de tes vers la chatouilleuse amorce
N'eût secondé sa puissance et ta force,
Et si mon cœur, attendri par tes sons,
A mon esprit n'eût dicté ses leçons.

ÉPITRE VI.

A M. DE BONNEVAL.

Oui, tout le monde en convient avec toi,
Cher Bonneval, et l'épreuve en fait foi,
Pour s'attirer le tribut unanime
D'une sincère et générale estime,

Les hauts degrés, la naissance, et les biens,
Sont les plus prompts et les plus sûrs moyens :
Mais, sans mérite, un si beau privilége
N'est qu'un filet, un invisible piége,
Que la fortune et nos mauvais démons
Le plus souvent tendent aux plus grands noms.
Les dignités n'exigent à leur suite
Que le respect : l'estime est gratuite ;
Pour l'obtenir, il faut la mériter ;
Pour l'acquérir, on la doit acheter.
Qui ne fait rien pour cet honneur insigne,
Plus il est grand, plus il s'en montre indigne.
Votre noblesse, enfant de la grandeur,
Est un flambeau rayonnant de splendeur,
Qui, s'il n'étend ses lumières propices
Sur vos vertus, éclaire tous vos vices.
Voulez-vous donc, honorables vainqueurs,
Vous asservir notre estime et nos cœurs ?
Proposez-vous pour régle favorite
De distinguer le vrai du faux mérite ;
Et, ce pas fait, songez pour second point,
Qu'on ne lui plaît qu'en ne se plaisant point,
En soumettant par des efforts extrêmes
La vanité qui nous cache à nous-mêmes,
En consultant ce qu'on doit consulter,
En imitant ce qu'on doit imiter,
Des passions réprimant l'incendie,
Et subjuguant la paresse engourdie,

Lâche tyran, qui n'entraîne après lui
Que l'ignorance et le stupide ennui.
Grands de nos jours, cherchez donc vos modèles
Chez des amis éclairés et fidèles,
De qui le nom, l'exemple, et les conseils
Puissent servir de phare à vos pareils :
Aimez en eux, quoi qu'elle vous prescrive,
La vérité simple, pure, et naïve;
Et loin de vous chassez tout corrupteur,
Tout complaisant, tout stérile flatteur,
Qui le premier en secret prêt à rire
De vos excès et de votre délire,
Approbateur folâtre et décevant,
Vous y replonge encore plus avant.
De l'honnête homme, en qui le vrai réside
La flatterie inhumaine et perfide
Est l'éternelle et capitale horreur.
Quelque dégoût que l'orgueilleuse erreur
Puisse donner de ces fières maximes,
Ce sont pourtant ces fiertés magnanimes
Qui du public, ami de la vigueur,
Gagnent pour lui le respect et le cœur :
La vérité, soutenant sa querelle,
Combat pour lui comme il combat pour elle
En l'honorant dans ses âpres discours.
Assurez-vous aussi de son secours;
Et, sans chercher une amitié solide
Dans un mérite indulgent et timide,

Attachez-vous, jaloux d'être honorés,
Aux seuls drapeaux du public révérés.
  « Mon fils, disoit un maréchal illustre [1],
« Vous achevez votre troisième lustre ;
« Mais, pour pouvoir noblement figurer,
« Dans la carrière où vous allez entrer,
« Souvenez-vous, quoi que le cœur vous dise,
« De ne jamais former nulle hantise
« Qu'avec des gens dans le monde approuvés,
« Chez des amis sages et cultivés.
« Appliquez-vous sur-tout, c'est le grand livre,
« A vous former dans l'art de savoir vivre :
« Dans ce qu'enseigne un commerce épuré,
« L'esprit toujours trouve un fonds assuré.
« Quant au surplus, suivez votre génie :
« Mais ne marchez qu'en bonne compagnie ;
« Souvenez-vous que de toute action
« L'autorité fait l'estimation.
« J'aime mieux voir en compagnie exquise
« Mon fils au bal, qu'en mauvaise à l'église.
« Je ne veux point d'un jeune homme occupé
« Faire un pédant, un docte anticipé,
« Afin qu'un jour l'épée ou bien la crosse
« Trouvent un sot dans un Caton précoce :
« Mais je prétends qu'un cavalier bien né
« En sache assez pour n'être point berné

[1] Le duc de La Feuillade, mort en 1691.

« Par l'impudence et l'air de dictature

« Des charlatans de la littérature.

« Si quelque goût par bonheur vous a lui

« Pour la lecture, étudiez celui

« D'un ami sage, et qui puisse vous dire

« Quand, et comment, et quoi vous devez lire.

« Mille savants jeunes ne savoient rien;

« Mais qui sait mal n'apprendra jamais bien.

« Que vos devoirs soient votre grande étude.

« Tel, pour tout fruit de sa sollicitude,

« Ternit son lustre en voulant trop briller,

« Et se dessèche à force de s'enfler.

« Toute science enfin, toute industrie

« Qui ne tend point au bien de la patrie,

« Ne sauroit rendre un mortel orgueilleux

« Que ridicule, au lieu de merveilleux.

« Avec raison le sens commun rejette

« L'homme d'état qui veut être poëte;

« Et plus encor le financier badin

« Qui pour Rameau s'érige en paladin,

« Et, malgré lui confus de la misère

« De se sentir ignorant dans sa sphère,

« Ne songe pas que c'est encor l'outrer

« Que de savoir ce qu'il doit ignorer.

« Fuyez sur-tout ces esprits téméraires,

« Ces écumeurs de dogmes arbitraires,

« Qu'on voit, tout fiers de leur corruption,

« Alambiquer toute religion :

« Du pyrrhonisme aplanissant les routes,

« En arguments habiller tous leurs doutes,

« Et convertir, subtils sophistiqueurs,

« Leur ignorance en principes vainqueurs.

« Il ne vous faut que des sages dociles,

« Aimés du ciel, et sur la terre utiles,

« Qui, de l'honneur louablement jaloux,

« Puissent répondre et pour eux et pour vous.

« Quand vous aurez pour vous la voix des sages,

« Les fous bientôt y joindront leurs suffrages. »

De ces leçons que le bon sens dicta

Qu'arriva-t-il? Le fils [1] en profita :

De ses talents la beauté soutenue

D'un choix d'amis de vertu reconnue

Lui fit braver, dès ses jours les plus verts,

Tous les dangers à la jeunesse offerts,

Le préserva de ces haines qu'attire

La dédaigneuse et mordante satire;

Toujours affable et jamais renfrogné,

Et, quant aux mœurs, sagement éloigné,

Dans tous les temps, même en son plus jeune âge,

Du cagotisme et du libertinage.

Aussi bientôt, d'un soin officieux,

La Renommée, ouvrant sur lui les yeux,

Prit la trompette, et, de sa voix féconde,

Fit tout-à-coup, sur la scène du monde,

[1] Louis, duc de La Feuillade, mort maréchal de France en 1725.

A ses vertus prendre un air de hauteur
Qui l'y plaça comme premier acteur,
Et vit enfin tous lés rayons du père
Illuminer une tête si chère..
Image simple, emblème familier,
Qui, concluant pour le particulier,
Peut pour le prince également conclure,
Et lui montrer, tout au moins en figure,
D'un grand renom quel est le vrai chemin,
Qu'un guide sage y conduit, et qu'enfin
De la vertu par l'exemple formée
Naît la solide et stable renommée.

FIN DES ÉPÎTRES.

ALLÉGORIES,

ÉPIGRAMMES,

ET

POÉSIES DIVERSES.

ALLÉGORIES.

ALLÉGORIE I.

LA MOROSOPHIE [1].

A contempler le monde et ses richesses,
Et ces amas de fécondes largesses
Que jour et nuit la mère des humains
Sur ses enfants répand à pleines mains,
Qui ne croiroit que la tendre nature
En pétrissant l'homme, sa créature,
Ne l'a tiré du néant ténébreux
Que pour le rendre infiniment heureux?
Mais, d'autre part, ces fléaux innombrables
Accumulés sur nos jours misérables,
Tristes mortels nous font regarder tous
Comme l'objet de son plus noir courroux.
D'où peut venir ce mélange adultère
D'adversités, dont l'influence altère
Les plus beaux dons de la terre et des cieux?
L'antiquité nous mit devant les yeux
De ce torrent la source emblématique,
En nous peignant cette femme mystique

---

[1] La folle sagesse, le vain desir de tout connoître.

Fille des dieux, chef-d'œuvre de Vulcain,
A qui le ciel prodiguant par leur main
Tous les présents dont l'olympe s'honore
Fit mériter le beau nom de Pandore.
L'urne fatale où les afflictions,
Les durs travaux, les malédictions,
Jusqu'à ce temps des humains ignorées,
Avoient été par les dieux resserrées,
Pour le malheur des mortels douloureux
Fut confiée à ses soins dangereux.
Fatal desir de voir et de connoître !
Elle l'ouvrit, et la terre en vit naître
Dans un instant tous les fléaux divers
Qui depuis lors inondent l'univers.
Quelle que soit, ou vraie, ou figurée,
De ce revers l'histoire aventurée,
N'en doutons point, la curiosité
Fut le canal de notre adversité.
Mais de ce mal déterrons la racine,
Et remontons à la vraie origine
De tant d'ennuis, dont le triste concours
De notre vie empoisonne les jours.

   Avant que l'air, les eaux, et la lumière,
Ensevelis dans la masse première,
Fussent éclos, par un ordre immortel,
Des vastes flancs de l'abyme éternel,
Tout n'étoit rien : la nature enchaînée,
Oisive, et morte avant que d'être née;

Sans mouvement, sans forme, sans vigueur,
N'étoit qu'un corps abattu de langueur,
Un sombre amas de principes stériles,
De l'existence éléments immobiles.
Dans ce chaos (ainsi par nos aïeux
Fut appelé ce désordre odieux),
En pleine paix, sur son trône affermie,
Régna long-temps la Discorde ennemie,
Jusques au jour pompeux et florissant
Qui donna l'être à l'univers naissant,
Quand l'Harmonie, architecte du monde,
Développant dans cette nuit profonde
Les éléments pêle-mêle diffus,
Vint débrouiller leur mélange confus,
Et, variant leurs formes assorties,
De ce grand tout animer les parties.
Le ciel reçut en son vaste contour
Les feux brillants de la nuit et du jour;
L'air moins subtil assembla les nuages,
Poussa les vents, excita les orages;
L'eau vagabonde en ses flots inconstants
Mit à couvert ses muets habitants;
La terre enfin, cette tendre nourrice,
De tous nos biens sage modératrice,
Inépuisable en principes féconds,
Fut arrondie, et tourna sur ses gonds,
Pour recevoir la céleste influence
Des doux présents que son sein nous dispense.

Ainsi des dieux le suprême vouloir
De l'Harmonie établit le pouvoir.
Elle éteignit par ce sublime exorde
Le règne obscur de l'affreuse Discorde.
Mais cet essai de ses soins généreux
Eût été peu, si son empire heureux
N'eût consommé l'ouvrage de la terre
Par le bonheur des êtres qu'elle enserre.
Aux mêmes lois elle les soumit tous :
Le foible agneau ne craignit point les loups,
Et sans péril il vit paître sur l'herbe
Le tigre et l'ours près du lion superbe.
Entretenus par les mêmes accords,
'Tous les mortels ne formèrent qu'nn corps
Vivifié par la force infinie
D'un même esprit et d'un même génie,
Et dirigé par les mêmes concerts
Dont la cadence anime l'univers.
Par le secours de cette intelligence,
Riches sans biens, pauvres sans indigence,
Ils vivoient tous également heureux,
Et la nature étoit riche pour eux.
Toute la terre étoit leur héritage :
L'égalité faisoit tout leur partage :
Chacun étoit et son juge et son roi :
Et l'amitié, la candeur, et la foi,
Exerçoient seuls en ce temps d'innocence,
Les droits sacrés de la toute-puissance.

Tel fut le régne, à la terre si doux,
Que l'Harmonie exerça parmi nous.
Du vrai bonheur nous fûmes les symboles,
Tandis qu'exempt de passions frivoles
Le genre humain dans les sages plaisirs
Sut contenir ses modestes desirs.

Mais cependant la Discorde chassée,
Chez les mortels furtivement glissée,
Comme un serpent se cachoit sous ces fleurs,
Et par l'esprit empoisonnoit les cœurs.
Chacun déja, s'interrogeant soi-même,
De l'univers épluchoit le système:
Comment s'est fait tout ce que nous voyons?
Pourquoi ce ciel, ces astres, ces rayons?
Quelle vertu dans la terre enfermée
Produit ces biens dont on la voit semée?
Quelle chaleur fait mûrir ses moissons,
Et rajeunit ses arbres, ses buissons?
Mais ces hivers dont la triste froidure
Gerce nos fruits, jaunit notre verdure,
Que servent-ils? et que servent ces jours
Tous inégaux, tantôt longs, tantôt courts?
Ah! que la terre en seroit bien plus belle,
Si du printemps la douceur éternelle
Faisoit régner des jours toujours réglés!
Ainsi parloient ces mortels aveuglés
Qui, pleins d'eux-même, et sortant des limites
Par la nature à leur être prescrites,

Osoient sonder, scrutateurs criminels,
La profondeur des secrets éternels.
Folle raison ! lumière déplorable,
Qui n'insinue à l'homme misérable
Que le mépris d'une simplicité
Si nécessaire à sa félicité !
Par ce succès la Discorde amorcée
Conçut dès-lors l'orgueilleuse pensée
D'exterminer l'Harmonie et ses lois ;
Et rassemblant, à sa fatale voix,
Ces insensés prêts à lui rendre hommage,
Prit la parole, et leur tint ce langage :
    Eh quoi ! mortels, c'est donc assez pour vous
De contenter vos appétits jaloux ?
Et le bonheur des animaux sauvages
Sera le seul de tous vos avantages ?
Car dans quel sens êtes-vous plus heureux ?
Comme pour vous, le monde est fait pour eux.
Mêmes desirs, mêmes soins vous inspirent :
Vous respirez le même air qu'ils respirent ;
L'astre du jour, comme vous, les chérit ;
Et, comme vous, la terre les nourrit.
Répondez donc : quel bien, quelle opulence,
De votre rang peut fonder l'excellence ?
Notre raison, direz-vous. J'en conviens ;
C'est le plus grand, le plus doux de vos biens.
Mais ce trésor, cette flamme sacrée,
Quelle lumière en avez-vous tirée ?

L'invention de quelques arts dictés
Par l'embarras de vos nécessités.
La faim cruelle inventa la culture
Des champs marqués pour votre nourriture :
Vous ne devez qu'aux rigueurs des saisons
L'art d'élever vos paisibles maisons :
Et le besoin d'un commerce facile
A rendu l'onde à vos rames docile.
Votre raison ne vous a rien appris
Qu'à captiver l'essor de vos esprits,
A regarder cet univers sensible
Comme l'objet d'une étude impossible,
Ou tout au plus en voyant ses attraits
A respecter les dieux qui les ont faits.
Mais si ces dieux, auteurs de tant de choses,
Avoient voulu vous en cacher les causes,
Vous auroient-ils inspiré ces élans,
Ce feu divin, ces desirs vigilants,
Et cette ardeur d'apprendre et de connoître,
Qui constitue et distingue votre être?
Souffrez qu'enfin vos yeux soient dessillés,
Et servez-vous des feux dont vous brillez.
Pour seconder en vous un si beau zéle
J'améne ici ma compagne fidéle.
Morosophie est son titre adopté,
Et son vrai nom la Curiosité.
Recevez-la : sa lumière divine
Vous apprendra votre vraie origine;

Vous connoîtrez le principe et la fin
De toute chose; et vous serez enfin,
En lui rendant vos soins et votre hommage,
Pareils aux dieux dont vous êtes l'image.

A ce discours, qui charme les humains,
Tout applaudit de la voix et des mains.
Morosophie, en tous lieux approuvée,
Et sur un trône en public élevée,
Dicte de là ses oracles menteurs,
Ses arguments, ses secrets imposteurs;
Et, dans le monde inondé d'aphorismes,
De questions, de doutes, de sophismes,
A la sagesse on vit en un clin d'œil
Substituer la folie et l'orgueil.
Mais, pour servir sa perfide maîtresse,
Le grand secret de sa trompeuse adresse
Fut de remplir les hommes, divisés,
De sentiments l'un à l'autre opposés,
D'embarrasser leurs esprits téméraires,
D'opinions et de dogmes contraires,
Et d'ennoblir du nom de vérités
Ce fol amas de contrariétés.
De cette mer agitée, incertaine,
Sortit alors la Dispute hautaine,
Les yeux ardents, le visage enflammé,
Et le regard de colère allumé;
Monstre hargneux, superbe, acariâtre,
Qui, de soi-même orateur idolâtre,

Combat toujours, ne recule jamais,
Et dont les cris épouvantent la Paix.
D'elle bientôt naquirent les scandales,
Les factions, les brigues, les cabales.
A son erreur chacun assujetti
Ne songea plus qu'à former son parti,
Pour s'appuyer de la foule et du zéle
Des défenseurs de sa secte nouvelle;
Et les mortels sous divers concurrents
Suivirent tous des drapeaux différents.
En cet état il n'étoit plus possible
Que cette race orgueilleuse, inflexible,
Vécût long-temps sous une même loi :
Ainsi, chacun ne songeant plus qu'à soi,
On eut besoin, pour prévenir les guerres,
De recourir au partage des terres;
Et d'un seul peuple on vit dans l'univers
Naître en un jour mille peuples divers.
Ce fut ainsi que la folle Sagesse,
Chez les humains souveraine maîtresse,
Les séparant d'intérêts et de biens,
De l'amitié rompit tous les liens.
Mais des trésors dont la terre est chargée
La jouissance avec eux partagée
Leur fit sentir mille besoins affreux.
Il fallut donc qu'ils convinssent entre eux
D'un bien commun dont l'utile mélange
Des autres biens facilitât l'échange;

Et l'or, jadis sous la terre caché,
L'or, de ses flancs par leurs mains détaché,
Fut, par leur choix et leur commun suffrage,
Destiné seul à ce commode usage.
Mais avec lui sortit du même sein
De tous nos maux le véritable essaim.
L'insatiable et honteuse avarice,
Du genre humain pâle dominatrice,
Chez lui reçue avec tous ses enfants,
Rendit par-tout les vices triomphants.
Sous l'étendard de cette reine impure,
Les trahisons, le larcin, le parjure,
Le meurtre même, et le fer, et le feu,
Tout fut permis, tout ne devint qu'un jeu.
L'intérêt seul fut le dieu de la terre :
Il fit la paix, il déclara la guerre,
Pour se détruire arma tous les mortels,
Et des dieux même attaqua les autels.
Pour mieux encore établir son empire,
Morosophie inventa l'art d'écrire,
Des longs procès instrument éternel,
Et du mensonge organe criminel,
Par qui la fraude, en prestiges fertile,
Sème en tous lieux sa doctrine subtile,
Et chez le peuple, ami des nouveautés,
Change en erreurs toutes les vérités.
Mille autres arts encor plus détestables
Furent le fruit de ses soins redoutables,

Et d'eux naquit, à ses ordres soumis,
Le plus mortel de tous nos ennemis,
Le luxe, ami de l'oisive mollesse,
Qui, parmi nous, signalant sa souplesse,
Introduisit par cent divers canaux
La pauvreté, le plus dur de nos maux.
Ainsi l'aimable et divine Harmonie
De tous les cœurs par degrés fut bannie.
Mais, en partant pour remonter aux cieux,
Elle voulut, dans ses derniers adieux,
De sa bonté pour la race mortelle
Laisser encore une marque nouvelle.

    Si vos esprits étoient moins prévenus,
Et si vos maux vous étoient mieux connus,
J'aurois, dit-elle, encor quelque espérance
De réussir à votre délivrance :
Mais la Discorde, éblouissant vos yeux,
Vous a rendu son joug trop précieux
Pour me flatter que vos clartés premières
Puissent renaître à mes foibles lumières,
Et présumer qu'une seconde fois
L'affreux chaos se débrouille à ma voix.
Pour être heureux vous reçûtes la vie ;
Et ce bonheur fit ma plus chère envie.
Aux immortels j'osai ravir pour vous
Ce feu du ciel dont ils sont si jaloux,
Cette raison dont la splendeur divine
Vous fait sentir votre vraie origine.

Qu'avez-vous fait d'un partage si doux?
C'est elle, hélas! qui vous a perdus tous.
Par votre orgueil corrompue, altérée,
Dans votre cœur elle a donné l'entrée
Aux vanités, aux folles visions,
Germe éternel de vos divisions;
Et, s'échappant du cercle des idées
A vos besoins par les dieux accordées,
Elle a porté ses regards élevés
Jusqu'aux secrets pour eux seuls réservés :
Funeste essor : malheureuse chimère;
Qui vous ravale au-dessous de la sphère
Des animaux les plus défectueux;
D'autant plus vils, que, plus présomptueux,
Vous ne suivez, au lieu de la nature,
Qu'une ombre vaine, une fausse peinture,-
Et qu'à vos yeux trompés par cet écueil
Votre misère est un sujet d'orgueil !
Adieu; je pars, de vos cœurs exilée,
Et sans espoir de m'y voir rappelée.
Mais ma pitié ne peut vous voir périr :
Et si mes soins n'ont pu vous secourir,
Si mon pouvoir sur tout ce qui respire
N'a pu sur vous conserver son empire,
Pour vous du moins j'entretiendrai toujours
L'ordre constant et l'immuable cours
Qu'à l'univers, en lui donnant naissance,
Sut imposer ma suprême puissance;

Vous jouirez toujours, par mes bienfaits,
De tous les dons que le ciel vous a faits,
Et cette terre, à vos vœux si facile,
Sera pour vous un éternel asile,
Jusqu'au moment prévu par vos aïeux
Qui confondra la terre avec les cieux,
Lorsque la flamme, en ravages féconde,
Viendra saper les murailles du monde,
Pour reproduire en ses vastes tombeaux
De nouveaux cieux et des hommes nouveaux.
    Ainsi parla l'immortelle déesse :
Et dès l'instant, fidèle à sa promesse,
Elle quitta ce terrestre séjour,
Et prit son vol vers la céleste cour.
Depuis ce temps, la Discorde sauvage
Vit les humains nés pour son esclavage,
De l'Harmonie oubliant les concerts,
Courir en foule au-devant de leurs fers;
Et désormais maîtresse de la terre,
Y fit régner, au mépris du tonnerre,
Vengeur tardif de nos impiétés,
Tous les malheurs par le vice enfantés.

ALLEGORIE II.

MINERVE.

Foibles humains, si fiers de vos grandeurs,
De votre sort vantez moins les splendeurs :
Des immortels si vous êtes l'ouvrage,
Les animaux ont le même avantage;
La même main qui forma votre corps
De leur machine assembla les accords.
Ainsi sur eux l'honneur de la naissance
N'eût jamais dû fonder votre puissance,
Si la raison, par un secours heureux,
N'eût établi votre empire sur eux,
Et, soumettant la force à la foiblesse,
De votre rang distingué la noblesse.
Mais ce rayon parmi vous si vanté
N'est rien en soi qu'ombre et qu'obscurité.
L'usage seul en fait un bien suprême :
Et cet usage est la sagesse même,
Le plus divin, le plus beau, le plus doux
De tous les biens, mais qui n'est point en nous;
Des dieux du ciel c'est le grand héritage.
Les animaux ont l'instinct pour partage :

De sa raison l'homme est plus glorieux :
Mais la sagesse est la raison des dieux.
Sans ses clartés, la nôtre dégradée
Est toujours foible et toujours mal guidée;
Et par malheur nul n'obtient son secours
Que rarement, et jamais pour tonjours.
La main des dieux la donne et la retire,
Selon les lois qu'elle veut se prescrire :
Mais nul ne peut compter sur ses conseils,
Ni plus long-temps, ni plus que ses pareils;
Et c'est pourquoi, dans l'enfance du monde,
Lorsque le ciel, par sa vertu féconde,
Eut fait sortir l'univers de ses flancs,
Le vieux Saturne, aîné de ses enfants,
Ayant connu qu'étant tels que nous sommes
L'homme n'est point né pour régir les hommes,
Donna la terre, indigente d'appui,
A gouverner à des dieux comme lui.
Cet ordre heureux fit régner la justice,
Et fut pour nous l'époque et le solstice
Du vrai bonheur, qui, depuis ces beaux jours,
Fut de la terre exilé pour toujours,
Quand Jupiter, usurpateur sévère,
Changeant les lois prescrites par son père,
Pour maintenir son empire odieux,
Mit les humains à la place des dieux.
De tous nos maux ce mal ourdit la trame.
Le premier règne étoit celui de l'ame :

Mais le nouveau fut le règne des sens;
Et son auteur, des mortels trop puissants
Faisant par là germer l'orgueil suprême,
Les trahit tous, et se trahit lui-même.

    Car les géants, fiers d'avoir de leurs mains
Forgé des fers au reste des humains,
Et de se voir, par la force et la guerre,
Vainqueurs du monde et tyrans de la terre,
A Jupiter, par de nouveaux excès,
Firent encor redouter leurs succès;
Et leur orgueil s'élevant une route
Pour le détruire, ils l'eussent fait sans doute,
Si tous les dieux par lui-même bannis
Pour le sauver ne s'étoient réunis,
Et, renversant les masses entassées
Par ces ingrats jusqu'aux cieux exhaussés,
N'eussent enfin sous ces monts embrasés
Enseveli leurs restes écrasés.
Le haut Olympe en ses autres humides
Vit bouillonner le sang des Aloïdes [1];
Sous Pélion Mimas fut abymé;
Et, dans le creux de son gouffre enflammé,
Le mont voisin de l'amante d'Alphée [2]
Mugit encor des soupirs de Typhée.
Mais votre cœur facile à s'irriter,

---

[1] Othus et Éphialte, fils de Neptune et d'Iphimédie, qui étoit l'épouse du géant Alous.

[2] Le mont Etna.

Dieux outragés, ne put se contenter
D'une pénible et douteuse victoire
Où le péril fut plus grand que la gloire :
Des immortels le redoutable roi,
Jupiter même, avoit pâli d'effroi;
Et ce monarque, aussi puissant que juste,
Vous assemblant devant son trône auguste,
En ce discours conforme à vos souhaits
Vous fit à tous entendre ses décrets :

    Enfants du Ciel, assemblée immortelle,
Dont le courage intrépide et fidèle
Contre l'effort d'un complot insolent
Vient d'affermir mon trône chancelant,
Par vos efforts soutenus du tonnerre
Ces attentats des enfants de la terre
Viennent enfin de retomber sur eux;
Et les horreurs d'un châtiment affreux
Ont expié l'audace forcenée
Contre les cieux si long-temps mutinée.
Mais un affront par les dieux enduré,
Bien que puni, n'est jamais réparé;
Et je ne puis mettre en oubli l'injure
Faite à mon rang par leur race parjure
Qu'en m'éloignant d'un séjour détesté,
Théâtre impur de leur impiété.
Suivez-moi donc : venez, troupe choisie,
Goûter en paix la céleste ambrosie,
Loin d'une terre importune à nos yeux,

Et chez le Ciel, père commun des dieux,
Allons chercher dans un plus noble étage
Notre demeure et notre vrai partage.

   A ce discours chacun fait éclater
Son alégresse; et, sans plus consulter,
Tout ce grand chœur, qu'un même zéle anime
A se rejoindre à son auteur sublime,
Part, vole, arrive, et, semblable à l'éclair,
Ayant franchi les vastes champs de l'air
Au firmament, demeure pacifique
Du dieu des cieux, reprend sa place antique.
Le Ciel les voit inclinés devant lui;
Et, d'un souris garant de son appui,
Rendant le calme à leur ame incertaine,
Je sais, dit-il, quel motif vous amène,
Et je consens à régler entre vous
Le grand partage où vous aspirez tous.
Dans mes états, comme aîné de ma race
Saturne aura la plus illustre place:
Un vaste globe élevé jusqu'à moi
Est le séjour dont je l'ai nommé roi.
Entre les dieux nés pour lui rendre hommage,
Trois seulement auront leur apanage:
Le reste, en cercle autour de lui placés,
A le servir ministres empressés,
Lui formeront une cour sans égale,
Digne d'un dieu que ma faveur signale.
Au second rang Jupiter et sa cour,

Plus loin de moi, mais plus voisins du jour,
Établiront leur régne et leur puissance;
Et, près de lui postés pour sa défense,
Quatre grands dieux, marchant sous ses drapeaux,
Lui serviront de garde et de flambeaux.
Mars, et Vénus, et Mercure son frère,
Iront comme eux régir chacun leur sphère.
Phébus enfin, de mes feux éclairé,
Phébus, l'honneur de l'olympe sacré,
Ira sur vous, sur la nature entière,
Dans le soleil répandre sa lumière.
Telle est pour vous la faveur de mes lois :
Jouissez-en. Partez. Mais toutefois,
En vous donnant de si pompeux domaines,
Ne croyez pas que j'adopte vos haines,
Ni que je veuille, au gré de vos chagrins,
Abandonner la terre à ses destins.
Aux dieux créés les passions permises
Sont devant moi tremblantes et soumises :
Le Ciel, auteur de tant d'êtres semés,
N'obéit point aux sens qu'il a formés.
Je prétends donc que l'unique déesse
Qui, sous mes lois, préside à la sagesse,
Minerve, dis-je, appui de mes autels,
Au lieu de vous, reste près des mortels,
Pour éclairer de ses vives lumières
L'obscurité de leurs foibles paupières.
Allez, ma fille, allez chez les humains

Faire observer mes ordres souverains :
Guidez leurs pas, soutenez leur foiblesse :
Dans leurs esprits versez votre richesse :
Daignez enfin dans les terrestres lieux
Leur tenir lieu de tous les autres dieux.
Ils trouveront en vous leur bien solide :
Nul dieu ne manque où Minerve réside.

Il dit. Minerve, attentive à sa voix,
Sans répliquer se soumet à ses lois,
Vient sur la terre, et cherchant un asile
Où ses clartés puissent la rendre utile
Au bien commun de tous ses habitants,
Choisit la cour de ces rois éclatants,
Race des dieux, que le Ciel, par sa grace,
Voulut choisir pour régner en sa place.
Dans ces conseils dont les directions
Font le destin de tant de nations,
Elle s'avance ; et, cherchant à leur luire,
Je viens, dit-elle, ici-bas vous instruire
A rendre heureux tous les peuples divers
Qui, sous vos lois, remplissent l'univers.
Vous apprendrez, sous mes ordres suprêmes,
A les régir, à vous régir vous-mêmes.
Je suis Minerve : écoutez mes leçons.
Quoi ! vous fuyez, et méprisez mes sons ?
Ah ! je le vois, la Politique injuste
A déja pris chez vous ma place auguste.
Hélas ! mortels, je pleure votre sort :

L'autorité n'est point de mon ressort,
Et je ne puis de mes célestes flammes,
Malgré vous même illuminer vos ames.
Allons chercher au séjour de Thémis
D'autres mortels plus doux et plus soumis.
Mais, juste ciel! quelle Gorgone horrible
Tient son empire en cet autre terrible?
C'est la Chicane. Autour d'elle assemblés,
De sa fureur cent ministres zélés
Viennent tous d'elle apprendre la science
De devenir fourbes en conscience,
Doux sans douceur, justes sans équité,
Et scélérats avec intégrité.
Fuyez, déesse, un gouffre si profane,
De l'injustice abominable organe:
Votre sagesse, ô divine Pallas,
Ne doit point être où l'équité n'est pas.
Chez les humains cherchez d'autres asiles;
Et dans des lieux plus nobles, plus tranquilles,
Allez trouver ces sages épurés,
De vos rayons par l'étude éclairés,
Qui, dans le sein de la philosophie,
A vous chercher ont consumé leur vie;
Mortels divins, qui, n'aspirant qu'à vous,
Méritent seuls vos regards les plus doux.
Minerve y court. Mais, ô soin inutile!
De ses vapeurs la Chimère subtile,
Reine absolue, avoit déja surpris

Ces vains mortels d'illusions nourris,
Qui, sur la foi de leurs foibles systèmes,
Connoissant tout sans se connoître eux-mêmes,
Cherchent hors d'eux, privés des vrais secours,
La vérité, qui les fuira toujours.
Ainsi par-tout, dans les cours, dans les villes,
Ne trouvant plus que des ames serviles,
De foibles cœurs, esclaves enchantés ,
Des passions leurs seules déités,
L'humble Minerve, au bout de sa carrière,
Choisit enfin pour retraite dernière
Ces lieux divins, ces temples fortunés,
A la sagesse asiles destinés,
Où chaque jour, du Ciel même, son père,
Portant sur eux l'anguste caractère,
De ses autels les ministres sacrés
Viennent dicter ses ordres révérés.
Mais elle y voit l'ambition perfide
Fouler aux pieds la piété timide,
La piété, son unique soutien,
Sans qui vertus, sagesse, tout n'est rien.
Après ce coup, la retraite céleste
Est désormais la seule qui lui reste.
Le Ciel lui-même approuve son desseïn :
Venez, ma fille, et rentrez dans mon sein ;
Soyez, dit-il, ma compagne éternelle.
L'homme a trahi ma bonté paternelle ;
Il a rendu mes bienfaits superflus :

Mais c'en est fait, il n'en jouira plus.

Tous les mortels ont mérité ma haine;

Et si jamais ma bonté souveraine

Sur quelqu'un d'eux daigne répandre encor

De vos clartés le précieux trésor,

Je veux du moins que ce rayon de gloire

Ne soit pour lui qu'un secours transitoire,

Et qu'il n'en ait, au gré de ma bonté,

Que l'usufruit sans la propriété.

ALLÉGORIE III.

LA VÉRITÉ.

Au pied du mont où le fils de Latone

Tient son empire, et, du haut de son trône,

Diete à ses sœurs les savantes leçons

Qui de leurs voix régissent tous les sons,

La main du Temps creusa les voûtes sombres

D'un antre noir, séjour des tristes ombres,

Où l'œil du monde est sans cesse éclipsé,

Et que les vents n'out jamais caressé.

Là, de serpents nourrie et dévorée,

Veille l'Envie honteuse et retirée,

Monstre ennemi des mortels et du jour,

Qui de soi-même est l'éternel vautour,
Et qui, traînant une vie abattue,
Ne s'entretient que du fiel qui le tue:
Ses yeux cavés, troubles, et clignotants,
De feux obscurs sont chargés en tout temps:
Au lieu de sang, dans ses veines circule
Un froid poison qui les gèle et les brûle,
Et qui de là porté dans tout son corps
En fait mouvoir les horribles ressorts:
Son front jaloux et ses lèvres éteintes
Sont le séjour des soucis et des craintes:
Sur son visage habite la pâleur;
Et dans son sein triomphe la douleur,
Qui sans relâche à son ame infectée
Fait éprouver le sort de Prométhée.
Mais tous les maux dont sa rage s'aigrit
N'égalent point le mal qu'elle souffrit
Lorsqu'au milieu des Nymphes du Parnasse
L'humble Vertu venant prendre sa place,
Le front couvert des lauriers d'Apollon,
Parut au haut de leur double vallon.
Quoi! dans des lieux où j'ai reçu naissance,
Où de tout temps j'exerce ma puissance,
Une étrangère, au mépris de mes droits,
Viendra régner, et m'imposer des lois!
Ah! renonçons au titre d'immortelle,
Et périssons, ou vengeons-nous, dit-elle.
De sa caverne elle sort à l'instant,

Et, de sanglots le cœur tout palpitant,
Devant la Fraude impie et meurtrière,
Hurle en ces mots sa dolente prière :
Ma chère sœur (car dans ses flancs hideux
L'obscure Nuit nous forma toutes deux),
Ton ennemie, insultant à nos haines,
Va pour jamais nous charger de ses chaînes,
Si tu ne viens par d'infaillibles coups
Prêter main-forte à mon foible courroux,
Par ton maintien si tranquille et si sage,
Par la douceur de ton humble langage,
Par ton sourire et par tes yeux dévots;
Enfin, ma sœur, pour fiuir en deux mots,
Par ce poignard qui sous ta vaste robe
A tous les yeux se cache et se dérobe.
Du temps qui vole employons les moments;
Joins ton adresse à mes ressentiments;
Et prévenons, par notre heureuse audace,
Le déshonneur du coup qui nous menace.
A te servir je cours me préparer,
Reprend la Fraude. Et, sans plus différer,
La nuit éclose, elle assemble autour d'elle
Les Trahisons, sa légion fidèle,
Et le Mensonge aux regards effrontés,
Et le Désordre aux bras ensanglantés,
Qui, secondés du Silence timide,
Volent au temple où la Vertu réside.
Dans un désert éloigné des mortels,

D'un peu d'encens offert sur ses autels,
Et des douceurs de son humble retraite,
Elle vivoit contente et satisfaite.
Là, pour défense et pour divinité,
Elle n'avoit que sa sécurité.
L'aimable Joie à ses régles soumise,
La Liberté, l'innocente Franchise,
L'Honneur enfin, partisan du grand jour,
Faisoient eux seuls et sa garde et sa cour.
En cet état, imprudente, endormie,
Contre les traits de sa noire ennemie
Sur quel secours appuyer son espoir?
On prévient mal ce qu'on n'a su prévoir.
Bientôt l'effort de la troupe infernale
Sans nul péril contre elle se signale.
Pour tout appui, ses compagnes en pleurs
Avec ses cris confondent leurs douleurs.
On lui ravit encor tout ce qu'elle aime,
On les dissipe; on la chasse elle-même.
De son bandeau, de ses voiles sacrés
Ses oppresseurs pompeusement parés,
Chez les humains courant de place en place,
Font en tous lieux respecter leur grimace.
Mais c'est trop peu de cette seule erreur
Pour assouvir leur maligne fureur :
De ses habits par leurs mains dépouillée,
Des leurs encore elle se voit souillée;
Et l'univers simple et peu soupçonneux

Les hait en elle, et la chérit en eux.
Ainsi par-tout, solitaire, bannie,
Traînant sa peine et son ignominie,
De tant de dons il ne lui reste plus
Que la constance et des vœux superflus.
Alors la Fraude , encor plus enflammée,
S'en va trouver la folle Renommée,
Le plus léger de ces oiseaux pervers
De qui la voix afflige l'univers.
Obéis-moi, pars, vole, lui dit-elle;
Cours en tous lieux chez la race mortelle
Envenimer les esprits et les cœurs
Contre l'objet de mes chagrins vengeurs.
Va : devant toi marchera mon génie.
A ce discours l'infame Calomnie,
Peinte des traits de l'ingénuité,
Remplit l'oiseau de son souffle empesté;
Et, de concert, ces deux monstres agiles
Vont de leurs cris épouvanter les villes.
L'étonnement, le trouble, les clameurs,
Le bruit confus, les secrétes rumeurs,
Les faux soupçons, et les plaintes amères,
Du peuple, ami des absurdes chimères,
Étourdissant l'esprit et la raison,
Lui font sans peine avaler leur poison;
Et la Vertu, victime de l'Envie,
Abandonnée, errante, poursuivie,
Sans nul espoir à ses malheurs permis,

Éprouve enfin qu'entre les ennemis
Que l'intérêt ou la colère inspire
Les plus cruels sont ceux qu'elle s'attire.
Mais à l'excès ce désordre porté
Réveille enfin la juste Vérité.
Du haut des cieux découvrant les cabales
Et les forfaits de ses sombres rivales,
L'œil enflammé, le dépit dans le sein,
Elle descend, son miroir à la main.
De ses attraits l'éclatant assemblage
Se montre à tous sans ombre et sans nuage :
D'un vol léger la Victoire la suit,
Le Jour l'éclaire, et le Temps la conduit.
Disparoissez, dit la vierge céleste,
Voiles trompeurs, ajustement funeste,
Dont si long-temps le Crime déguisé
Trompa les yeux du vulgaire abusé :
Dans son vrai jour, de sa troupe suivie,
Laissez enfin reparoître l'Envie ;
Et de ce monstre impur et détesté
Ne cachez plus l'affreuse nudité.
Voici le temps, fantômes détestables,
De vous montrer sous vos traits véritables ;
Dépouillez-vous de vos faux ornements.
Et toi, reprends tes premiers vêtements,
Humble Vertu : tes honteux adversaires
S'offrent déja sous leurs vrais caractères ;

Pour achever d'abattre leurs soutiens,
Il en est temps, produis-toi sous les tiens.
Tous les objets veulent qu'on les compare :
A l'œuvre enfin l'ouvrier se déclare.
Reléve-toi : tous ceux dont la raison
Est le vrai guide et l'unique horizon
Par une illustre et glorieuse estime
Te vengeront de la haine du Crime.
Par eux bientôt sur sa tête fanés
Reverdiront tes lauriers fortunés ;
Et tes rivaux, perdant leur avantage,
N'oseront plus te prêter leur visage.
Mais de ton sort l'infaillible bonheur
Sera sur-tout l'inestimable honneur
D'avoir su plaire à ce prince adorable [1],
A ce héros généreux, secourable,
Le plus zélé de mes adorateurs
Et le plus grand de tous tes protecteurs.
Sous cet appui ton triomphe est facile,
Noble Vertu ; son cœur est ton asile.
C'est dans ce temple où la noble Candeur,
La Dignité, la solide Grandeur,
La Foi constante, et l'Équité suprême,
La Vérité, je me nomme moi-même,
Viennent t'offrir un tribut immortel,

[1] Le prince Eugène.

Et nuit et jour encensent ton autel.
C'est là qu'on trouve au milieu des alarmes
Une ame libre, et sourde au bruit des armes,
Toujours active, et toujours en repos,
Et l'homme encor plus grand que le héros.
A ces couleurs tu dois le reconnoître :
Ce trait suffit. Le temps viendra peut-être
Où je pourrai te peindre ses exploits,
Ses ennemis terrassés tant de fois,
Ce long amas de palmes entassées
Sur les débris de cent villes forcées,
Ses grands destins, et ceux de tant d'états,
Le fruit certain de tant d'heureux combats.
Dans ce moment quelle vaste barrière
Vient de s'ouvrir à sa valeur guerrière ?
Ce fier rempart [1] du trône des sultans,
Qui, défendu par vingt mille Titans,
Sembloit devoir braver Jupiter même,
Rend son hommage au sacré diadème
Du potentat [2] le plus chéri des cieux
Dont l'univers ait rendu grace aux dieux.
Pour son secours cette Numance altière
A vu l'Europe armer l'Asie entière.
Vain appareil d'un impuissant effort !
Leurs légions, victimes de la mort,

___

[1] Belgrade. — [2] L'empereur Charles VI.

D'un sang impur ont arrosé les herbes :
Tout meurt, ou fuit; et leurs restes superbes
Vont annoncer au Bosphore incertain
Sa délivrance et son bonheur prochain.

FIN DES ALLÉGORIES.

ÉPIGRAMMES.

LIVRE PREMIER.

ÉPIGRAMME I.

Le dieu des vers sur les bords du Permesse
Aux deux Vénus m'a fait offrir des vœux :
L'une à mes yeux fit briller la sagesse ;
L'autre, les ris, l'enjouement, et les jeux.
Lors il me dit : Choisis l'une des deux ;
Leurs attributs Platon te fera lire.
Docte Apollon, dis-je au dieu de la lyre,
Les séparer, c'est avilir leur prix :
Laissez-moi donc toutes deux les élire :
L'une pour moi, l'autre pour mes écrits.

II.

Ce traître Amour prit à Vénus sa mère
Certain bijoü pour donner à Psyché ;
Puis dans les yeux de celle qui m'est chère
S'enfuit tout droit, se croyant bien caché.

Lors je lui dis : Te voilà mal niché,
Petit larron ; cherche une autre retraite ;
Celle du cœur sera bien plus secréte.
Vraiment, dit-il, ami, c'est m'obliger ;
Et pour payer ton amitié discréte,
C'est dans le tien que je me veux loger.

III.

Prêt à descendre au manoir ténébreux,
Jà de Caron j'entrevoyois la barque,
Quand de Thémire un baiser amoureux
Me rendit l'ame, et vint frauder la Parque.
Lors de son livre Éacus me démarque,
Et le nocher tout seul l'onde passa.
Tout seul ? Je faux : mon ame traversa
Le fleuve noir ; mais Thémire, Thémire,
En ce baiser dans mes veines glissa
Part de la sienne, avec quoi je respire.

IV.

Le bon vieillard [1] qui brûla pour Bathylle
Par amour seul étoit ragaillardi :
Aussi n'est-il de chaleur plus subtile
Pour réchauffer un vieillard engourdi.

[1] Anacréon.

Pour moi qui suis dans l'ardeur du midi,
Merveille n'est que son flambeau me brûle;
Mais quand du soir viendra le crépuscule,
Temps où le cœur languit inanimé,
Du moins, Amour, fais-moi bailler cédule
D'aimer encor, même sans être aimé.

V.

Quels sont ces traits qui font craindre Caliste
Plus qu'on ne craint Diane au fond des bois?
Quel est ce feu qui brûle à l'improviste,
Ravage tout, et met tout aux abois?
Seroit-ce feu saint Elme, ou feu Grégeois?
Nenni. Ce sont flèches, où je m'abuse.
Encore moins. C'est donc feu d'arquebuse?
Non. Et quoi donc? Ce sont regards coquets,
Jeux de prunelle en qui flamme est incluse,
Qui brûle mieux qu'arquebuse et mousquets.

VI.

Sur ses vieux jours la déesse Vénus
S'est retirée en un saint monastère,
Et de ses biens propres et revenus,
Ainsi que vous, m'a nommé légataire.
Or de ce legs, signé devant notaire,
L'exécuteur fut l'aîné de ses fils.

Mais le matois n'en prit point son avis,
Et se laissa corrompre par vos charmes :
Il vous donna les plaisirs et les ris,
Et m'a laissé les soucis et les larmes.

VII.

Soucis cuisants au partir de Caliste
Jà commençoient à me supplicier,
Quand Cupidon,.qui me vit pâle et triste,
Me dit : Ami, pourquoi te soucier?
Lors m'envoya, pour me solacier [1],
Tout son cortége et celui de sa mère,
Songes plaisants et joyeuse chimère,
Qui, m'enseignant à rapprocher les temps,
Me font jouir, malgré l'absence amère,
Des biens passés, et de ceux que j'attends.

VIII.

Je veux avoir, et je l'aimerai bien,
Maîtresse libre et de façon gentille,
Qui soit joyeuse et de plaisant maintien,
De rien n'ait cure [2], et sans cesse fretille,
Qui, sans raison, toujours cause et habille,
Et n'ait de livre autre que son miroir :

[1] *Solacier*, consoler. — [2] *Cure*, souci.

Car ne trouver pour s'ébattre le soir
Qu'une matrone honnête, prude, et sage,
En vérité ce n'est maîtresse avoir;
C'est prendre femme, et vivre en son ménage.

IX.

Certain huissier étant à l'audience,
Crioit toujours : Paix là, messieurs ! paix là !
Tant qu'à la fin, tombant en défaillance,
Son teint pâlit, et sa gorge s'enfla.
On court à lui. Qu'est-ce ci ? Qu'est-ce là ?
Maître Perrin. A l'aide, il agonise !
Bessière [1] vient : on le phlébotomise.
Lors ouvrant l'œil clair comme un basilic,
Voilà, messieurs, dit-il sortant de crise,
Ce que l'on gagne à parler en public.

X.

Sur leurs santés un bourgeois et sa femme
Interrogeoient l'opérateur Barri;
Lequel leur dit : Pour vous guérir, madame,
Baume plus sûr n'est que votre mari.
Puis se tournant vers l'époux amaigri :
Pour vous, dit-il, femme vous est mortelle.

---

[1] Fameux chirurgien.

Las ! dit alors l'époux à sa femelle,
Puisque autrement ne pouvons nous guérir,
Que faire donc ? Je n'en sais rien, dit-elle,
Mais, par saint Jean, je ne veux point mourir.

XI.

Elle a, dit-on, cette bouche et ces yeux
Par qui d'Amour Psyché devint maîtresse ;
Elle a d'Hébé le souris gracieux,
La taille libre, et l'air d'une déesse.
Que dirai plus ? On vante sa sagesse ;
Elle est polie et de doux entretien,
Connoît le monde, écrit, et parle bien,
Et de la cour sait tout le formulaire.
Finalement il ne lui manque rien,
Fors un seul point. Et quoi ? Le don de plaire.

XII.

Prés de sa mort une vieille incrédule
Rendoit un moine interdit et perclus :
Ma chère fille, une simple formule
D'acte de foi, quatre mots, et rien plus.
Je ne saurois. Mon Dieu, dit le reclus,
Inspirez-moi ! Çà, voudriez-vous être
Persuadée ? Oui, je voudrois connoître,
Toucher au doigt, sentir la vérité.

Hé bien, courage, allons, reprit le prêtre;
Offrez à Dieu votre incrédulité.

XIII.

Certain ivrogne, après maint long repas,
Tomba malade. Un docteur galénique
Fut appelé. Je trouve ici deux cas,
Fièvre adurante [1], et soif plus que cynique.
Or, Hippocras tient pour méthode unique
Qu'il faut guérir la soif premièrement.
Lors le fiévreux lui dit : Maître Clément,
Ce premier point n'est le plus nécessaire :
Guérissez-moi ma fièvre seulement;
Et, pour ma soif, ce sera mon affaire.

XIV.

Ce monde-ci n'est qu'une œuvre comique
Où chacun fait ses rôles différents.
Là, sur la scène, en habit dramatique,
Brillent prélats, ministres, conquérants.
Pour nous, vil peuple, assis aux derniers rangs,
Troupe futile et des grands rebutée,
Par nous d'en bas la pièce est écoutée.
Mais nous payons, utiles spectateurs;

[1] *Adurante*, brûlante.

Et quand la farce est mal représentée,
Pour notre argent nous sifflons les acteurs.

XV.

A un pied-plat qui faisoit courir de faux bruits
contre moi.

Vil imposteur, je vois ce qui te flatte :
Tu crois peut-être aigrir mon Apollon
Par tes discours; et, nouvel Érostrate,
A prix d'honneur tu veux te faire un nom.
Dans ce dessein tu sèmes, ce dit-on,
D'un faux récit la maligne imposture.
Mais dans mes vers, malgré ta conjecture,
Jamais ton nom ne sera proféré;
Et j'aime mieux endurer une injure,
Que d'illustrer un faquin ignoré.

XVI.

Par passe-temps un cardinal oyoit
Lire les vers de Psyché, comédie;
Et les oyant, pleuroit et larmoyoit,
Tant qu'eussiez dit que c'étoit maladie.
Quoi ! monseigneur, à cette rapsodie,
Lui dit quelqu'un, tant nous semblez touché,
Et l'autre jour, au martyre prêché

De saint Laurent, parûtes si paisible !
Ho ! ho ! dit-il, tudieu ! cette Psyché
Est de l'histoire, et l'autre est de la bible.

XVII.

Contre un voleur médisant.

Lorsque je vois ce moderne Sisyphe
Nous aboyer, je trouve qu'il fait bien :
Mieux vaut encor porter l'hiéroglyphe
D'impertinent, que celui de vaurien.
Il est sauvé s'il peut trouver moyen
Qu'au rang des sots Phébus l'immatricule ;
Et semble dire : Auteurs à qui Catulle
De badiner transmit l'invention,
Par charité rendez-moi ridicule
Pour rétablir ma réputation.

XVIII.

Certain curé, grand enterreur de morts,
Au chœur assis récitoit le service.
Certain frater, grand disséqueur de corps,
Tout vis-à-vis chantoit aussi l'office.
Pour un procès tous deux étant émus,
De maudissons lardoient leurs *oremus*.
Hom ! disoit l'un, jamais n'entonnerai-je

Un *requiem* sur cet opérateur?
Dieu paternel, dit l'autre, quand pourrai-je
A mon plaisir disséquer ce pasteur?

XIX.

Pour madame ***, étant à la chasse.

Quand sur Bayard [1] par bois ou sur montagne
A giboyer vous prenez vos ébats,
Dieux des forêts d'abord sont en campagne,
Et vont en troupe admirer vos appas.
Amis Sylvains, ne vous y fiez pas;
Car ses regards font souvent pires niches
Que feu ni fer; et cœurs en tel pourchas [2]
Risquent du moins autant que cerfs et biches.

XX.

Pour la même, étant à la représentation de l'opéra
d'ALCIDE [3].

Non, ce n'est point la robe de Nessus
Qui consuma l'amoureux fils d'Alcméne;
Ce fut le feu de cent baisers reçus
Qui dans son sang couloit de veine en veine.

[1] Nom du cheval des quatre fils Aymon. — [2] *Pourchas,* pour-
suite. — [3] Opéra de Campistron.

Il en mourut; et la nature humaine
En fit un dieu que l'on chante aujourd'hui.
Que de mortels, si vous vouliez, Climéne,
Mériteroient d'être dieux comme lui!

XXI.

Sur la même, qui s'occupoit à filer.

Ce ne sont plus les trois sœurs de la fable
Qui de nos jours font tourner le fuseau :
Une déesse aux mortels plus affable
Leur a ravi le fatal écheveau.
Mais notre sort n'en sera pas plus beau
D'être filé par ses mains fortunées :
L'Amour, hélas! armé de leur ciseau,
Mieux qu'Atropos tranchera nos années.

XXII.

Céphale un soir devoit s'entretenir
Avec l'Aurore au retour de la chasse :
Il vous rencontre; et de son souvenir,
En vous voyant, le rendez-vous s'efface.
Qui n'eût pas fait même chose en sa place?
J'eusse failli comme lui sur ce point.
Mais le pauvret, mal tient qui trop embrasse,
Perdit l'Aurore, et ne vous gagna point.

XXIII.

Entre Racine et l'aîné des Corneilles
Les Chrysogons se font modérateurs :
L'un, à leur gré, passe les sept merveilles;
L'autre ne plaît qu'aux versificateurs.
Or maintenant veillez, graves auteurs,
Mordez vos doigts, ramez comme corsaires,
Pour mériter de pareils protecteurs,
Ou pour trouver de pareils adversaires.

XXIV.

Un maquignon de la ville du Mans
Chez son évêque étoit venu conclure
Certain marché de chevaux bas-normands,
Que l'homme saint louoit outre mesure.
Vois-tu ces crins? Vois-tu cette encolure?
Pour chevaux turcs on les vendit au roi.
Turcs, Monseigneur? A d'autres. Je vous jure
Qu'ils sont chrétiens ainsi que vous et moi.

XXV.

Un magister, s'empressant d'étouffer
Quelque rumeur parmi la populace,
D'un coup dans l'œil se fit apostropher,

Dont il tomba, faisant laide grimace.
Lors un frater s'écria : Place ! place !
J'ai pour ce mal un baume souverain.
Perdrai-je l'œil ? lui dit messer Pancrace.
Non, mon ami ; je le tiens dans ma main.

XXVI.

Ne vous fiez, bachelettes rusées,
A ce galant qui vous vient épier,
Et que j'ai vu dans nos Champs-Élysées [1]
Se promener grave comme un chapier.
Car, bien qu'il ait poil noir, teint de pourpier,
Échine large, et poitrine velue,
Si sais-je bien qu'Amour en son clapier
Onc n'eut lapin de si mince value.

XXVII.

Le teint jauni comme feuilles d'automne,
Et n'invoquant autre dieu qu'Atropos,
Amour s'en vint qui me la baillant bonne :
Tais-toi, dit-il, tu trouveras repos.
Je me suis tu, croyant sur ce propos
De ses mignons aller grossir la liste.
Mais c'est pitié : loin que ce dieu m'assiste,

[1] Promenade de Paris.

En me taisant mon mal devient plus fort.
J'entends, Amour : vous êtes bon sophiste,
J'anrai repos, oui, quand je serai mort.

XXVIII.

Sur une ode composée par un misérable poète satirique
à la louange de M. de Catinat.

O Catinat, quelle voix enrhumée
De te chanter ose usurper l'emploi !
Mieux te vaudroit perdre ta renommée
Que los cueillir de si chétif aloi.
Honni seras, ainsi que je prévoi,
Par cet écrit. Et n'y sais, à vrai dire,
Remède aucun, sinon que contre toi
Le même auteur écrive une satire.

XXIX.

Sur le dialogue de Platon intitulé LE BANQUET.

Lorsqu'à Pluton le messager Mercure
Eut apporté le Banquet de Platon,
Il fit venir le maître d'Épicure,
Et lui dit : Tiens, lis-moi ce rogaton.
Lors Démocrite, abusé par le ton,
Lut cet écrit, le croyant d'un sophiste.

Qui fut penaud? ce fut le bon Pluton;
Car son rieur devint panégyriste.

XXX.

De haut savoir Phébus ne m'a doté,
Mais des neuf Sœurs je sais toucher la lyre;
Grosse chevance [1] oncques ne m'a tenté,
Mais peu de biens ont de quoi me suffire.
Amour me tint long-temps sous son empire :
J'ai retrouvé repos et liberté;
Mais ce bien-là, certes je le puis dire,
Si c'en est un, je l'ai bien acheté.

[1] *Chevance*, bien, richesse.

ÉPIGRAMMES.

LIVRE SECOND.

ÉPIGRAMME I.

Quand, pour ravoir son épouse Eurydice,
Le bon Orphée alla jusqu'aux enfers,
L'étonnement d'un si rare caprice
En fit cesser tous les tourments divers.
On admira, bien plus que ses concerts,
D'un tel amour la bizarre saillie;
Et Pluton même, embarrassé du choix,
La lui rendit pour prix de sa folie,
Puis la retint en faveur de sa voix.

II.

Deux grands Amours, fripons de même race,
S'étoient nichés dans les yeux de Doris :
Un tiers survint, qui leur a dit : De grace,
Recevez-moi, le reste est déja pris :
Tant pis pour toi, dirent ces mal-appris,

Qui tout-à-l'heure en deux ou trois bourrades
Le firent choir sur un sein de cristal.
Lors il leur dit : Grand merci, camarades :
Vous êtes bien ; moi, je ne suis pas mal.

III.

Entrez, Amours, votre reine s'éveille.
Venez, mortels, admirer ses attraits :
Déja l'enfant qui près d'elle sommeille
De sa toilette a rangé les apprêts.
Mais gardez-vous d'approcher de trop près ;
Car ce fripon, caché dans sa coiffure,
De temps en temps décoche certains traits
Dont le trépas guérit seul la blessure.

IV.

De ce bonnet, façonné de ma main,
Je te fais don, me dit un jour ma belle ;
Sache qu'il n'est roi ni prince romain
Qui n'enviât faveur si solennelle.
Malheur plutôt, dis-je, à toute cervelle
Que vous coiffez : le grand diable s'y met.
Va, va, j'en coiffe assez d'autres, dit-elle,
Sans leur donner ni toque ni bonnet.

V.

Qui, vous aimant, ô fantasque beauté,
Veut obtenir amitié réciproque,
Y parviendra par mépris affecté
Mieux que par soins ni gracieux colloque :
Car je connois votre cœur équivoque ;
Respect le cabre, amour ne l'adoucit :
Et ressemblez à l'œuf cuit dans sa coque ;
Plus on l'échauffe, et plus se rendurcit.

VI.

Ce pauvre époux me fait grande pitié.
Incessamment son diable le promène :
Au moindre mot que nous dit sa moitié,
Il se tourmente, il sue, il se démène.
Fait-elle un pas, le voilà hors d'haleine ;
Il cherche, il rôde, il court deçà, delà.
Hé ! mon ami, ne prends point tant de peine ;
Tu serois bien dupé sans tout cela.

VII.

Pour une dame nouvellement mariée.

Seigneur Hymen, comment l'entendez-vous ?
Disoit l'aîné des enfants de Cythère.

De cet objet qui semble fait pour nous,
Pensez-vous seul être dépositaire?
Non, dit l'Hymen, encor qu'à ne rien taire
Pour mon profit vous soyez peu zélé.
Hé! mon ami, reprit l'enfant ailé,
Conserve-nous ainsi que ta prunelle :
Quand une fois l'Amour s'est envolé,
Le pauvre Hymen ne bat plus que d'une aile.

VIII.

J'ai depuis peu vu ta femme nouvelle,
Qui m'a paru si modeste en son air,
Si bien en point, si discrète, si belle,
L'esprit si doux, le ton de voix si clair;
Bref, si parfaite et d'esprit et de chair,
Que, si le ciel m'en donnoit trois de même,
J'en rendrois deux au grand diable d'enfer
Pour l'engager à prendre la troisième.

IX.

Certain marquis, fameux par le grand bruit
Qu'il s'est donné d'homme à bonne fortune,
Se plaint par-tout que des voleurs de nuit
En son logis sont entrés sur la brune :
Ils m'ont tout pris, bagues, joyaux, pécune;
Mais ce que plus je regrette, entre nous,

C'est un recueil d'amouréux billets doux
De cent beautés dont mon cœur fit capture.
Seigneur marquis, j'en suis fâché pour vous;
Car ces coquins connoîtront l'écriture.

X.

Le vieux Ronsard, ayant pris ses besicles,
Pour faire fête au Parnasse assemblé
Lisoit tout haut ces odes par articles [1]
Dont le public vient d'être régalé.
Ouais! qu'est-ce ci? dit tout-à-l'heure Horace
En s'adressant au maître du Parnasse?
Ces odes-là frisent bien le Perrault.
Lors Apollon, bâillant à bouche close,
Messieurs, dit-il, je n'y vois qu'un défaut,
C'est que l'auteur les devoit faire en prose.

XI.

Le traducteur qui rima l'Iliade [2]
De douze chants prétendit l'abréger:
Mais par son style, aussi triste que fade,
De douze en sus il a su l'alonger.
Or le lecteur, qui se sent affliger,
Le donne au diable, et dit, perdant haleine:
Hé! finissez, rimeur à la douzaine;

[1] Les odes de La Motte. — [2] La Motte.

Vos abrégés sont longs au dernier point.
Ami lecteur, vous voilà bien en peine;
Rendons-les courts en ne les lisant point.

XII.

Houdart n'en veut qu'à la raison sublime
Qui dans Homère enchante les lecteurs :
Mais Arouet veut encor de la rime
Désabuser le peuple des auteurs.
Ces deux rivaux, érigés en docteurs,
De poésie ont fait un nouveau code;
Et, bannissant toute régle incommode,
Vont produisant ouvrages à foison,
Où nous voyons que, pour être à la mode,
Il faut n'avoir ni rime ni raison.

XIII.

Léger de queue, et de ruses chargé,
Maître renard se proposoit pour régle :
Léger d'étude, et d'orgueil engorgé,
Maître Hondart se croit un petit aigle.
Oyez-le bien; vous toucherez au doigt
Que l'Iliade est un conte plus froid
Que Cendrillon, Peau-d'âne, ou Barbe-bleue.
Maître Hondart, peut-être on vous croiroit;
Mais, par malheur, vous n'avez point de queue.

XIV.

Depuis trente ans un vieux berger normand [1]
Aux beaux esprits s'est donné pour modéle;
Il leur enseigne à traiter galamment
Les grands sujets en style de ruelle.
Ce n'est le tout : chez l'espéce femelle
Il brille encor, malgré son poil grison;
Et n'est caillette en honnête maison
Qui ne se pâme à sa douce faconde.
En vérité caillettes ont raison;
C'est le pédant le plus joli du monde.

XV.

Par trop bien boire un curé de Bourgogne
De son pauvre œil se trouvoit déferré.
Un docteur vient : Voici de la besogne
Pour plus d'un jour. Je patienterai.
Çà, vous boirez... Eh bien ! soit; je boirai.
Quatre grands mois... Plutôt douze, mon maître.
Cette tisane. A moi? reprit le prêtre.
Vade retrò [2]. Guérir par le poison?
Non, par ma soif. Perdons une fenêtre,
Puisqu'il le faut; mais sauvons la maison.

[1] Fontenelle. — [2] « Retire-toi. »

XVI.

A un critique moderne.

Après avoir bien sué pour entendre
Vos longs discours doctement superflus,
On est d'abord tout surpris de comprendre
Que l'on n'a rien compris, ni vous non plus.
Monsieur l'abbé, dont les tons absolus
Seroient fort bons pour un petit monarque,
Vous croyez être au moins notre aristarque;
Mais apprenez, et retenez-le bien,
Que qui sait mal (vous en êtes la marque)
Est ignorant plus que qui ne sait rien.

XVII.

A son portrait certain rimeur braillard
Dans un logis se faisoit reconnoître;
Car l'ouvrier le fit avec tel art
Qu'on bâilloit même en le voyant paroître.
Ha! le voilà! c'est lui! dit un vieux reître;
Et rien ne manque à ce visage-là
Que la parole. Ami, reprit le maître,
Il n'en est pas plus mauvais pour cela.

XVIII.

Un vieil abbé sur certains droits de fief
Fut consulter un juge de Garonne,
Lequel lui dit : Portez votre grief
Chez quelque sage et discrète personne :
Conseillez-vous au Palais, en Sorbonne.
Puis quand vos cas seront bien décidés,
Accordez-vous si votre affaire est bonne;
Si votre cause est mauvaise, plaidez.

XIX.

Trois choses sont que j'admire à part moi :
La probité d'un homme de finance,
La piété d'un confesseur du roi,
Un riche abbé pratiquant l'abstinence.
Pourtant, malgré toute leur dissonance,
Je puis encor ces trois points concevoir :
Mais pour le quart, je m'y perds plus j'y pense.
Et quel est-il? L'orgueil d'un manteau noir [1].

XX.

L'homme créé par le fils de Japet
N'eut qu'un seul corps, mâle ensemble et femelle :

[1] Ceci s'adresse aux jésuites.

Mais Jupiter de ce tout si parfait
Fit deux moitiés, et rompit le modéle.
Voilà d'où vient qu'à sa moitié jumelle
Chacun de nous brûle d'être rejoint.
Le cœur nous dit, ah! la voilà! c'est elle!
Mais à l'épreuve, hélas! ce ne l'est point.

XXI.

Avec les gens de la cour de Minerve [1]
Desirez-vous d'entretenir la paix?
Louez les bons, pourtant avec réserve;
Mais gardez-vous d'offenser les mauvais.
On ne doit point, pour semblables méfaits,
En purgatoire aller chercher quittance;
Car il est sûr qu'on ne mourut jamais
Sans en avoir fait double pénitence.

XXII.

Monsieur l'abbé, vous n'ignorez de rien,
Et ne vis onc mémoire si féconde.
Vous pérorez toujours, et toujours bien,
Sans qu'on vous prie et sans qu'on vous réponde.
Mais le malheur, c'est que votre faconde
Nous apprend tout, et n'apprend rien de nous.

---

[1] Les auteurs.

Je veux mourir si pour tout l'or du monde
Je voudrois être aussi savant que vous.

XXIII.

*A monsieur ***.*

Ami, crois-moi, cache bien à la cour
Les grands talents qu'avec toi l'on vit naître :
C'est le moyen d'y devenir un jour
Puissant seigneur, et favori peut-être.
Et favori? Qu'est-ce là? C'est un être
Qui ne connoît rien de froid ni de chaud,
Et qui se rend précieux à son maître
Par ce qu'il coûte, et non par ce qu'il vaut.

XXIV.

Tout plein de soi, de tout le reste vide,
Le petit homme étale son savoir,
Jase de tout, glose, interrompt, décide,
Et sans esprit veut toujours en avoir :
Car son babil, qu'on ne peut concevoir,
Tient toujours prêts contes bleus à vous dire,
Ou froids dictons, que pourtant il admire.
Et de là vient que l'archigodenot,
Depuis trente ans que seul il se fait rire,
N'a jamais su faire rire qu'nn sot.

XXV.

Doctes héros de la secte moderne,
Comblés d'honneurs, et de gloire enfumés,
Défiez-vous du temps, qui tout gouverne;
Craignez du sort les jeux accoutumés.
Combien d'auteurs, plus que vous renommés,
Des ans jaloux ont éprouvé l'outrage!
Non que n'ayez tout l'esprit en partage
Qu'on peut avoir; on vous passe ce point.
Mais savez-vous qui fait vivre un ouvrage?
C'est le génie, et vous ne l'avez point.

XXVI.

Gacon, rimailleur subalterne,
Vante Person le barbouilleur;
Et Person, peintre de taverne,
Prône Gacon le rimailleur.
Or en cela certain railleur
Trouve qu'ils sont tous deux fort sages:
Car sans Gacon et ses ouvrages
Qui jamais eût vanté Person?
Et sans Person et ses suffrages
Qui jamais eût prôné Gacon?

XXVII.

Aux journalistes de Trévoux.

Petits auteurs d'un fort mauvais journal,
Qui d'Apollon vous croyez les apôtres,
Pour dieu, tâchez d'écrire un peu moins mal,
Ou taisez-vous sur les écrits des autres.
Vous vous tuez à chercher dans les nôtres
De quoi blâmer, et l'y trouvez très bien :
Nous, au rebours, nous cherchons dans les vôtres
De quoi louer, et nous n'y trouvons rien.

XXVIII.

Aux mêmes.

Grands réviseurs, courage, escrimez-vous;
Apprêtez-moi bien du fil à retordre.
Plus je verrai fumer votre courroux,
Plus je rirai; car j'aime le désordre.
Et je l'avoue, un auteur qui sait mordre
En m'approuvant peut me rendre joyeux :
Mais le venin de ceux du dernier ordre
Est un parfum que j'aime cent fois mieux.

XXIX.

Sur les tragédies du sieur*** [1].

Cachez-vous, Lycophrons antiques et modernes,
Vous qu'enfanta le Pinde au fond de ses cavernes
Pour servir de modéle au style boursouflé.
Retirez-vous, Ronsard, Baïf, Garnier, La Serre;
Et respectez les vers d'un rimeur plus enflé
Que Rampale, Brébeuf, Boyer, ni Longepierre.

[1] Crébillon.

ÉPIGRAMMES.

LIVRE TROISIÈME.

ÉPIGRAMME I.

Est-on héros pour avoir mis aux chaînes
Un peuple ou deux? Tibère eut cet honneur.
Est-on héros en signalant ses haines
Par la vengeance? Octave eut ce bonheur.
Est-on héros en régnant par la peur?
Séjan fit tout trembler, jusqu'à son maître.
Mais de son ire éteindre le salpêtre,
Savoir se vaincre, et réprimer les flots
De son orgueil, c'est ce que j'appelle être
Grand par soi-même; et voilà mon héros.

II.

A M. le duc de Bourgogne.

Mars et l'Amour, au jour de votre fête,
De même ardeur pour vous se sont épris:

L'un de lauriers ornera votre tête,
L'autre y joindra ses myrtes favoris.
Jeune héros, l'un et l'autre ont leur prix :
Mars fut toujours ami de Cythérée.
Vous trouverez les myrtes plus flenris,
Et les lauriers de plus longue durée.

III.

A madame d'Ussé : les deux dons.

Les dieux jadis vous firent pour tributs
Deux de leurs dons d'excellente nature :
L'un avoit nom, Ceinture de Vénus,
Et l'autre étoit la Bourse de Mercure.
Lors Apollon dit, par forme d'augure :
De celle-ci largesse elle fera ;
De l'autre non, car jamais créature
De son vivant ne la possédera.

IV.

Les souhaits.

Être l'Amour quelquefois je desire :
Non pour régner sur la terre et les cieux ;
Car je ne veux régner que sur Thémiré ;
Seule elle vaut les mortels et les dieux :

Non pour avoir le bandeau sur les yeux;
Car de tout point Thémire m'est fidéle :
Non pour jouir d'une gloire immortelle;
Car à ses jours survivre je ne veux :
Mais seulement pour épuiser sur elle
Du dieu d'amour et les traits et les feux.

V.

A M. Rouillé.

Myrtes d'Amour, pampres du dieu de l'Inde,
Ne sont moissons dont je sois fort chargé;
En qualité de citoyen du Pinde,
Le laurier seul est le seul bien que j'ai.
Bien qu'en soyez noblement partagé,
Ne dédaignez pourtant notre guirlande;
Car ce laurier dont je vous fais offrande
Ressemble assez aux faveurs d'une Iris.
Ce don commun devient de contrebande;
Mais est-il rare? il vaut encor son prix.

VI.

A M. d'Ussé.

Maître Vincent [1], ce grand faiseur de lettres,
Si bien que vous n'eût su prosaïser;

[1] Voiture.

Maître Clément [1], ce grand faiseur de mètres,
Si doucement n'eût su poétiser :
Phébus adonc va se désabuser
De son amour pour la docte fontaine,
Et connoîtra que pour bons vers puiser,
Vin champenois vaut mieux qu'eau d'Hippocrène.

VII.

Contre Montfort.

Dans une troupe avec choix ramassée
On produisit certains vers languissants :
Chacun les lut, on en dit sa pensée;
Mais sur l'auteur on étoit en suspens,
Lorsque Montfort présenta son visage :
Et l'embarras fut terminé d'abord;
Car par Montfort on reconnut l'ouvrage,
Et par l'ouvrage on reconnut Montfort.

VIII.

Contre un marguillier.

J'avois frondé le culte, et les mystères
Dont à la Chine on s'est embarrassé,
Et Brisacier dans ses lettres austères
Me paroissoit justement courroucé.

[1] Marot.

Mais quand je vois sire Alain encensé,
Je suis forcé d'abjurer mes paroles,
Et de souscrire à l'hommage insensé
Que les Chinois rendent à leurs idoles.

IX.

Contre Longepierre.

Longepierre le translateur,
De l'antiquité zélateur,
Imite les premiers fidéles,
Qui combattoient jusqu'au trépas
Pour des vérités immortelles
Qu'eux-mêmes ne comprenoient pas.

X.

Contre le même.

A voir Perrault et Longepierre
Chacun de son parti vouloir régler le pas,
Ne diroit-on pas d'une guerre
Dont le sort est remis aux soins de deux goujats?

XI.

Sur l'aventure de l'évêque de Nîmes, qui s'étoit sauvé par
la fenêtre pour échapper à ses créanciers.

Pour éviter des Jnifs la fureur et la rage,
    Paul, dans la ville de Damas,
    Descend de la fenêtre en bas :
    La Parisière, en homme sage,
    Pour éviter ses créanciers,
    En fit autant ces jours derniers.
    Dans un siècle tel que le nôtre
    On doit être surpris, je crois,
    Qu'un de nos prélats une fois
Ait su prendre sur lui d'imiter un apôtre.

XII.

    Pour disculper ses œuvres insipides
    Danchet accuse et le froid et le chaud :
    Le froid, dit-il, fit choir mes *Héraclides*,
    Et la chaleur fit tomber mon *Lourdaud*[1].
    Mais le public, qui n'est point en défaut,
    Et dont le sens s'accorde avec le nôtre,

---

[1] La comédie du *Lourdaud* n'est pas de Danchet, mais de De
Brie.

Dit à cela : Taisez-vous, grand nigaud ;
C'est le froid seul qui fit choir l'un et l'autre.

XIII.

Un gros garçon qui crève de santé,
Mais qui de sens a bien moins qu'une buse,
De m'attaquer a la témérité
En médisant de ma gentille muse ;
De ce pourtant ne me chaut, et l'excuse ;
Car demandant à gens de grand renom
S'il peut mon los m'ôter par telle ruse,
Ils m'ont tous dit assurément que non.

XIV.

Paul, de qui la vraie épithéte
Est celle d'ennuyeux parfait,
Veut encor devenir poëte,
Pour être plus sûr de son fait.
Sire Paul, je crois en effet
Que cette voie est la plus sûre ;
Mais vous eussiez encor mieux fait
De laisser agir la nature.

XV.

A Pradon, qui avoit fait une satire pleine d'invectives
contre Despréaux.

Au nom de Dieu, Pradon, pourquoi ce grand courroux
Qui contre Despréaux exhale tant d'injures?
    Il m'a berné, me direz-vous;
Je veux le diffamer chez les races futures.
    Hé! croyez-moi, restez en paix :
En vain tenteriez-vous de ternir sa mémoire;
Vous n'avancerez rien pour votre propre gloire,
Et le grand Scipion [1] sera toujours mauvais.

XVI.

Conte du Pogge.

    Un fat, partant pour un voyage,
    Dit qu'il mettroit dix mille francs
    Pour connoître un peu par usage
    Le monde avec ses habitants.
    Ce projet peut vous être utile,
    Reprit un rieur ingénu;
    Mais mettez-en encor dix mille
    Pour ne point en être connu.

[1] Tragédie de Pradon.

XVII.

En son lit une damoiselle
Attendoit l'instant de sa mort.
Un capucin, brûlant de zéle,
Lui dépêchoit son passeport;
Puis il lui dit pour réconfort :
Consolez-vous, ame fidéle;
La Vierge est là qui vous appelle
Dans la sainte Jérusalem :
Dites trois fois, pour l'amour d'elle,
Domine, salvum fac regem.

XVIII.

Tu dis qu'il faut brûler mon livre;
Hélas ! le pauvre enfant ne demandoit qu'à vivre.
Les tiens auront un meilleur sort :
Ils mourront de leur belle mort.

XIX.

Sur les fables de La Motte.

Dans les fables de La Fontaine
Tout est naïf, simple, et sans fard;
On n'y sent ni travail ni peine,

Et le facile en fait tout l'art;
En un mot, dans ce froid ouvrage,
Dépourvu d'esprit et de sel,
Chaque animal tient un langage
Trop conforme à son naturel.
Dans La Motte-Houdart, au contraire,
Quadrupéde, insecte, poisson,
Tout prend un noble caractère,
Et s'exprime du même ton.
Enfin, par son sublime organe
Les animaux parlent si bien,
Que dans Houdard souvent un âne
Est un académicien.

XX.

Sur le même sujet.

Quand le graveur Gilot et le poëte Houdart
Pour illustrer la fable auront mis tout leur art,
    C'est une vérité très sûre
Que le poëte Houdart et le graveur Gilot,
    En fait de vers et de gravure,
Nous feront regretter La Fontaine et Calot.

XXI.

Deux gens de bien, tels que Vire [1] en produit,
S'entreplaidoient sur la fausse cédule
Faite par l'un, dans son art tant instruit,
Que de Thémis il bravoit la férule.
Or, de cet art se targuant sans scrupule,
Se trouvant seuls sur l'huis du rapporteur :
Signes-tu mieux? vois, disoit le porteur :
T'inscrire en faux seroit vaine défense.
M'inscrire en faux? reprit le débiteur,
Tant ne suis sot : tiens, voilà ta quittance.

XXII.

Quand vous vous efforcez à plaire,
On croit voir l'âne contrefaire
Le petit chien vif et coquet ;
Et si vous vous contentiez d'être
Un sot, tel que Dieu vous a fait,
On craindroit moins de vous connoître.

XXIII.

Ci-gît l'auteur d'un gros livre
Plus embrouillé que savant.

[1] Ville de Normandie.

Après sa mort il crut vivre,
Et mourut dès son vivant.

XXIV.

Ci-dessous gît monsieur l'abbé Courtois,
Qui mainte dame en son temps coqueta,
Et par la ville envoya maintefois
De billets doux plus d'un duplicata.
Jean, son valet, qui très bien l'assista,
Souvent par jour en porta plus de dix;
Mais de réponse onc il n'en rapporta.
Or prions Dieu qu'il leur doint paradis.

XXV.

Sous ce tombeau gît un paùvre écuyer,
Qui, tout en eau sortant d'un jeu de paume,
En attendant qu'on le vînt essuyer
De Bellegarde ouvrit un premier tome.
Las! en un rien tout son sang fut glacé.
Dieu fasse paix au pauvre trépassé!

XXVI.

A M. le comte d'OEttinguer.

De tes lectures assidues,
Ami, crois-moi, pour quelques jours.

Tâche d'interrompre le cours;
Car, pour peu que tu continues,
Je crains, à te parler sans fard,
Que la mort sévère et chagrine,
Jugeant peut-être à tout hasard
De ton âge par ta doctrine,
Ne te prenne pour un vieillard.

XXVII.

A monsieur T**.

Ami T**, sais-tu pourquoi
On te fuit comme la chouette?
Non. Que peut-on reprendre en moi?
Rien, sinon d'être un peu trop poëte.
Car quelle rage, en bonne foi!
Toujours réciter, toujours lire!
Point de paix dedans ni dehors;
Tu me talonnes quand je sors,
Tu m'attends quand je me retire,
Tu me poursuis jusques au bain.
Je lis, tu m'étourdis l'oreille;
J'écris, tu m'arrêtes la main;
Je dors, ton fausset me réveille;
A l'église je veux prier,
Ton démon me fait renier.
Bref, sur moi par-tout il s'acharne;

Et si je t'enferme au grenier,
Tu récites par la lucarne.
Trop déplorable infirmité !
En veux-tu voir l'énormité ?
Bon homme, ingénu, serviable,
Tu te fais haïr comme un diable,
Avecque toute ta bonté.

XXVIII.

Toi qui places impudemment
Le froid Pic au haut du Parnasse,
Puisses-tu, pour ton châtiment,
Admirer les airs de Colasse !

XXIX.

Chrysologue [1] toujours opine ;
C'est le vrai Grec de Juvénal :
Tout ouvrage, toute doctrine
Ressortit à son tribunal.
Faut-il disputer de physique ?
Chrysologue est physicien.
Voulez-vous parler de musique ?
Chrysologue est musicien.
Que n'est-il point ? Docte critique,

[1] L'abbé Bignon.

Grand poëte, bon scolastique,
Astronome, grammairien.
Est-ce tout? Il est politique,
Jurisconsulte, historien,
Platoniste, cartésien,
Sophiste, rhéteur, empirique.
Chrysologue est tout, et n'est rien.

XXX.

Justification de la précédente épigramme, à un important
de cour qui s'en faisoit l'application.

Bien que votre ton suffisant
Prête un beau champ à la satire,
Ne vous alarmez pas, beau sire;
Ce n'est point vous, quant à présent,
Que ma muse a voulu décrire.
Et qui donc? Je vais vous le dire·
C'est un prêtre mal décidé,
Moitié robe, moitié soutane,
Moitié dévot, moitié profane,
Savant jusqu'à l'A B C D,
Et galant jusqu'à la tisane.
Le reconnoissez-vous? Selon.
C'est celui qui, sous Apollon,
Prend soin des haras du Parnasse,
Et qui fait provigner la race

Des bidets du sacré vallon.
Le reconnoissez-vous mieux? Non.
Ouais! Pourtant, sans que je le nomme,
Il faut que vous le deviniez :
C'est l'aîné des abbés noyés.
Oh! oh! j'y suis. Ce trait peint l'homme
Depuis la tête jusqu'aux pieds.

POÉSIES DIVERSES.

IDYLLE.

Échappé du tumulte et du bruit de la ville,
Muse, je te retrouve en ce champêtre asile,
Où, dans la liberté que tu m'y fais choisir,
Tu viens me demander compte de mon loisir.
Il est vrai qu'avec toi, dans ces plaines fleuries,
J'entretiens quelquefois mes douces rêveries;
Mais pardonne aujourd'hui si des charmes plus doux
T'enlèvent un tribut dont ces bords sont jaloux.
J'y vois de toutes parts, prodigue en ses largesses,
Cybèle à pleines mains répandre ses richesses;
De ses bienfaits nouveaux ces arbres sont parés;
D'une herbe verdoyante elle couvre nos prés.
Cérès suit son exemple, et de ses dons propices
Sous la même couleur déguise les prémices;
Et Bacchus, cultivant ses thyrses reverdis,
N'ose encore à nos yeux étaler ses rubis.
L'émail riche et brillant que nos champs font éclore
N'est encor réservé qu'au triomphe de Flore,
Soit par reconnoissance et pour prix des présents
Dont sa main de Cybèle orna les jeunes ans,
Ou soit que le Zéphyr, par quelque heureuse adresse
Ait obtenu ce don de la bonne Déesse :

Car ce dieu caressant plaît par ses privautés,
Et se donne souvent d'heureuses libertés.
On lui pardonne tout, caprices, inconstance.
Aujourd'hui même encor, si j'en crois l'apparence,
Deux jeunes déités, objets de ses soupirs,
Partagent à-la-fois ses soins et ses plaisirs;
Et pour cacher le fruit d'un amour qu'on soupçonne,
Sous les habits de Flore il déguise Pomone.
C'est à ces doux objets que mes yeux sont ouverts.
Ici l'airain bruyant n'ébranle point les airs :
De la sœur de Progné la voix flatteuse et tendre
Dans ces paisibles lieux seule se fait entendre.
Heureux si bien souvent ses accords enchanteurs
Ne réveilloient l'amour assoupi dans les cœurs !
A sa voix les amants renouvellent leurs plaintes,
Ils sentent ranimer leurs desirs et leurs craintes.
L'un, outré du mépris qu'on fait de ses amours,
Appelle vainement la mort à son secours;
L'autre, témoin des feux d'une infidéle amante,
Exhale en vains serments sa colère impuissante.
Qui pourroit épuiser les songes déréglés,
Les fantômes trompeurs dont leurs sens sont troublés,
Quand le sang, allumé d'un feu qui l'empoisonne,
Au retour du printemps dans leurs veines bouillonne?
Jadis nos sens plus vifs dans la saison des fleurs
Se sentoient excités par les mêmes chaleurs;
Mais de trente printemps la sagesse escortée
De jour en jour s'oppose à leur fougue indomptée :

Pour ceux de qui l'été fait mûrir la raison,
Le printemps et l'hiver sont la même saison.

IDYLLE

Pour les demoiselles de Saint-Cyr.

Fuyez loin de ces lieux, profanes voluptés.
Malheureux à jamais ceux que vous soumettez
    A votre funeste puissance !
Ne nous étalez point vos charmes dangereux.
    Ce séjour est l'asile heureux
    Du repos et de l'innocence.

    Ici les frivoles desirs
    Ne mêlent point à nos plaisirs
    L'impatience et la tristesse.
    Nous ne redoutons point l'ennui,
    Et chaque jour voit avec lui
    Ressusciter notre alégresse.

Quelle main nous a fait ces jours délicieux?

Quelle divinité nous rassemble auprès d'elle?

    J'en reconnois les rayons glorieux.

Tout est ici guidé par cet astre fidéle.

C'est la vertu qui se montre à nos yeux
 Sous les traits d'uné humble mortelle.

D'un seul de ses regards elle embellit ces lieux.

Sa bonté chaque jour pour nous se renouvelle.

Célébrons à jamais ses bienfaits précieux.

Peut-on lui refuser une amour éternelle?

Chantons : c'est la vertu qui se montre à nos yeux
 Sous les traits d'une humble mortelle.

 L'astre du jour sortant de l'onde,
Répand également sa lumière féconde
Sur les palais des rois et les toits des bergers.
Telle, du sein brillant d'une cour qu'elle éclaire,
Elle vient tous les jours dans ce lieu solitaire
 Éclairer nos humbles vergers.
 Elle soutient notre jeunesse :
 Dans les routes de la sagesse
 Nos pas sont par elle affermis.
Des vices enchanteurs elle confond l'adresse ;
 Et son exemple instruit notre foiblesse
 A triompher de leurs traits ennemis.

Sans elle quelle main eût conduit notre enfance?
Nous serions des troupeaux sans guide et sans défense
   Au milieu des loups furieux.

Le monde eût infecté notre foible innocence
   De son venin contagieux.

Peut-être qu'aujourd'hui le mensonge odieux,
   L'orgueil, ou l'aveugle licence,
De notre pureté seroient victorieux.

   O vertu, de qui la tendresse
   Prend soin du bonheur de nos jours,
     Conduisez-nous sans cesse,
     Protégez-nous toujours.

Fasse le juste ciel qu'avec des traits de flamme
   Dans tous les cœurs votre nom soit écrit!

Puissent tous les mortels vous chérir dans leur ame
   Autant que le ciel vous chérit!

   Qu'à jamais le souverain Être
   Vous fasse un destin glorieux!
Et puisse le soleil à nos yeux disparoître
Avant que vous cessiez de paroître à nos yeux!

   Nous bénissons votre présence.

Nous chérissons votre assistance.

Sans vous nos plus beaux jours séroient de tristes nuits.

Vous changez en plaisirs nos plus mortels ennuis.
　　O vertu, de qui la tendresse
　　Prend soin du bonheur de nos jours,
　　　Conduisez-nous sans cesse,
　　　Protégez-nous toujours.

ÉGLOGUE.

PALÉMON, DAPHNIS.

PALÉMON.

Quels lieux t'ont retenu caché depuis deux jours,
Daphnis? Nous avons cru te perdre pour toujours.
Chacun fuit, disions-nous, ces champêtres asiles;
Nos hameaux sont déserts et nos champs inutiles.

DAPHNIS.

O mon cher Palémon, ne t'en étonne pas;
Ces lieux pour nos bergers ont perdu leurs appas.
La ville a tout séduit, et sa magnificence
Nous fait de jour en jour haïr notre innocence.
Je l'ai vue à la fin cette grande cité:
Quel éclat! mais, hélas! quelle captivité!

Cependant nous courons, fuyant la solitude,
Dans ces murs chaque jour briguer la servitude.
Sous de riches lambris, qui ne sont point à nous,
Devant ses habitants nous ployons les genoux.
J'ai vu même près d'eux nos bergers, nos bergères,
Affecter, je l'ai vu, leurs modes étrangères,
Contrefaire leur geste, imiter leurs chansons,
Et de nos vieux pasteurs mépriser les leçons.
Qui l'eût cru? de nos champs l'agréable peinture,
Ces fertiles coteaux où se plaît la nature,
Le frais de ces gazons, l'ombre de ces ormeaux,
Nos rustiques débats, nos tendres chalumeaux,
Les troupeaux, les forêts, les prés, les pâturages,
Sont pour eux désormais de trop viles images.
Ils savent seulement chanter sur leur hautbois
Je ne sais quel amour inconnu dans nos bois,
Tissu de mots brillants où leur esprit se joue,
Badinage affecté que le cœur désavoue [1].
Enfin, te le dirai-je? ô mon cher Palémon,
Nos bergers n'ont plus rien de berger que le nom.

PALÉMON.

Et pourquoi retenir encor ce nom champêtre?
S'ils ne sont plus bergers, pourquoi veulent-ils l'être?
Le lion n'est point fait pour tracer les sillons,
Ni l'aigle pour voler dans les humbles vallons.
Voit-on le paon superbe, oubliant son plumage,

[1] Allusion aux églogues de Fontenelle.

De la simple fauvette affecter le ramage,
L'amarante emprunter la couleur du gazon,
Et le loup des brebis revêtir la toison?

DAPHNIS.

Oh! si jamais le ciel, à nos vœux plus facile,
Faisoit revivre ici ce berger de Sicile [1]
Qui, le premier, chantant les bois et les vergers,
Au combat de la flûte instruisit les bergers;
Ou celui qui sauva des fureurs de Bellone
Ses troupeaux trop voisins de la triste Crémone [2]!
Tous deux pleins de douceur, admirables tous deux,
Soit que de deux pasteurs ils décrivent les jeux,
Soit que de Thestylis l'amoureuse folie
Ressuscite en leurs vers l'art de la Thessalie,
Quel dieu sur leurs doux sons formera notre voix?
Ne reverrons-nous plus paroître dans nos bois
Les Faunes, les Sylvains, les Nymphes, les Dryades,
Les Silènes tardifs, les humides Naïades,
Et le dieu Pan lui-même, au bruit de nos chansons,
Danser au milieu d'eux à l'ombre des buissons?

PALÉMON.

Que faire, cher Daphnis? Nos regrets ni nos plaintes
Ne rendront pas la vie à leurs cendres éteintes.
Mais toi, disciple heureux de ces maîtres vantés,
J'ai vu que de tes sons nous étions enchantés,
Quand sous tes doigts légers l'air trouvant un passage

---

[1] Théocrite. — [2] Virgile.

Exprimoit les accents dont ils traçoient l'image :
Les Muses t'avouoient, et de leurs favoris
Ménalque eût osé seul te disputer le prix.

DAPHNIS.

Il l'auroit disputé contre Apollon lui-même.
Mais le soin de sa voix fait son plaisir suprême.
Quant à moi, qui me borne à de moindres succès,
Quelque gloire pourtant a suivi mes essais ;
Et même nos pasteurs, mais je suis peu crédule,
M'ont quelquefois à lui préféré sans scrupule.

PALÉMON.

J'aime ces vers qu'un soir tu me dis à l'écart.
Ce n'est qu'une chanson simple et presque sans art ;
Mais les timides fleurs qui se cachent sous l'herbe
Ont leur prix aussi bien que le pavot superbe.
De grace, cher Daphnis, tâche à t'en souvenir.

DAPHNIS.

Je m'en souviens ; elle est aisée à retenir :
« L'ardente canicule a tari nos fontaines ;
« L'Aurore de ses pleurs n'arrose plus nos plaines ;
« On voit l'herbe mourir dans tous les champs voisins
« Le rosier est sans fleurs, le pampre sans raisins.
« Qui rend ainsi la terre aride et languissante ?
« Faut-il le demander ? Célimène est absente. »

PALÉMON.

Et ceux que tu chantois, je m'en suis souvenu,
Quand nous vîmes passer ce berger inconnu :
« J'ai conduit mon troupeau dans les plus gras herbage

« Cependant il languit parmi les pâturages.

« J'ai trop bravé l'Amour; l'Amour, pour se venger,

« Fait périr à-la-fois et moutons et berger. »

DAPHNIS.

La suite vaut bien mieux, et ne fut pas perdue;

Notre importun s'enfuit dès qu'il l'eut entendue :

« L'Amour est dangereux; mais ce n'est point l'Amour

« Qui fait que mon troupeau se détruit chaque jour :

« C'est ce berger malin, dont l'œil sombre m'alarme,

« Qui sans doute sur nous a jeté quelque charme. »

PALÉMON.

Tu m'en fais souvenir. O qu'il fut étonné !

Je crois que de long-temps il ne t'a pardonné.

Mais si j'osois encor te faire une prière !

Te souvient-il du jour que dans cette bruyère

Tu chantois, en goûtant la fraîcheur du matin,

Ces beaux vers imités du grand pasteur latin :

« Revenez, revenez, aimable Galatée... »

Jamais chanson ne fut à l'air mieux ajustée.

Dieux ! comme en l'écoutant tout mon cœur fut frappé !

J'ai retenu le chant, les vers m'ont échappé.

DAPHNIS.

Voyons. Depuis ce temps je ne l'ai point chantée.

« Revenez, revenez, aimable Galatée :

« Déja d'un vert naissant nos arbres sont parés;

« Les fleurs de leur émail enrichissent nos prés.

« Qui peut vous retenir loin de ces doux rivages?

« Avez-vous oublié nos jardins, nos bocages?

« Ah ! ne méprisez point leurs champêtres attraits :

« Revenez : les dieux même ont aimé les forêts.

« Le timide belier se plaît dans les campagnes,

« Le chevreuil dans les bois, l'ourse dans les montagnes

« Pour moi (de notre instinct nous suivons tous les lois)

« Je me plais seulement aux lieux où je vous vois. »

PALÉMON.

Est-ce tout ? Je me trompe, ou tu m'en fis entendre

D'autres, que même alors tu promis de m'apprendre.

DAPHNIS.

Il est vrai ; mais, berger, chaque chose a son cours.

Autrefois à chanter j'aurois passé les jours.

Tout change. Maintenant les guerrières trompettes

Font taire les hautbois et les humbles musettes :

Quelle oreille endurcie à leur bruit éclatant

Voudroit à nos chansons accorder un instant ?

Les accents les plus doux des cygnes du Méandre

A peine trouveroient quelqu'un pour les entendre.

Finissons : aussi bien le soleil s'obscurcit,

Du côté du midi le nuage grossit,

Et des jeunes tilleuls qui bordent ces fontaines

Le vent semble agiter les ombres incertaines.

Adieu : les moissonneurs regagnent le hameau,

Et Lycas a déja ramené son troupeau.

ÉLISE,

ÉGLOGUE HÉROÏQUE,

POUR L'IMPÉRATRICE [1]

A son retour des bains de Carlsbad en Bohême.

Faites trève, bergers, au chant de vos musettes :
Pour les tons élevés elles ne sont point faites.
Si vos seuls chalumeaux doivent régner ici,
Remettez-les aux dieux; ils l'ordonnent ainsi.
Et pourquoi refuser aux déités champêtres
Un présent que leurs mains ont fait à vos ancêtres?
Les plaines, les coteaux, les forêts, les vergers,
Sont les séjours des dieux ainsi que des bergers.
Commençons. Si nos bois chantent une immortelle,
Rendons au moins nos bois et nos chants dignes d'elle.
Par l'ordre d'Égérie en mortel transformé,
Fidéle sans espoir, content sans être aimé,
Quand sous les traits d'Élise une nouvelle Astrée
Vint des peuples de l'Elbe éclairer la contrée,
Pan, le dieu des forêts (que ne peut point l'Amour!),
Sous l'habit d'un chasseur avoit suivi sa cour.

[1] Élisabeth-Christine.

Il revint : mais à peine ébranlés dans la nue
Les chênes d'Hircinie[1] annoncent sa venue,
Que la nymphe, brûlant d'un désir curieux :
Hé bien ! l'auguste Élise approche de ces lieux :
Dieu des bois, dites-nous, dites, que doit-on croire
De tout ce qu'on entend publier à sa gloire ?
Parlez : l'onde se tait, les airs sont en repos.
Elle dit ; et le dieu lui répond en ces mots :
O Nymphe, qu'à jamais, pour augmenter ma flamme,
L'amour soit dans vos yeux, la vertu dans votre ame !
La déesse aux cent voix ne nous a point flattés :
Tout ce que nous savons de nos félicités
Quand nos premiers sujets sans travail, sans culture,
Recevoient tout des mains de la seule Nature ;
Tont ce qu'ont vu nos yeux quand Cybéle et Cérès
Faisoient, jeunes encore, admirer leurs attraits,
N'approche point, non, non, n'en soyez point surprise
Ni de notre bonheur, ni des charmes d'Élise.
Depuis qu'elle a paru dans ces heureux climats,
Sa vue a de nos champs écarté les frimas :
Les forêts ont repris une beauté nouvelle ;
Les cieux sont plus sereins, et la terre plus belle :
Ce que les clairs ruisseaux sont aux humides prés,
La céleste rosée aux jardins altérés,
Les vignes aux coteaux, les arbres aux montagnes,
Les fruits mûrs aux vergers, les épis aux campagnes,

[1] *Hercinie*, la *Forêt-Noire*, en **Allemagne.**

De cet astre vivant les regards bien aimés
Le sont, n'en doutez point, à ses peuples charmés.
Leur bonheur semble naître et fleurir sur ses traces;
Chaque mot de sa bouche est dicté par les Graces.
Noble affabilité, charme toujours vainqueur,
Il n'appartient qu'à vous de triompher du cœur.
La fière majesté vainement en murmure :
Pour captiver les cœurs il faut qu'on les rassure.
Et quelle ame n'est point saisie à son aspect
D'étonnement, d'amour, de joie, et de respect !
Soit que du haut du trône où cent peuples l'adorent
Elle verse sur eux les faveurs qu'ils implorent,
Soit qu'à travers les bois et les âpres buissons
Elle fasse la guerre aux tyrans des moissons;
J'ai vu, l'œil du dieu Pan n'est point un œil profane,
Les nymphes de Palès, les nymphes de Diane,
Et la troupe de Flore, et celle des Zéphyrs,
De nos humbles pasteurs partager les plaisirs,
Et former avec eux un précieux mélange
De chansons d'alégresse et de cris de louange.
J'ai vu la nymphe Écho porter ces doux concerts
Sur les monts chevelus, sur les rochers déserts.
Non, cette majesté n'est point d'une mortelle :
Nous la reconnoissons, c'est Diane, c'est elle;
Voilà ses yeux, ses traits, sa modeste fierté;
Dans son air, dans son port, tout est divinité.
Ah ! vivez ! ah ! régnez ! déité secourable !
Jetez sur votre peuple un regard favorable;

Recevez nos tributs, exaucez nos souhaits;
Faites régner sur nous l'abondance et la paix.
Tant que le cerf vivra dans les forêts profondes,
L'abeille dans les airs, le poisson dans les ondes,
Votre nom, vos bienfaits, source de nos ardeurs,
Vivront toujours chéris dans le fond de nos cœurs.
Voilà quel est de tous le sincère langage.
Je vous en dis beaucoup; j'en ai vu davantage.
Ainsi parla le dieu des pasteurs et des bois.
La nymphe à ce discours joignit ainsi sa voix :
Votre récit charmant est pour moi, dieu champêtre,
Ce qu'est au voyageur l'aurore qu'il voit naître,
Ou ce qu'aux animaux de la soif tourmentés
Est la douce fraîcheur des ruisseaux argentés.
Élise est dans mon cœur dès sa plus tendre enfance;
J'étois moi-même aux cieux le jour de sa naissance,
Quand les dieux immortels, au milieu des festins,
Par la joie assemblés, réglèrent ses destins.
·De l'Olympe éternel les barrières s'ouvrirent,
Des nuages errants les voiles s'éclaircirent;
Et Jupiter, assis sur le trône des airs,
Ce dieu qui d'un clin d'œil ébranle l'univers,
Et dont les autres dieux ne sont que l'humble escorte,
Leur imposa silence, et parla de la sorte :
    Écoutez, dieux du ciel. Les temps sont accomplis :
Élise vient de naître, et nos vœux sont remplis.
Voici le jour heureux marqué des destinées
Pour un ordre nouveau de siécles et d'années,

Où Thémis et Vesta, relevant leurs autels,
Doivent ressusciter le bonheur des mortels.
Chez eux vont expirer la discorde et la guerre.
Un printemps éternel régnera sur la terre;
Les arbres émaillés des plus riches couleurs
Porteront en tout temps et des fruits et des fleurs;
Les blés naîtront au sein des stériles arènes,
Et le miel coulera de l'écorce des chênes.
Ces temps, sous Jupiter non encore éprouvés,
Aux heureux jours d'Élise ont été réservés.
Faites donc à sa gloire éclater votre zéle.
Elle est digne de vous; montrez-vous dignes d'elle.
Il dit; et tous les dieux, l'un de l'autre jaloux,
Lui firent à l'envi leurs présents les plus doux.
Cybéle lui donna cette bonté féconde
Qui cherche son bonheur dans le bonheur du monde.
Minerve dans ses yeux mit sa noble pudeur,
Versa dans son esprit l'équitable candeur,
La prudence discréte, éclairée, et sincère,
Et le discernement aux rois si nécessaire.
La mère des Amours, des Graces, et des Ris,
A ces divins présents donna le dernier prix,
Et dans ses moindres traits mit un charme invincible,
Qui seul à ses vertus peut rendre tout possible.
Que vous dirai-je enfin? chaque divinité
Voulut de ses tributs enrichir sa beauté.
Junon seule restoit. Quoi! pour cette princesse,
Dit-elle, tout l'Olympe à mes yeux s'intéresse;

Les dons pleuvent sur elle : et, parmi tant de biens,
Je n'ai pu faire, ô ciel ! compter encor les miens !
Moi, l'épouse et la sœur du maître du tonnerre,
Moi, la reine des dieux, du ciel, et de la terre !
Ah ! périsse ma gloire, ou faisons voir à tous
Que ces dieux si puissants ne sont rien près de nous.
Qu'ils viennent à mes dons comparer leurs largesses.
Je veux lui prodiguer mes grandeurs, mes richesses;
Je veux que son pouvoir dans les terrestres lieux
Soit égal au pouvoir de Junon dans les cieux.
C'est par moi que l'Hymen, dès ses jeunes années,
Unira ses destins aux grandes destinées
D'un Alcide nouveau [1], dont le bras fortuné
De monstres purgera l'univers étonné.
Il verra les deux mers flotter sous son empire;
Et, malgré cent rivaux que la Discorde inspire,
Pacifique vainqueur, il étendra ses lois
Sur cent peuples fameux soumis par ses exploits.
Ainsi parla Junon ; et ses divins présages
Furent dès-lors écrits dans le livre des âges.

    C'est ainsi qu'Égérie, encourageant sa voix,
S'entretenoit d'Élise avec le dieu des bois.
Les oiseaux attentifs cessèrent leurs ramages;
Le zéphyr oublia d'agiter les feuillages;
Et les troupeaux, épris de leurs concerts touchants,
Négligeant la pâture, écoutèrent leurs chants.

[1] Joseph I, empereur d'Autriche.

ÉPITHALAME.

De votre fête, Hymen, voici le jour ;
N'oubliez pas d'en avertir l'Amour.

Quand Jupiter, pour complaire à Cybéle,
Eut pris congé du joyeux célibat,
Il épousa, malgré la parentelle,
Sa sœur Junon, par maximes d'état.
Noces jamais ne firent tel éclat ;
Jamais Hymen ne se fit tant de fête :
Mais au milieu du céleste apparat,
Vénus, dit-on, crioit à pleine tête :

De votre fête, Hymen, voici le jour ;
N'oubliez pas d'en avertir l'Amour.

Vénus parloit en déesse sensée.
Hymen agit en dieu très imprudent :
L'enfant ailé sortit de sa pensée,
Dont contre lui l'Amour eut une dent.
Et de là vint, que de colère ardent,
Le petit dieu toujours lui fit la guerre,
L'angariant, le vexant, l'excédant
En cent façons, et chassant sur sa terre.

De votre fête, Hymen, voici le jour;
N'oubliez pas d'en avertir l'Amour.

Malheur, dit-on, est bon à quelque chose.
Le blond Hymen maudissoit son destin :
Et même Amour, qui jamais ne repose,
Lui déroba sa torche un beau matin.
Le pauvre dieu pleura, fit le lutin.
Amour est tendre et n'a point de rancune :
Tiens, lui dit-il, ne sois plus si mutin;
Voilà mon arc; va-t'en chercher fortune.

De votre fête, Hymen, voici le jour;
N'oubliez pas d'en avertir l'Amour.

Hymen d'abord se met en sentinelle,
Ajuste l'arc, et bientôt aperçoit
Venir à lui jeune et gente pucelle,
Et bachelier propre à galant exploit.
Hymen tira, mais si juste et si droit,
Que Cupidon même ne s'en put taire.
Ho! ho! dit-il, le compère est adroit;
C'est bien visé; je n'eusse pu mieux faire.

Amour, Hymen, vous voilà bien remis;
Mais, s'il se peut, soyez long-temps amis.

Or voilà donc par les mains d'Hyménée

D'un trait d'Amour deux jeunes cœurs blessés.
J'ai vu ce dieu de fleurs la tête ornée,
Les brodequins de perles rehaussés,
Le front modeste et les regards baissés;
En robe blanche il marchoit à la fête;
Et conduisant ces amants empressés;
Il étendoit son voile sur leur tête.

Amour, Hymen, vous voilà bien remis;
Mais, s'il se peut, soyez long-temps amis.

Que faisoient lors les enfants de Cythère?
Ils soulageoient Hymen en ses emplois :
L'un de flambeaux éclairoit le mystère,
L'autre du dieu dictoit les chastes lois :
Ceux-ci faisoient résonner le hautbois,
Ceux-là dansoient pavane [1] façonnée,
Et tous chantoient en chœur, à haute voix :
Hymen, Amour! Amour, ô Hyménée!

Amour, Hymen, vous voilà bien remis,
Mais, s'il se peut, soyez long-temps amis.

En fin finale, après maintes orgies,
Au benoît lit le couple fut conduit.
Le bon Hymen, éteignant les bougies,
Leur dit : Enfants, bon soir, et bonne nuit!

[1] Ancienne danse grave.

Lors Cupidon s'empara du réduit.
Puis maints Amours de rire et de s'ébattre,
Se rigolant, menant joyeux déduit,
Et jusqu'au jour faisant le diable à quatre.

Amour, Hymen, vous voilà bien remis;
Mais, s'il se peut, soyez long-temps amis.

Par tel moyen, entre ces dieux illustres
L'accord fut fait et le traité conclu.
Jennes époux, faites que de vingt lustres
Traité si doux point ne soit résolu;
Et puissiez-vous, devant l'an révolu,
Tant opérer, que d'une aimable mère
Naisse un beau jour quelque petit joufflu
Digne des vœux de l'aïeul et du père!

SONNET.

A un bel esprit, grand parleur.

Monsieur l'auteur, que Dieu confonde,
Vous êtes un maudit bavard.
Jamais on n'ennuya son monde
Avec tant d'esprit et tant d'art.

Je vous estime et vous honore :
Mais les ennuyeux tels que vous,

Eussiez-vous plus d'esprit encore,
Sont la pire espéce de tous.

Qu'un sot afflige nos oreilles,
Passe encor, ce n'est pas merveilles;
Le don d'ennuyer est son lot :

Mais Dieu préserve mon ouïe
D'un homme d'esprit qui m'ennuie !
J'aimerois cent fois mieux un sot.

SONNET.

Laissons la raison et la rime
Aux mécaniques écrivains.
Faisons-nous un nouveau sublime
Inconnu des autres humains.

Intéressons dans notre estime
Quelques esprits légers et vains,
Dont la voix et l'exemple anime
Les sots à nous battre des mains.

Par là croissant en renommée,
Chez la postérité charmée
Nos noms braveront le trépas.

Fort bien. Voilà la bonne route :
Vos noms y parviendront sans doute;
Mais vos vers n'y parviendront pas.

SONNET.

Jadis matelot renforcé,
Puis général par l'écritoire,
Roc poignarde son auditoire,
Sur ses deux grands pieds plats haussé.

Quand rois et cours ont bien passé
Par sa langue diffamatoire,
Roc de son éternelle histoire
Reprend le propos commencé.

Il est vrai que son ton de cuistre,
Pour un tiercelet de ministre,
Paroît un peu trop emphasé;

Mais il faut lui rendre justice,
C'est la politesse d'un Suisse
En Hollande civilisé.

35

SONNET

*imité d'une épigramme de l'*ANTHOLOGIE.

A· M. LE MARQUIS DE LA FARE.

L'autre jour la cour de Parnasse
Fit assembler tous ses bureaux
Pour juger, au rapport d'Horace,
Du prix de certains vers nouveaux.

Après maint arrêt toujours juste
Contre mille ouvrages divers,
Enfin le courtisan d'Auguste
Fit rapport de vos derniers vers.

Aussitôt le dieu du Permesse
Lui dit : Connois-tu cette piéce?
Je la fis en ce même endroit :

L'Amour avoit monté ma lyre,
Sa mère écoutoit sans mot dire;
Je chantois, LA FARE écrivoit.

SONNET.

A M. AVED,

PEINTRE DU ROI.

Tandis que tu peignois mon image fidéle,
De toi-même encor mieux tu traçois le portrait
Dans ces soins prévenants qui, servant ton souhait,
Ont si bien combattu ma fortune cruelle.

Un mouvement si noble, un si généreux zéle,
A mon cœur attendri te peignant trait pour trait,
·Me faisoient admirer dans un tableau parfait
De la vraie amitié le sensible modéle.

L'art te fit, cher AVED, un don bien précieux :
Il t'apprit le secret de surprendre les yeux,
Et de rendre le vrai jaloux de sa peinture.

Le pinceau de Timanthe est ce que tu lui dois ;
Mais le cœur que sans lui te forma la nature
Est un présent plus rare et plus beau mille fois.

LETTRE

A M. DE LA FOSSE,

CÉLÈBRE POÈTE TRAGIQUE,

écrite de Rouen, où l'auteur attendoit un vaisseau pour passer en Angleterre.

Depuis que nous prîmes congé
Du réduit assez mal rangé
Où votre muse pythonisse
Évoque les ombres d'Ulysse,
De Thésée et de Manlius,
Comme l'auteur d'Héraclius
Faisoit jadis celles d'Horace,
De Rodrigue et de Curiace,
J'ai quatre mauvais jours passé,
Sans, je vous jure, avoir pensé
(Dussiez-vous me croire un stupide)
Qu'il fût au monde un Euripide.
Toutefois je me souviens bien
De notre dernier entretien,
Que je terminai par vous dire
Que j'aurois soin de vous écrire.
Je vous écris donc; et voici
De mon voyage un raccourci.

L'aube avoit bruni les étoiles,
Et la nuit reploit ses voiles,
Lorsque je quittai mon chevet
Pour m'acheminer chez Blavet.
Un carrosse sexagénaire
D'abord s'offre à mon luminaire,
Attelé de six chevaux blancs,
Dont les côtes, à travers flancs
A supputer peu difficiles,
Marquoient qu'ils jeûnoient les vigiles
Et le carême entièrement.
J'entre, et dans le même moment
Je vois arriver en deux bandes
Trois Normands et quatre Normandes,
Avec qui, pauvre infortuné,
J'étois à rouler destiné.
On s'assemble, chacun se place.
Sous le poids de l'horrible masse
Déja les pavés sont broyés.
Les fouets hâtifs sont déployés,
Qui de cent diverses manières
Donnent à l'air les étrivières.
Un jeune esprit aérien,
Trop voisin de nous pour son bien,
En reçut un coup sur le rable,
Qui lui fit faire un cri de diable :
Car, si vous n'en êtes instruit,
Le son qu'un coup de fouet produit

(N'en déplaise aux doctes pancartes
Et des Rohault et des Descartes)
Vient beaucoup moins de l'air froissé
Que de quelque sylphe fessé,
Qui, des humains cherchant l'approche,
En reçoit bien souvent taloche,
Puis va criant comme un perdu.
Nos coursiers, ce bruit entendu,
Connoissant la verge ennemie,
Rappellent leur force endormie,
Ils tirent : nous les excitons.
Le cocher Jure ; nous partons.

    Nous poursuivions notre aventure
Lorsque l'infernale voiture,
Après environ trente pas,
Nous renversa de haut en bas.
Horrible fut la culebute.
Mais voici le pis de la chute :
Les chevaux, malgré le cocher,
S'obstinent à vouloir marcher.
En vain le moderne Hippolyte
S'oppose à leur fougue subite :
Sans doute, *en ce désordre affreux*
Un dieu pressoit leurs flancs poudreux.
A la fin leur fureur s'arrête.
Et moi, non sans bosse à la tête,
Avec quelque secours d'autrui,
Je sors de mon maudit étui.

Par cet événement tragique
Je mettrai fin à ma chronique;
Et, de peur de vous ennuyer,
Je supprime un volume entier
D'aventures longues à dire,
Et plus longues encore à lire.
Vous saurez seulement qu'enfin
J'arrivai dimanche matin
A Rouen, séjour du sophisme,
Accompagné d'un rhumatisme
Qui me tient tout le dos perclus
Et me rend les bras superflus.
En ce fâcheux état, beau sire,
Je ne laisse de vous écrire,
Et me crois de tous maux guéri
Au moment que je vous écri :
Car en nul endroit du royaume
Il n'est cataplasme ni baume
Qui pût me faire autant de bien
Que cette espéce d'entretien.
A tant, seigneur, je vous souhaite
Longue vie et santé parfaite,
Et toujours ample déjeuné
Des lauriers de Melpoméné;
Tandis que, pour sortir de France,
Prenant mes maux en patience,
J'attends entre quatre rideaux
Le plus paresseux des vaisseaux.

~~~~~~~~~~~~~~~~~~~~~~~~~~~~~~~~~~~~~~

LE ROSSIGNOL ET LA GRENOUILLE.

FABLE.

*Contre ceux qui publient leurs propres écrits sous
le nom d'autrui.*

Un rossignol contoit sa peine
Aux tendres habitants des bois.
La grenouille, envieuse et vaine,
Voulut contrefaire sa voix.

Mes sœurs, écoutez-moi, dit-elle;
C'est moi qui suis le rossignol.
Vous allez voir comme j'excelle
Dans le bécarre et le bémol.

Aussitôt la bête aquatique,
Du fond de son petit thorax,
Leur chanta, pour toute musique,
Brre ke ke kex, koax koax.

Ses compagnes crioient merveilles;
Et tonjours, fière comme Ajax,
Elle cornoit à leurs oreilles,
Brre ke ke kex, koax koax.

Une d'elles, un peu plus sage,
Lui dit : Votre chant est fort beau :
Mais montrez-nous votre plumage,
Et volez sur ce Jeune ormeau.

Ma commère, l'eau qui me mouille
M'empêche d'élever mon vol.
Eh bien ! demeurez donc grenouille,
Et laissez là le rossignol.

FABLE.

Jadis en l'Inde occidentale
Régnoit un lion si clément,
Que jamais vice ni scandale
Chez lui ne reçut châtiment.

Sa bénignité sans seconde
Tournoit tout en bien chez autrui;
Il étoit bon pour tout le monde,
Tout le monde étoit bon pour lui.

Par hasard, en certain voyage,
Il fit rencontre d'un vieil ours,
Grand philosophe, mais sauvage,
Et mal poli dans son discours.

Viens à ma cour, dit le cacique;
Tu seras servi comme un roi.
Trop d'honneur, reprit le rustique;
Mais vous n'êtes pas né pour moi.

Tout n'est qu'un dans votre service,
Soit qu'on marche droit ou tortu.
Qui ne hait point assez le vice
N'aime point assez la vertu.

AUTRE FABLE.

Un jour un villageois sur son âne affourché
Trouva par un ruisseau son passage bouché.
Tandis que pour le prendre un batelier s'apprête,
Il approche du bord, saute en bas de sa bête,
S'embarque le premier, et sur le pont tremblant
Tire par son licou l'animal nonchalant.
Le grison, qui des flots redoute le caprice,
Tire de son côté, fait le pas d'écrevisse,
Et, du maître essoufflé déconcertant l'effort,
Lutteur victorieux, demeure sur le bord.
Enfin, tout épuisé d'haleine et de courage,
L'homme change d'avis, redescend au rivage,
Prend l'âne par la queue, et tire de son mieux.
L'animal aussitôt s'échappe furieux,

Et, du bras qui le tient forçant la violence,
D'un saut précipité dans le bateau s'élance.

FABLE D'ÉSOPE.

Le malheur vainement à la mort nous dispose :
On la brave de loin ; de près c'est autre chose.
Un pauvre bûcheron, de peine atténué,
Chargé d'ans et d'ennuis, de forces dénué,
Jetant bas son fardeau, maudissoit ses souffrances,
Et mettoit dans la mort toutes ses espérances.
Il l'appelle : elle vient. Que veux-tu, villageois ?
Ah ! dit-il, viens m'aider à recharger mon bois.

RONDEAU.

En manteau court, en perruque tapée,
Poudré, paré, beau comme Déiopée,
Enluminé d'un jaune vermillon,
Monsieur l'abbé, vif comme un papillon,
Jappe des vers qu'il prit à la pipée.

Phébus, voyant sa mine constipée,
Dit : Quelle est donc cette muse éclopée

Qui vient chez nous racler du violon
En manteau court?

C'est, dit Thalie, à son rouge trompée,
Apparemment quelque jeune Napée
Qui court en masque au bas de ce vallon.
Vous vous moquez, lui répond Apollon;
C'est tout au plus une vieille poupée
En manteau court.

AUTRE RONDEAU.

Au bas du célébre vallon
Où régne le docte Apollon,
Certain rimailleur de village
Fait le procès au badinage
D'un des successeurs de Villon.

Fait-il bien ou mal? C'est selon.
Mais ses vers, dignes du billon,
Sont pires qu'un vin de lignage
Au bas.

Si l'on connoissoit ce brouillon,
On pourroit lui mettre un bâillon,
Et corriger son bredouillage;

Mais pour un sot il est fort sage
De n'avoir pas écrit son nom
Au bas.

VAUDEVILLE.

Le traducteur Dandinière [1],
Tous les matins,
Va voir dans leur cimetière
Grecs et Latins
Pour leur rendre ses respects.
Vivent les Grecs !

Si le style bucolique
L'a dénigré,
Il veut, par le dramatique,
Être tiré
Du rang des auteurs abjects.
Vivent les Grecs !

Vormes lui fait ses recrues
D'admirateurs.
Il va criant par les rues :
Chers auditeurs,

[1] Longepierre.

Voilà des vers bien corrects.
    Vivent les Grecs !

Il a fait un coup de maître
    Des plus heureux :
Car, pour les faire paroître
    Forts et nerveux,
Il les a faits durs et secs.
    Vivent les Grecs !

L'auteur lui-même proteste
    Qu'ils sont charmants ;
Et comme il est fort modeste,
    Ses jugements
Ne sauroient être suspects.
    Vivent les Grecs !

Écrivains du bas étage,
    Venez en bref
Pour faire devant l'image
    De votre chef
Cinq ou six salamalecs.
    Vivent les Grecs !

BILLET

A M. DUCHÉ,

qui m'avoit envoyé des vers qu'il avoit faits étant malade.

Est-ce la fiévre, est-ce Apollon,
Qui t'inspire ces sons attiques,
Dignes d'être écoutés sur le sacré vallon?
Non, ce ne sont point là les songes fantastiques
Qu'enfante en ses vapeurs un cerveau déréglé,
De spectres, de lutins, et de monstres troublé.
Mais cependant, ami, quelle peur enfantine
Te fait désapprouver cette écorce divine[1]
Dont l'atlantique bord fit présent aux humains?
Quoi! toujours résister aux dons de la nature?
Mépriser la santé que tu tiens dans tes mains?
Et de tes maux par choix te rendre la pâture?
Prends-y garde, crois-moi, le péril est pressant.
La fiévre est comme un loup cruel et ravissant
Qui vers les autres sourds traîne un agneau timide,
Et, des coups de sa queue hâtant ses pas rétifs,
Devance le berger et le dogue intrépide
Qu'appellent au secours ses bêlements plaintifs.

[1] Le kinkina, originaire du Pérou.

Bientôt le ravisseur, tout palpitant de joie,
Au fond d'un bois obscur dévorera sa proie.
Préviens un sort si triste, et, par de prompts efforts,
Résous-toi de chasser cette humeur léthargique
Qui peut-être pourroit, par quelque fin tragique,
Que sais-je? dévorer et l'esprit et le corps.

VERS

pour mettre au bas du portrait de M. Despréaux.

La vérité par lui démasqua l'artifice;
Le faux dans ses écrits par-tout fut combattu:
Mais toujours au mérite il sut rendre justice;
Et ses vers furent moins la satire du vice
  Que l'éloge de la vertu.

VERS

ENVOYÉS A M. L'ABBÉ DE CHAULIEU,

*pour servir de réponse à une lettre dans laquelle il m'exhortoit
à ne point sacrifier la philosophie aux finances.*]

  Par tes conseils et ton exemple
Ce que j'ai de vertu fut trop bien cimenté,

Cher abbé : dans la pureté
Des innocents banquets du Temple,
De raison et de fermeté
J'ai fait une moisson trop ample,
Pour être jamais infecté
D'une sordide avidité.
Quelle honte, bon dieu ! quel scandale au Parnasse
De voir l'un de ses candidats
Employer la plume d'Horace
A liquider un compte, ou dresser des états !
J'ai vu, diroit Marot en faisant la grimace,
J'ai vu l'élève de Clio
Sedentem in telonio [1] ;
Je l'ai vu calculer, nombrer, chiffrer, rabattre,
Et d'un produit au denier quatre
Discourir mieux qu'Amonio.
Dure, dure plutôt l'honorable indigence ·
Dont j'ai si long-temps essayé !
Je sais quel est le prix d'une honnête abondance
Que suit la joie et l'innocence;
Et qu'un philosophe étayé
D'un peu de richesse et d'aisance
Dans le chemin de sapience
Marche plus ferme de moitié.
Mais j'aime mieux un sage à pied,
Content de son indépendance,

[1] Assis à un bureau.

Qu'un riche indignement noyé
Dans une servile opulence,
Qui, sacrifiant tout, honneur, joie, amitié,
Au soin d'augmenter sa finance,
Est lui-même sacrifié
A des biens dont jamais il n'a la jouissance.
Nourri par Apollon, cultivé par tes soins,
Cher abbé, ne crains pas que je me tympanise
Par l'odieuse convoitise
D'un bien plus grand que mes besoins.
Une ame libre et dégagée
Des préjugés contagieux,
Une fortune un peu rangée,
Un corps sain, un esprit joyeux,
Et quelque prose mélangée
De vers badins ou sérieux,
Me feront trouver l'apogée
De la félicité des dieux.
C'est par ces maximes, qu'ignore
Tout riche, juif, arabe, ou more,
Que j'ai su plaire dès-long-temps
A des protecteurs que j'honore;
Et c'est ainsi que je prétends
Trouver l'art de leur plaire encore.
C'est dans ce bon esprit gaulois
Que le gentil maître François
Appelle pantagruélisme,
Qu'à Neuilli La Fare et Sonnin

Puisent cet enjouement bénin
Qui compose leur atticisme.
Abbé, c'est là le catéchisme
Que les muses m'ont enseigné;
Et voilà le vrai quiétisme
Que Rome n'a point condamné.

STANCES.

Que l'homme est bien durant sa vie
Un parfait miroir de douleurs !
Dès qu'il respire, il pleure, il crie,
Et semble prévoir ses malheurs.

Dans l'enfance, toujours des pleurs,
Un pédant, porteur de tristesse,
Des livres de toutes couleurs,
Des châtiments de toute espéce.

L'ardente et fougueuse jeunesse
Le met encore en pire état:
Des créanciers, une maîtresse,
Le tourmentent comme un forçat.

Dans l'âge mûr, autre combat:
L'ambition le sollicite;

Richesses, dignités, éclat,
Soins de famille, tout l'agite.

Vieux, on le méprise, on l'évite;
Mauvaise humeur, infirmité,
Toux, gravelle, goutte, pituite,
Assiégent sa caducité.

Pour comble de calamité,
Un directeur s'en rend le maître :
Il meurt enfin peu regretté.
C'étoit bien la peine de naître !

A M. TITON DU TILLET,

sur les poésies de M. Desforges-Maillard.

J'admire, cher Titon, le riche monument [1]
Qui signale si bien ton goût pour l'harmonie;
Mais je prise encor plus ton noble attachement
    Pour cet estimable génie
Qui, sous un nom d'emprunt autrefois si charmant [2],

[1] Le Parnasse françois, exécuté en bronze.
[2] M. Desforges-Maillard avoit d'abord publié ses poésies sous
le nom de mademoiselle Malcrais de La Vigne; ce qui trompa
presque tous les gens de lettres.

Sous le sien se produit encor plus dignement.

Vis donc; et, rassemblant sous ton aile héroïque

D'un tel ordre d'esprits le précieux essaim,

Ajoute à ton Parnasse un trésor plus certain,

Un Parnasse vivant, monument authentique,

Préférable en richesse à tout l'or du Mexique,

    Et plus durable que l'airain.

VERS

envoyés à madame la comtesse de B*** le jour
de sa naissance.

Ce n'est pas d'aujourd'hui que messieurs les poëtes

Sont en possession de penser de travers.

La rime quelquefois couvre bien des sornettes.

    Mais de prétendre dans leurs vers

Que de Vénus l'Amour ait tiré sa naissance,

L'Amour, à qui les dieux doivent tous leur essence,

Qui du chaos lui-même a tiré l'univers;

    C'est pousser trop loin la licence.

Un jour ce dieu, piqué de leurs propos légers,

Dit: je veux les guérir de cette extravagance;

    Et je prétends à cet effet

Former une beauté que tout le monde adore,

Qui soit à leur Vénus semblable trait pour trait,

    Et même plus aimable encore.

Aussitôt dit, aussitôt fait;
Et dans le même instant naquit Éléonore.
Dès que l'on vit briller ses yeux,
Tous les dieux de Paphos, délogeant sans trompette,
S'en vinrent habiter ces lieux;
Et même les Amours plièrent la toilette
Avec ce que leur mère eut de plus précieux.
Sa rivale en a fait emplette.
Les cœurs, à ce qu'on dit, ne s'en trouvent pas mieux;
Et la pauvre Vénus n'a plus d'autre parure
Que quelques vieux manteaux pendus à son crochet,
Ou quelque mauvaise guipure
Qu'elle ramasse à l'aventure
Dans les opéra de Danchet.

VERS A M. ***,

INTENDANT DES FINANCES,

pour madame ***, qui lui recommandoit le placet
d'un de ses amis.

Ministre aussi sage qu'affable,
Aussi généreux qu'équitable,
Par qui le dieu Plutus, de Paris exilé,
Doit être, ou jamais, rappelé,
Recevez ce placet que ma main vous présente;
Et d'une dextre bienfaisante

Mettez au bas ces mots exquis :
Soit fait ainsi qu'il est requis.

La justice vous le conseille
Par pitié pour le suppliant.
On sait que vous savez accorder à merveille
Et l'intérêt du prince et celui du client.
Mais peut-être m'allez-vous dire
Que j'en parle bien aisément,
Et que ces mots qu'ici je vous presse d'écrire
Ne se prodiguent pas si libéralement.
Sans doute; et je sais bien, moi toute la première,
Qu'on me feroit telle prière
Où je ne voudrois pas dire en termes précis :
. *Soit fait ainsi qu'il est requis.*

Au sexe féminin sied bien la négative;
Et quoique les beautés, sur-tout en ce temps-ci,
Négligent quelquefois cette prérogative,
L'ordre veut néanmoins que cela soit ainsi.
Mais chez vous c'est tout le contraire.
Ministre tant qu'il vous plaira,
Quand notre sexe vous priera,
L'ordre veut qu'aussitôt, prompt à le satisfaire,
Le ministre réponde, ainsi que le marquis :
Soit fait ainsi qu'il est requis.

VERS

envoyés à une demoiselle le jour de saint Denys, sa fête.

Vous imitez fort mal, soit dit sans vous déplaire,
La charité fervente et le zéle exemplaire
    Du saint et célébre patron
    Dont on vous a donné le nom.
Nos climats à sa gloire ont servi de théâtre;
Son zéle y renversa le culte des païens :
    Mais vos yeux font plus d'idolâtres
    Qu'il ne fit jamais de chrétiens;
    Et j'admire la Providence
D'avoir en divers temps placé votre naissancé :
Car si l'on vous eût vus vivant en même lieu,
On eût perdu le fruit de ses soins charitables;
    Vous eussiez fait donner aux diables
    Tous ceux qu'il fit donner à Dieu.

VERS ALLÉGORIQUES

envoyés à monseigneur le duc de Bourgogne dans un mou-
choir de gaze qui avoit servi à essuyer quelques larmes
échappées à madame la duchesse de Bourgogne, au récit
de l'affaire de Nimègue.

Amour, voulant lever un régiment,
Battoit la caisse autour de ses domaines.
Soins et soupirs étoient ses capitaines;
Dards et brandons faisoient son armement.
Un étendard lui manquoit seulement.
Il le cherchoit, quand notre jeune Alcide,
Victorieux du Batave timide,
Lui dit: Amour, obéis à mes lois,
Va de ma part trouver Adelaïde;
Entretiens-la de mes premiers exploits;
Cours à ses pieds en remettre l'hommage;
Vole, et reviens. Le dieu fait son message.
En lui parlant il voit couler soudain
Des pleurs mêlés de tendresse et de joie,
Prix du vainqueur, qu'une soigneuse main
Va recueillir dans un drapeau de soie.
Amour sourit, et, le mettant à part:
Bon, bon! dit-il, voilà mon étendard.
Sous ce drapeau caporaux ni gendarmes,

Tours ni remparts, rien ne m'arrétera :
Et, par hasard, quand il me manquera,
J'ai ma ressource en ces yeux pleins de charmes;
Notre héros souvent leur donnera
Sujets nouveaux à de pareilles larmes.

LES MÉTAMORPHOSES

DE VERSAILLES.

En ce pays métamorphose a lieu.
Dames de cour quittent formes humaines;
Et le pouvoir de quelque nouveau dieu
Les rend dauphins ou gentilles baleines.
Notre princesse a même sort, dit-on.
Elle y paroît sous la forme empruntée,
Non d'Amphion, mais bien de Galatée,
Qui, sur dauphin ou baleine portée,
Parcourt l'empire où nage le Triton.
C'est elle-même; on ne peut s'y méprendre;
A cette taille, à cette majesté,
A cette grace, à cet air noble et tendre
Plus beau cent fois encor que la beauté.
Bien est-il vrai qu'il manque à l'immortelle,
Pour achever en tout le parallèle,
Un point sans plus : et quoi? C'est son Acis,
Qui, pour complaire à divine donzelle

Aux yeux hagards, que Bellone on appelle,
S'est en allé courir par le pays.
Mais cet Acis, voilà bien autre chose
(En ce pays tout est métamorphose),
Est à son tour bravement déguisé;
Du fils d'Alcméne en son adolescence
Acis a pris si bien la ressemblance
Qu'Ovide même y seroit abusé.
Or pour cela ne croyez pas, déesse,
L'avoir perdu; mais voici la finesse:
Un négromant m'en a conté le cas.
Le destin veut, par un ordre sévère,
Qu'il soit toujours, soit dit sans vous déplaire,
Acis ici, mais Hercule là-bas.
Je vous découvre en deux mots le mystère;
Amour, je crois, ne m'en dédira pas.

FIN DES POÉSIES DIVERSES.

TABLE DES PIÈCES

CONTENUES

DANS CE VOLUME.

———

LIVRE SECOND.

LIVRE TROISIÈME.

LIVRE QUATRIÈME.

ODES EN MUSIQUE,

OU CANTATES ALLÉGORIQUES.

ÉPITRES.

LIVRE PREMIER.

LIVRE SECOND.

ALLÉGORIES.

ÉPIGRAMMES.

LIVRE PREMIER.

LIVRE TROISIÈME.

POÉSIES DIVERSES.

FIN DE LA TABLE.